新工科·普通高等教育汽车类系列教材

智能网联汽车技术概论

主编　宋传增
参编　闫法义　赵　磊　贝太学　张宗喜
郑明刚　罗　映　范宇雷　苏玉钊

机械工业出版社

交通安全、交通拥堵、交通污染和高油耗是交通领域的四大问题。在网络环境下将计算机技术、信息技术、智能控制技术、5G和AI技术应用到汽车上，实现无人驾驶和智能驾驶，可以极大地解决交通领域的四大问题。《中国制造2025》和《国家车联网产业标准体系建设指南（智能网联汽车)》等为我国智能网联汽车技术的发展和应用指明了方向。本书着重介绍环境感知、定位导航、高精地图、路径规划、运动控制、高级驾驶辅助系统、ADAS技术、5G环境V2X车联网技术、汽车安全技术、道路测试技术和相关法规。

本书既可作为高等院校汽车类、交通类专业的教材，也可作为工程技术人员和管理者的参考读物。

本书配有PPT课件，可免费赠送给采用本书作为教材的教师，可登录www.cmpedu.com注册下载，或联系编辑（tian.lee9913@163.com）索取。

图书在版编目（CIP）数据

智能网联汽车技术概论/宋传增主编. —北京：机械工业出版社，2020.6（2024.1重印）

新工科·普通高等教育汽车类系列教材

ISBN 978-7-111-65534-3

Ⅰ.①智… Ⅱ.①宋… Ⅲ.①汽车-智能通信网-高等学校-教材 Ⅳ.①U463.67

中国版本图书馆CIP数据核字（2020）第074489号

机械工业出版社（北京市百万庄大街22号　邮政编码100037）
策划编辑：宋学敏　责任编辑：宋学敏
责任校对：潘　蕊　封面设计：张　静
责任印制：单爱军
北京虎彩文化传播有限公司印刷
2024年1月第1版第4次印刷
184mm×260mm·15印张·351千字
标准书号：ISBN 978-7-111-65534-3
定价：42.00元

电话服务	网络服务
客服电话：010-88361066	机　工　官　网：www.cmpbook.com
010-88379833	机　工　官　博：weibo.com/cmp1952
010-68326294	金　书　网：www.golden-book.com
封底无防伪标均为盗版	机工教育服务网：www.cmpedu.com

前 言
Preface

汽车实现智能网联可以解决交通安全、交通拥堵、交通污染和高油耗的问题，也能降低对驾驶者的要求，降低驾驶人力成本和物流成本，提供移动的办公或生活空间。欧、美、日等国家和地区为了抢占智能网联汽车产业制高点，相继制定了相关法规。《中国制造 2025》和《国家车联网产业标准体系建设指南（智能网联汽车）》等为我国智能网联汽车技术的发展和应用指明了方向，智能网联汽车已成为带动 5G、AI、信息通信、大数据、云计算等先进技术发展的战略制高点。智能网联汽车产品功能和使用方式的深度变革，使汽车逐渐转变为智能移动空间。汽车与相关产业加速跨界融合、深度协同，产业链重构，价值链不断扩展延伸。

智能网联汽车在传统汽车的基础上融入了智能化、自动化、电动化以及网联化等技术。目前高级驾驶辅助系统 ADAS 技术的发展已经较为成熟，部分功能早已在整车中实现运用。“传感器+高精地图+ADAS+车联网”是目前被业界普遍认可的最佳智能网联汽车方案。无人驾驶将沿着消费者接受度、技术整合度、生态体系、立法、基础设施与投资五个维度发展。

本书共 12 章，着重讲述了环境感知、定位导航、高精地图、路径规划、运动控制、高级驾驶辅助系统、ADAS 技术、5G 环境 V2X 车联网技术、汽车安全技术、道路测试技术和相关法规等方面的内容。

本书以智能网联汽车核心技术和发展环境为出发点，编写过程中力求体系、框架清晰，重点突出，案例具有实际参考价值。

山东建筑大学宋传增担任本书主编，负责全书的统稿工作，并编写了第 6、7、10、11 章。参加编写的还有比亚迪汽车工业有限公司范宇雷（第 5 章），北汽集团苏玉钊（第 4 章），山东建筑大学赵磊（第 1 章）、贝太学（第 2 章）、闫法义（第 3 章）、郑明刚（第 8 章）、张宗喜（第 9 章）、罗映（第 12 章）。吉林大学、北京百度智行科技有限公司、焉知汽车科技新媒体为本书的编写提供了部分参考资料；山东建筑大学研究生谢启真、宋海洋、姜昊参与了资料的整理和图表绘制工作；本书在撰写过程中参考了国内外同仁的研究成果以及相关企业产品的典型案例，在此一并表示感谢！

智能网联汽车技术涉及知识面广，又是高速发展中的技术，由于编者水平有限，书中难免有错误和疏漏，欢迎读者批评指正。

编 者

目　录
Contents

前言

第 1 章　概论 …… 1

1.1　智能网联汽车概述 …… 2

1.2　智能网联汽车的产生 …… 2

1.3　智能网联汽车的发展 …… 3

1.4　智能网联汽车的关键技术 …… 5

1.4.1　感知技术 …… 5

1.4.2　通信技术 …… 7

1.4.3　定位技术 …… 8

1.4.4　导航技术 …… 8

1.4.5　智能互联技术 …… 8

1.4.6　先进驾驶辅助技术 …… 9

1.4.7　信息融合技术 …… 9

1.4.8　信息安全与隐私保护技术 …… 9

1.4.9　人机界面技术 …… 9

1.4.10　异构网络融合技术 …… 10

1.5　智能网联汽车体系结构 …… 10

1.5.1　分层递阶式与反应式体系结构 …… 10

1.5.2　硬件层 …… 10

1.5.3　软件层 …… 12

1.6　中国智能网联汽车的发展状况 …… 13

1.6.1　中国智能网联汽车行业发展概况 …… 13

1.6.2　中国智能网联汽车市场发展趋势 …… 16

1.7　其他国家智能网联汽车研究现状 …… 17

1.7.1　美国智能网联汽车的发展状况 …… 18

1.7.2　日本智能网联汽车的发展状况 …… 20

第 2 章　智能网联汽车环境感知技术 …… 24

2.1　激光雷达 …… 25

2.1.1　激光雷达概述 …… 25

2.1.2　激光雷达关键技术——点云 …… 25

2.1.3　激光雷达的优点及其在智能网联汽车中的应用 …… 26

2.1.4 LiDAR 技术面临的挑战 …… 28
2.2 毫米波雷达 …… 29
2.2.1 毫米波雷达基本原理 …… 29
2.2.2 毫米波雷达的应用 …… 31
2.2.3 智能毫米波雷达的开发 …… 33
2.3 超声波雷达 …… 33
2.3.1 超声波雷达工作原理 …… 33
2.3.2 常见车载超声波雷达 …… 34
2.3.3 超声波雷达的应用 …… 35
2.3.4 超声波雷达的挑战 …… 36
2.4 单目摄像头 …… 36
2.4.1 单目视觉 …… 36
2.4.2 基于单目视觉测距的关键技术 …… 37
2.4.3 单目视觉的评价 …… 40
2.5 双目摄像头 …… 41
2.5.1 基于双目视觉测距的工作原理 …… 41
2.5.2 基于双目视觉的测距关键技术 …… 42
2.5.3 双目视觉的评价 …… 44
第 3 章　智能网联汽车定位导航技术 …… 45
3.1 定位技术 …… 46
3.2 GNSS RTK 系统 …… 46
3.3 LiDAR 定位系统 …… 48
3.4 视觉定位系统 …… 49
3.5 Apollo 定位策略 …… 50
3.6 GPS 定位原理 …… 51
3.6.1 概述 …… 51
3.6.2 GPS 基本组成 …… 51
3.6.3 GPS 定位原理及方法 …… 53
3.7 TJ-UWB 定位系统 …… 54
3.7.1 UWB 定位技术存在的问题 …… 54
3.7.2 TJ-UWB 定位系统的分析 …… 55
3.8 北斗卫星导航定位系统 …… 57
3.8.1 北斗一号 …… 57
3.8.2 北斗二号 …… 58
3.8.3 北斗三号 …… 59
3.9 惯性导航系统 …… 60
3.9.1 概述 …… 60
3.9.2 惯性导航系统的工作原理 …… 60
3.9.3 惯性导航系统的分类 …… 61
3.9.4 惯性导航系统的主要部件 …… 62
3.9.5 惯性导航的发展 …… 64

3.10 智能车辆定位导航系统 …… 65
3.10.1 概述 …… 65
3.10.2 车辆定位导航系统的主要功能 …… 65
3.10.3 车辆定位导航系统的发展历程 …… 66
第 4 章 智能网联汽车高精地图 …… 69
4.1 高精地图 …… 70
4.1.1 高精地图的定义 …… 70
4.1.2 高精地图与普通导航地图的区别 …… 71
4.1.3 高精地图的制作 …… 72
4.1.4 高精地图的组成 …… 74
4.1.5 高精地图的用途 …… 75
4.1.6 导航地图、ADAS 地图与智能网联地图 …… 77
4.1.7 高精地图的数据特征类型 …… 77
4.1.8 地图数据模型 …… 78
4.2 百度高精地图 …… 80
4.2.1 百度高精地图的制作 …… 80
4.2.2 百度开放高精地图服务 …… 80
4.2.3 Apollo 高精地图 …… 80
4.2.4 Apollo 高精地图的构建 …… 82
4.3 高精地图商业模式 …… 83
4.3.1 转变模式 …… 83
4.3.2 国内外高精地图研发企业 …… 86
4.3.3 高精地图市场预测 …… 87
4.4 高精地图的机遇与挑战 …… 88
第 5 章 智能网联汽车路径规划 …… 90
5.1 路径规划概述 …… 91
5.1.1 路径规划的定义 …… 91
5.1.2 Apollo 总结规划技术难点 …… 92
5.1.3 路径规划技术分类 …… 92
5.1.4 路径规划算法分类 …… 92
5.2 A^* 算法 …… 93
5.3 Dijkstra 算法 …… 95
5.4 人工势场法 …… 96
5.4.1 引力场 …… 97
5.4.2 斥力场 …… 97
5.5 快速搜索随机树 …… 98
5.6 随机路径图法 …… 100
5.6.1 随机路径图法概述 …… 100
5.6.2 PRM 学习阶段 …… 100
5.6.3 PRM 查询阶段 …… 101
5.7 基于 Frenet 坐标系的动作规划方法 …… 102

5.7.1 最优动作序列概述 …… 102
5.7.2 Frenet 坐标系 …… 102
5.7.3 Jerk 最小化和 5 次轨迹多项式求解 …… 103
5.7.4 事故避免 …… 106
第 6 章 智能网联汽车运动控制 …… 107
6.1 运动控制系统概述 …… 108
6.2 线控节气门控制系统 …… 108
6.3 制动控制 …… 110
6.3.1 线控制动 …… 114
6.3.2 现有线控制动的缺点 …… 117
6.3.3 线控液压制动器 …… 118
6.3.4 电子机械制动 …… 118
6.4 线控转向控制 …… 119
6.4.1 线控转向控制的结构 …… 119
6.4.2 线控转向系统的原理 …… 120
6.4.3 线控转向系统的特点 …… 122
6.4.4 线控转向系统关键技术 …… 122
6.4.5 线控转向技术发展现状 …… 123
第 7 章 高级驾驶辅助系统 ADAS 技术 …… 125
7.1 ADAS 的产生 …… 126
7.1.1 ADAS 技术简介 …… 126
7.1.2 ADAS 产生及发展背景 …… 126
7.1.3 ADAS 技术的重要性及发展阶段 …… 127
7.2 ADAS 的功能 …… 128
7.2.1 ADAS 控制系统的组成 …… 128
7.2.2 汽车盲点监测系统 …… 129
7.2.3 疲劳监测系统 …… 129
7.2.4 车道偏离预警系统 …… 130
7.2.5 前向碰撞预警系统 …… 130
7.2.6 自适应巡航控制系统 …… 130
7.2.7 自动泊车系统 …… 131
7.2.8 适路性车灯系统 …… 132
7.2.9 夜视系统 …… 132
7.3 ADAS 产业链 …… 133
7.3.1 ADAS 产业链概述 …… 133
7.3.2 ADAS 产业链上的关键 …… 133
7.4 中国对 ADAS 的研究与发展现状 …… 137
7.4.1 中国首份 ADAS 研究报告 …… 137
7.4.2 中国 ADAS 发展现状 …… 137
第 8 章 5G 环境 V2X 车联网技术 …… 139
8.1 5G 技术 …… 140

8.1.1 5G的定义 …… 140
8.1.2 5G与4G技术对比 …… 140
8.1.3 5G产业链 …… 140
8.1.4 5G环境下的智能网联 …… 141
8.2 V2X车联网技术 …… 143
8.2.1 V2X的定义及内涵 …… 143
8.2.2 V2X通信技术两大阵营 …… 145
8.2.3 V2X技术发展举措 …… 146
8.2.4 V2X技术和智能网联 …… 147
8.2.5 各企业研发V2X技术的进展 …… 147
8.2.6 V2X的发展趋势 …… 150
8.3 V2X的应用进展 …… 151
8.3.1 DSRC应用进展 …… 151
8.3.2 C-V2X应用进展 …… 152
8.4 智能网联汽车内部通信 …… 154
8.5 单车智能与车路协同 …… 155
8.5.1 单车智能引领者——Waymo …… 155
8.5.2 中国V2X车路协同——华为 …… 157
8.5.3 两种路线对比 …… 157
第9章 智能网联汽车安全技术 …… 158
9.1 汽车安全技术 …… 159
9.1.1 汽车安全的意义 …… 159
9.1.2 交通安全主要影响因素 …… 159
9.1.3 汽车安全分类 …… 161
9.2 主动安全技术 …… 161
9.2.1 概述 …… 161
9.2.2 汽车主动安全系统 …… 162
9.3 智能汽车自主循迹控制研究 …… 166
9.3.1 概述 …… 166
9.3.2 智能汽车自主循迹控制 …… 167
9.3.3 智能汽车自主循迹控制仿真实验 …… 168
9.4 被动安全技术 …… 175
9.4.1 安全带 …… 175
9.4.2 安全气囊 …… 177
9.4.3 汽车安全转向盘和转向柱 …… 178
9.4.4 汽车座椅系统安全性 …… 178
9.5 智能网联汽车信息安全 …… 179
9.5.1 智能网联汽车信息安全防护技术体系 …… 179
9.5.2 利用硬件安全芯片打造车端信任根 …… 179
9.5.3 建立产品信息安全开发流程 …… 179
9.6 智能网联汽车网络安全 …… 180

9.6.1 车联网存在的隐患——黑客攻击 …… 180
9.6.2 黑客入侵车联网的途径 …… 181
9.6.3 对车联网存在隐患的改进措施 …… 182
9.6.4 加快构建智能网联汽车网络安全环境 …… 183
第10章 智能网联汽车典型案例介绍 …… 184
10.1 百度车联网 …… 185
10.1.1 百度在车联网领域的主要布局 …… 185
10.1.2 百度在自动驾驶领域的主要布局 …… 185
10.2 Waymo智能网联汽车 …… 187
10.2.1 Waymo智能网联汽车发展历程 …… 187
10.2.2 Waymo智能网联汽车安全报告 …… 188
10.2.3 Waymo智能网联技术的亮点 …… 188
10.3 Uber智能网联汽车 …… 191
10.4 北汽智能网联汽车 …… 192
10.4.1 北汽智能网联汽车的展出 …… 192
10.4.2 北汽集团与百度达成合作 …… 193
10.5 重汽智能网联汽车 …… 193
第11章 智能网联汽车法规简介 …… 196
11.1 国外智能网联汽车法规简介 …… 198
11.1.1 美国智能网联汽车法规简介 …… 198
11.1.2 欧洲智能网联汽车法规简介 …… 201
11.1.3 日本智能网联汽车法规简介 …… 202
11.2 我国智能网联汽车法规简介 …… 202
11.2.1 积极推进智能网联汽车产业的发展 …… 202
11.2.2 全面推进智能网联汽车的标准化体系建设 …… 203
11.2.3 出台路测规范确立智能网联汽车法律地位 …… 204
11.3 智能网联分级标准SAE J3016详解 …… 206
11.4 华为对智能网联汽车提出三大标准 …… 207
第12章 智能网联汽车道路测试技术 …… 209
12.1 智能网联汽车道路测试规范及规程简介 …… 210
12.2 中国重汽智能网联汽车道路测试 …… 214
12.3 ADAS整车测试技术 …… 215
12.4 北京市智能网联汽车道路测试 …… 218
12.4.1 北京市智能网联汽车道路测试概况 …… 218
12.4.2 北京市智能网联汽车道路测试工作计划 …… 220
12.4.3 北京市智能网联汽车研发与产业化过程 …… 220
12.5 智能网联汽车道路测试项目 …… 221
12.5.1 智能网联汽车测试相关数据采集 …… 223
12.5.2 智能网联汽车测试相关数据分析 …… 223
12.5.3 智能网联汽车测试相关数据成果的处理与分析 …… 223
12.5.4 Cut-in试验 …… 224
参考文献 …… 228

第1章 Chapter 1

概论

1.1 智能网联汽车概述

智能网联汽车（Intelligent Connected Vehicle，ICV）是指在网络环境下用计算机技术、信息技术和智能控制技术等武装起来的汽车，或者可以说是有着汽车外壳兼顾汽车性能的移动机器人。

智能网联汽车是在传统汽车的基础上融入了智能化、自动化、电动化以及互联网化等技术的新一代智能车辆。“传感器+高精地图+高级辅助驾驶技术（ADAS）+车联网”是目前被业内所认定的“最靠谱的智能网联汽车方案”。传感器是智能网联汽车的“眼睛”，用来观察行驶时环境的动态变化；高精度地图为汽车提供全局视野，尤其擅长预告检测范围外的道路情况，高精度地图始终处于最新版本并下发至车辆，保证智能网联汽车可以与周边环境保持实时同步的状态更新；ADAS 辅助实现部分自动驾驶；车联网保证传感器数据更新上传。

智能网联汽车包含硬件和软件两大部分。

（1）硬件部分 智能硬件是实现智能网联的基础。通过智能感知设备对周边环境进行信息采集，由植入深度学习算法的芯片处理器进行决策分析，通过控制执行设备对芯片处理器做出的决策进行执行。人机交互设备属于汽车内部的信息采集设备，通过交互设备接收驾乘者的指令，并提供导航和车内娱乐等服务。

一辆完整的智能网联汽车通常需要配置的主要智能零部件包括激光雷达、超声波传感器、测距传感器、GPS 定位装置、前视摄像头、毫米波雷达以及（内置）计算机系统（担任系统平台）等。

（2）软件部分 深度学习算法、云服务、车联网、系统平台以及人机交互等是人工智能的核心技术，也是实现智能网联的核心技术。地图导航系统是智能网联发展的前提，能够增加智能网联汽车对外部地理位置信息的完整度。娱乐通信生活服务内容则能够大大丰富智能网联的汽车生活，满足消费者娱乐、社交及办公等的需求。

1.2 智能网联汽车的产生

实现智能网联是人类一直以来的追求。在军事应用需求的推动下，智能网联车辆技术得到了不断发展和完善。

1956~1977 年间，美国无线电公司、通用公司、美国斯坦福大学研究所和英国道路研究实验室均有利用导向装置或传感器引导的自动驾驶测试车辆诞生。

在我国，1980 年国家确立了“遥控驾驶的防核化侦察车”项目，哈尔滨工业大学、沈阳自动化研究所和国防科技大学共同参与了该项目的研究制造。“八五”期间，由北京理工大学、国防科技大学等五家单位联合研制成功了 ATB-1（Autonomous Test Bed-1）智能网联汽车，这是我国第一辆能够自主行驶的测试样车，其行驶速度可以达到 21km/h。

ATB-1 的诞生标志着中国智能网联汽车正式起步并进入探索期，智能网联汽车的技术研发正式启动。

1984 年之后，国外有多所企业和大学展开了对智能网联汽车技术的研究。包括美国卡内基梅隆大学、慕尼黑联邦国防军大学、奔驰和意大利帕尔马大学视觉实验室。其中 1998 年的 ARGO 项目（意大利帕尔马大学视觉实验室 VisLab 在 EUREKA 资助下完成的项目）利用立体视觉系统和计算机制定的导航路线进行了 2000km 的长距离试验，其中 949km 的路程使用自主驾驶，平均时速为 90km/h，最高时速达到 123km/h。

在 2000 年之前，美国卡内基梅隆大学的机器人研究所研制了 NavLab 系列智能车辆，包括 NavLab-1 系统、NavLab-5 系统和 NavLab-11 系统；意大利帕尔马大学开展了 ARGO 项目，我国有关部委“八五”和“九五”计划支持的“军用地面机器人”的 ATB 系列，都代表了 20 世纪 90 年代国内智能网联汽车技术研究领域的先进水平。

1.3　智能网联汽车的发展

21 世纪以来，美国、英国和德国等西方发达国家在智能网联汽车的控制和商用化方面取得了突破性进展。2009 年，谷歌在 DARPA（美国国防先进研究项目局）的支持下，开始了自己的智能网联汽车项目。谷歌通过一辆改装的丰田普锐斯在太平洋沿岸行驶了 14 万 mile，历时一年多。许多在 2005~2007 年间参与工作研究的 DARPA 工程师都加入了谷歌的团队，并且使用了视频系统、雷达和激光自动导航。2010 年，Vislab 团队（就是当年的 ARGO 项目团队）开启了自动驾驶汽车的洲际行驶。四辆自动驾驶汽车从意大利帕尔马出发，穿越 9 个国家，最后成功到达中国上海。整个期间 VisLab 团队面对了超过 1.3 万 km 的日常驾驶环境挑战。以制造业闻名的德国，汽车制造商与高等院校研究院合作共同开发了智能网联汽车。目前，欧盟设立了 Cybercars 智能网联汽车研究项目用来推动欧盟成员国之间的研究信息共享。2013 年，奥迪、福特、沃尔沃、日产和宝马等传统汽车制造厂商纷纷布局智能网联汽车，以 nuTonomy 和 Zoox 为代表的创业公司纷纷入局智能网联汽车领域。2015 年特斯拉推出了半自动驾驶系统 Autopilot。2016 年，Uber 智能网联汽车在 Uber 先进技术中心正式上路测试，通用汽车收购了 Cruise Automation，正式进入智能网联领域。

据汤森路透知识产权与科技最新报告显示，在 2010~2015 年期间，与汽车智能网联技术相关的发明专利超过 22000 件。目前占据领先地位的依然是老牌汽车制造商，而非硅谷科技公司。丰田、博世、电装、现代、通用和日产等汽车制造业巨头成为智能网联汽车技术的领导者。丰田公司在 5 年间一共获得了超过 2000 个智能网联技术发明专利。在全球智能网联技术创新排名前 20 强的企业中，有 11 家来自亚洲。

我国也从 20 世纪 80 年代开始进行智能网联汽车技术的研究，并于 1992 年成功研制出我国第一辆智能网联汽车。2011 年 7 月 14 日，红旗 HQ3 首次完成了从长沙到武汉 286km 的高速全程智能网联试验，实测全程自主驾驶平均时速 87km，创造了我国自主研制的智能网联汽车在复杂交通状况下自主驾驶的新纪录。这标志着我国智能网联汽车在复杂环境识别、智能行为决策和控制等方面实现了新的技术突破。近年来，上汽、广汽、吉利和奇瑞等汽车公司开始开展智能网联汽车技术的开发。百度、图森和小马智行等新兴的科技公司也加入到智能网联汽车行业，研究智能网联系统。

经过不断的发展与革新，智能网联汽车正逐渐成为现实。智能汽车有两个发展方向：智能化和网联化，如图 1-1 所示。

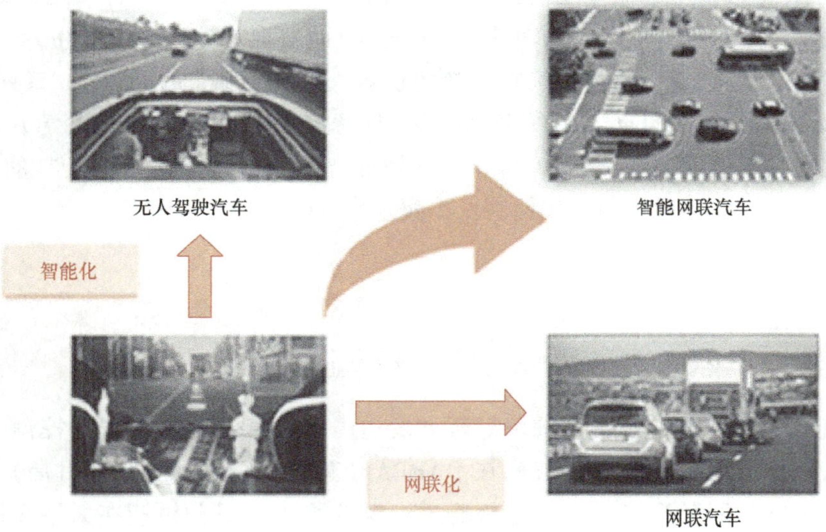

图 1-1　智能汽车发展方向分类

智能网联汽车是沿智能化方向发展的汽车领域中最热门的技术，这种实现了该技术的自主式智能汽车（图 1-2）是一种基于车载装置，像人一样具有环境感知与决策控制能力的汽车。而另一种沿网联化方向发展的智能汽车则成为了网联式智能汽车，如图 1-3 所示。网联式智能汽车是一种搭载了先进的车载传感器、控制器、执行器，融合现代通信与网络技术，使车辆具备远近程环境感知、智能决策与自主控制功能，可实现安全、节能、舒适行驶的新一代智能汽车。

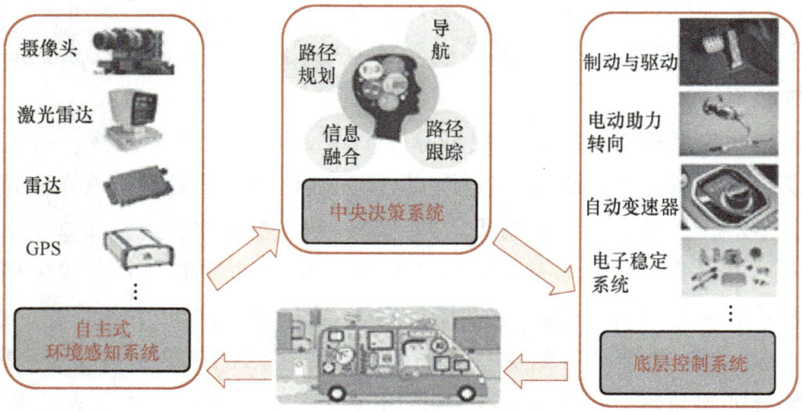

图 1-2　自主式智能汽车

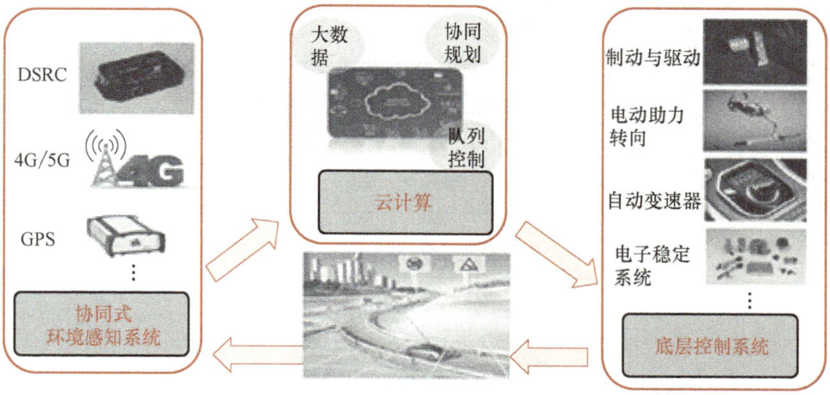

图 1-3　网联式智能汽车

1.4　智能网联汽车的关键技术

智能网联汽车的关键技术包括感知技术、通信技术、定位技术及导航技术等。

1.4.1　感知技术

感知技术可分为摄像头感知技术、雷达感知技术和环境感知技术等。

1. 摄像头感知技术

摄像头感知技术的主要任务包括：①车道线检测；②车辆、行人、障碍物的识别和分类；③交通标志的识别。

2. 雷达感知技术

雷达感知技术离不开车用雷达，车用雷达包括超声波雷达、毫米波雷达和激光雷达。

超声波雷达主要分为两种。安装在汽车前、后保险杠上，用于测量汽车与前、后障碍物的倒车雷达，业内称为 UPA；安装在汽车侧面，用于测量汽车与侧方障碍物距离的超声波雷达，业内称为 APA。

超声波雷达应用于泊车库位检测和高速横向辅助等方面，它具有受雨雪等恶劣天气影响小的优势，但也存在对温度敏感和无法精确描述障碍物位置等缺陷。

目前市场主流使用的车载毫米波雷达按照频率的不同，主要可以分为 24GHz 毫米波雷达和 77GHz 毫米波雷达，二者的对比见表 1-1。

激光雷达按照技术原理分为两种：旋转式激光雷达和固态激光雷达。

旋转式激光雷达通过多束激光竖列而排，绕轴进行 360°旋转，每一束激光扫描一个平面，纵向叠加后呈现出三维立体图形。多线束激光雷达可分为 16 线、32 线和 64 线，线束越高，可扫描的平面越多，获取目标的信息也就越详细；线束低的激光雷达由于点云密度较低，容易导致分辨率不高的问题。固态激光雷达摒弃了原有的机械扫描方式，采用相控阵原理，有多个固定的细小光束组层，通过每个阵元点产生光束的相位与幅度，以此强化光束在指定方向上的强度，并压抑其他方向的强度，从而实现光束方向的改变。

表 1-1　24GHz 毫米波雷达与 77GHz 毫米波雷达的对比

比较项目＼分类	24GHz 毫米波雷达	77GHz 毫米波雷达
距离	短/中距离	长距离
应用	盲点监测(BSD)系统:10m	自适应巡航(ACC)系统:150~199m
	变道辅助(LGA)系统:70m	
	泊车辅助(PA)系统:5m	前向碰撞预警(FCW)系统:69m
	倒车侧后方盲点警告(RCTA)系统:70m	
	自动跟车(S&G):70m	
特点	频率越低,波长越长,绕射能力越强,信号损失衰减越小	体积更小,所需的工艺更高,检测精度更好,射频芯片获取难度大

3. 环境感知技术

如图 1-4 所示，作为智能网联汽车的基础，同时也是智能驾驶的四大核心技术（环境感知、精确定位、路径规划和线控执行）之一，环境感知技术利用传感器获取道路、车辆位置和障碍物信息，并将这些信息传输给车载控制中心，为智能网联汽车提供决策依据，是智能驾驶汽车的“通天眼”。

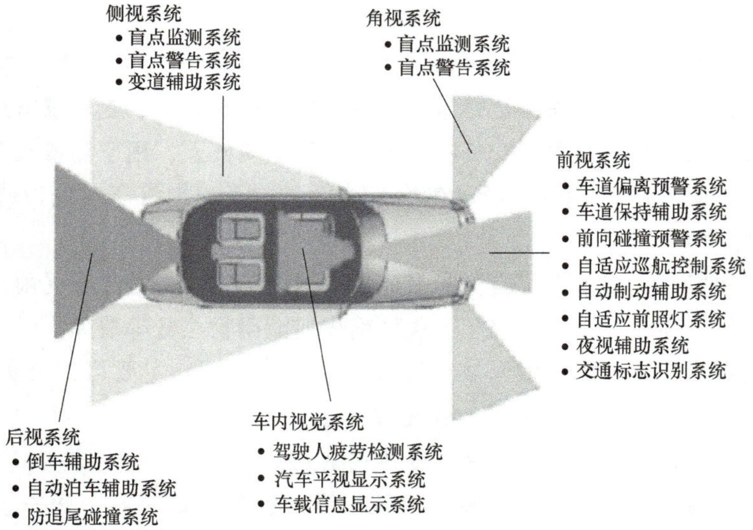

图 1-4　环境感知技术在智能网联汽车上的应用

环境感知系统由信息采集单元、信息处理单元和信息传输单元组成，如图 1-5 所示。系统基于单一传感器、多传感器信息融合或车载自组织网络获取周围环境和车辆的实时信息，经信息处理单元根据一定算法识别处理后，通过信息传输单元实现车辆内部或车与车之间的信息共享。

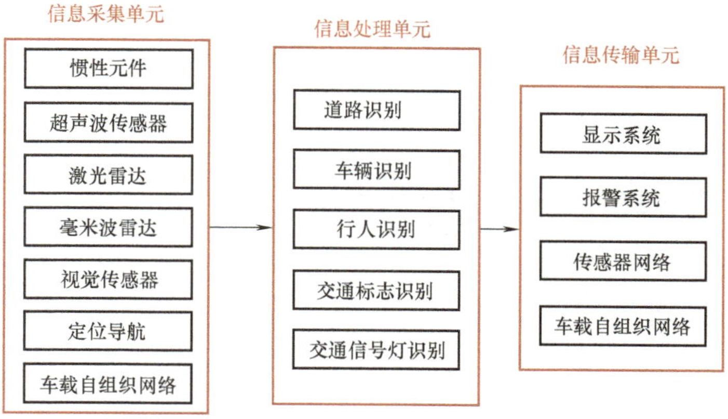

图 1-5　环境感知系统

常见的环境感知传感器有超声波传感器、毫米波雷达、激光雷达和视觉传感器等，各传感器的原理和特点不同，在环境感知技术中的使用也不同。

1.4.2　通信技术

1. 专用短程通信

专用短程通信（Dedicated Short Range Communication，DSRC），是智能交通系统（Intelligent Transport System，ITS）的基础之一。

DSRC 能保证高速的数据传输和通信链路的低延时，有较高的系统可靠性，是专门用于车辆通信的技术，一般泛指所有短距离的无线通信技术，包含不同的技术和不同的规格。

2. 5G 通信技术

1）连续广域覆盖，保证用户业务服务连续性，无论静止还是高速移动，都能获得 100Mbit/s 以上的体验速度。

2）热点高容量，在人流密集热点区域可满足极高的网络密度需求。

3）低延时高可靠，主要面向车联网与工业互联网，毫秒级端到端时延与接近 100%的可靠性。

4）低功率大连接，面向环境监测、智能农业等以数据采集为主的应用场景，支持百万/km^2 连接数密度。

3. 车用无线通信技术

车用无线通信技术（Vehicle to Everything，V2X）是将车辆与一切事物相连接的新一代信息通信技术，如图 1-6 所示。其中，V 代表车辆，X 代表任何与车交互信息的对象，V2X 交互的信息模式主要包括车与车（Vehicle to Vehicle，V2V）、车与路（Vehicle to Infrastructure，V2I）、车与人（Vehicle to Pedestrian，V2P）以及车与互联网（即云）（Vehicle to Network，V2N）的交互。

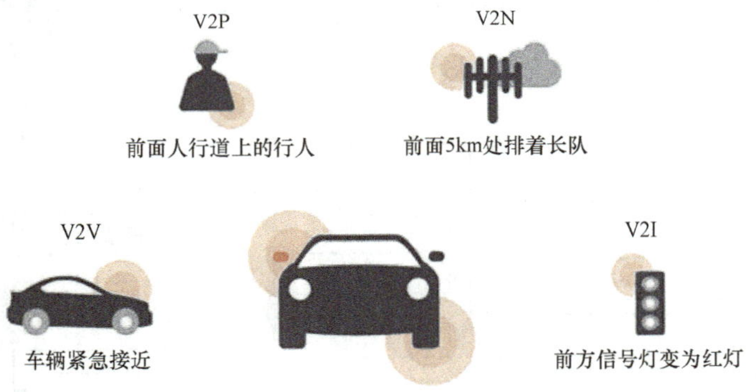

图 1-6　V2X 技术

1.4.3　定位技术

高精度地图，通俗来讲就是精度更高、数据维度更多的电子地图。精度更高体现在精确到厘米级别，数据维度更多体现在其包括了除道路信息之外的与交通相关的周围静态信息。许多智能网联汽车模块都依赖于高精地图，有了高精地图就需要在该地图上进行自定位。这意味着，需要弄清自己在地图上的位置，也就是定位——智能网联汽车在地图上的确切位置。高精度地图与定位技术具有以下特点：

1）运用高精度定位（DGPS、北斗、RFID）和地图技术。

2）定位精度：10m 级、1m 级、分米级。

3）动态地图构建：道路几何线形信息、交通标志、标线信息、交通状态、信号灯、邻车、行人状态及动态地图重构。

1.4.4　导航技术

利用电、磁、光、力学等科学原理与方法，通过测量与空中飞机、海上舰船、陆地上的车辆以及人流等运动物体每时每刻位置有关的参数，从而实现对运动体的定位，并正确地从出发点沿着预定的路线，安全、准确、经济地引导至目的地，这种技术就是导航技术。导航引导车辆从某一地点到达指定目的地，它由硬件平台、导航电子地图和导航引擎三部分组成。

1.4.5　智能互联技术

智能互联技术是指汽车与互联网相连，从而使驾驶人更加便利、智能且安全地驾驶汽车，获得别样的驾驶体验。通俗来讲就是在车上接入互联网，让驾驶人的操作简单化，一个指令便可达成其所想。目前比较热门的车载智能互联技术有百度的 Carlife 系统、通用的安吉星、上汽的斑马智行系统以及吉利的 GKUI 系统等。

图 1-7　百度 Carlife 系统

图 1-7 所示为百度的 Carlife 系统。

1.4.6 先进驾驶辅助技术

先进驾驶辅助系统（Advanced Driver Assistance System，ADAS），是利用安装于车上的各式各样的传感器，在第一时间收集车内外的环境数据，进行静、动态物体的辨识、侦测与追踪等技术上的处理，从而使驾驶人可以在最短的时间内察觉可能发生的危险，以引起注意并提高安全性的主动安全技术。ADAS 采用的传感器主要有摄像头、雷达、激光和超声波等，可以探测光、热、压力或其他用于监测汽车状态的变量，通常位于车辆的前、后保险杠、后视镜、变速杆内部或者风窗玻璃上。早期的 ADAS 技术主要以被动式报警为主，当车辆检测到潜在危险时，会发出警报提醒驾车人注意异常的车辆或道路情况。对于最新的 ADAS 技术来说，主动式干预也很常见。图 1-8 所示为一种先进驾驶辅助系统——自适应巡航控制（Adaptive Cruise Control，ACC）的示意图。

图 1-8 ACC 自适应巡航示意图

1.4.7 信息融合技术

多传感器信息融合技术是实现精确可靠的车辆定位的核心技术。例如基于 ABS/ASR（汽车防抱死制动/驱动防滑转）开发的汽车 ABS/ASR/ACC（防抱死制动/驱动防滑转/自适应巡航控制）集成系统，就是通过把各种传感器信号有机地融合起来，实现资源共享，协调不同系统之间的相互关系，提高控制系统的稳定性和可靠性。

1.4.8 信息安全与隐私保护技术

伴随车联网智能化和网联化进程的不断推进，车联网网络安全事件开始出现，用户生命财产安全受到威胁。车载互联网涉及驾车人的生命安全，车载系统极易受到攻击，对于自身系统安全性缺乏直观的认知，并无系统安全预警，非法人员可以通过技术手段侵入车载系统。关于车联网安全标准的研究及制定工作正在积极推进，国内率先开展针对车内总线、各电控单元（ECU）、车载诊断（OBD）接口以及车载综合信息系统（IVI）等技术的安全研究，已具备针对多种型号车辆进行安全测试服务的能力，可有效评估其安全性，为安全改进提供可靠数据支持。

1.4.9 人机界面技术

1. 人机界面产品的定义

连接可编程序控制器（PLC）、变频器、直流调速器及仪表等工业控制设备，利用显示屏显示，通过输入单元（如触摸屏、键盘、鼠标等）写入工作参数或输入操作命令，实现人与机器信息交互的数字设备就是人机界面（HMI）产品。

2. 人机界面产品的组成及工作原理

人机界面产品由硬件和软件两部分组成。硬件部分包括处理器、显示单元、输入单元、通信接口及数据存储单元等，其中处理器的性能决定了 HMI 产品的性能高低，是 HMI 的核心单元。HMI 软件一般分为两部分，即运行于 HMI 硬件中的系统软件和运行于 PC 机 Windows 操作系统下的画面组态软件（如 JB-HMI 画面组态软件）。

人机界面技术，尤其是语音控制、手势识别和触摸屏技术，在全球未来汽车市场上将被大量采用。

智能网联汽车人机界面的设计，其最终目的在于提供好的用户体验，增强用户的驾驶乐趣或驾驶过程中的操作体验，它更加注重驾驶的安全性，这样使得人机界面的设计必须在好的用户体验和安全之间做好平衡，在很大程度上安全始终是第一位的。

1.4.10 异构网络融合技术

通信技术近些年得到了迅猛发展，层出不穷的无线通信系统为用户提供了异构的网络环境，包括无线个域网、无线局域网、无线城域网、公众移动通信网、卫星网络、Ad Hoc（点对点）以及无线传感器网络等。尽管这些无线网络为用户提供了多种多样的通信方式、接入手段和无处不在的接入服务，但是，要实现真正意义的自组织、自适应，并且实现具有端到端服务质量（QoS）保证的服务，还需要充分利用不同网络间的互补特性，实现异构无线网络技术的有机融合。异构网络是由不同制造商生产的计算机和其他种类的网络设备和系统组成的，大部分情况下运行在不同的协议上支持不同的功能或应用。

1.5 智能网联汽车体系结构

1.5.1 分层递阶式与反应式体系结构

分层递阶式体系结构由感知、建模、任务计划、运动规划、运动控制和执行器等模块串联起来构成，前者的输出结果为后者的输入，又称为感知模型规划行动结构。在这种体系结构下，执行器产生的动作不是传感器直接作用的结构，而是经过了一系列由感知、模型到规划、控制等阶段，具有解决特定任务的能力。分层递阶式体系结构的构建根据用户对环境中已知对象的了解及互相关系的推测与分析，另一部分根据传感器模型的自主构造，这种体系结构缺乏实时性和灵活性，串联的结构系统导致可靠性不高，当一个模块出现故障时，将导致整个系统瘫痪。

反应式体系结构是针对各种目标设计的基本行为，形成各种不同层次的能力的并联体系结构。每个控制层根据传感器的输入进行决策，高层次对低层次施加影响，低层次具备独立的控制系统，因而可以产生快速的响应，实时性强。

1.5.2 硬件层

1. 摄像头

摄像头主要用于车道线、交通标示牌、红绿灯以及车辆、行人的检测，有检测信息全面、价格便宜的特点，但受雨雪天气和光照的影响较大。摄像头由镜头、镜头模组、滤光片、CMOS/CCD、ISP 和数据传输部分组成。光线经过光学镜头和滤光片后聚焦到传感器上，通过 CMOS 或 CCD 集成电路将光信号转换成电信号，再经过图像处理器（Image Signal Processing，ISP）转换成标准的 RAW、RGB 或 YUV 等格式的数字图像信号，通过数据传输接口传到计算机端。

2. 激光雷达

激光雷达（Light Detection and Ranging，LiDAR）主要用于高精地图的制作、障碍物识别及跟踪和自身定位，是目前公认 L3 级以上自动驾驶必不可少的传感器。激光雷达具有高精度、高分辨率的优势，同时具有建立周边 3D 模型的前景，但其劣势在于对静止物体（如隔离带、护栏等）的探测较弱且成本高昂（一套 64 线 Velodyne 激光雷达高达 70 万元）。它由激光发射机、光学接收机、转台和信息处理系统等组成。其工作原理是向目标发射探测信号（激光束），然后将接收到的从目标反射回来的信号（目标回波）与发射信号进行比较，作适当处理后，就可获得目标的有关信息，如目标距离、方位、高度、速度、姿态，甚至形状等参数，从而对目标进行探测、跟踪和识别，输出的数据称为“点云”（Point Cloud），目前有 PCL（Point Cloud Library）开源库支持这类数据的读写处理。

3. 毫米波雷达

毫米波雷达（Radar）主要用于交通车辆和行人的检测，具有检测速度快、准确，穿透雾、烟、灰尘能力强以及全天候（大雨天除外）、全天时的特点，但其劣势在于雨、雾和雪等较潮湿环境下的信号衰减，以及对树丛穿透能力差和无法检测车道线、交通标志等。毫米波雷达工作在毫米波段。通常毫米波是指 30~300GHz 频段（波长为 1~10mm）。毫米波的波长介于厘米波和光波之间，因此毫米波兼有微波制导和光电制导的优点。

毫米波雷达由芯片、天线和算法共同组成，基本原理是发射一束电磁波，观察回波与入射波的差异来计算距离、速度等。成像精度的衡量指标为距离探测精度、角分辨率和速度差分辨率。毫米波频率越高，带宽越宽，成像越精细。

4. 超声波传感器

超声波传感器（Ultrasonic Sensor）主要用于近距离和低矮障碍物的探测，避免车辆周围近距离感知盲区。超声波具有易于定向发射、方向性好、强度易控制以及与被测量物体不需要直接接触的优点，但易受环境温度影响，测量精度不够。虽然目前超声波的测距量程能达到百米，但测量的精度往往只能达到厘米级。

超声波传感器一般由超声波发射器、超声波接收器、计时器和温度感知器等组成，其测距原理是利用超声波在空气中的传播速度为已知（20℃下为 344m/s），测量声波在发射后遇到障碍物反射回来的时间，根据发射和接收的时间差计算出发射点到障碍物的实际距离。由此可见，超声波测距原理与雷达原理是一样的。

测距的表达式为

$$L = CT \tag{1-1}$$

式中，L 为测量的距离长度；C 为超声波在空气中的传播速度；T 为测量距离传播的时间差（即发射到接收时间数值的一半）。

1.5.3 软件层

软件层（Software Layer）在 Apollo 架构上分成了三层，分别是实时操作系统、运行时框架和各应用算法模块。

1. 实时操作系统

实时操作系统（Real Time Operating System，RTOS）一般是针对自动驾驶定制化的高实时、高并发、低时延的 Linux 操作系统。

2. 运行时框架

运行时框架（Runtime Framework）是基于操作系统层的各算法模块调度框架，主要负责各模块之间的消息通信、资源分配和运行调度等。目前主要的框架有开源的 ROS（Robot Operating System）和百度自研的 Cybertron 框架。

3. 算法模块

（1）地图引擎（Map Engine） 提供车道线拓扑结构、红绿灯位置、交通标志位置和类型以及道路限速等信息服务，供感知、决策规划和定位等模块查询使用。

（2）定位模块（Localization） 为各算法模块提供厘米级的高精度定位信息，包括车辆的世界坐标、车辆姿态和朝向等信息。

（3）感知模块（Perception） 其主要功能为检测车道线标志，识别红绿灯状态，检测跟踪识别车辆、行人以及交通标识牌识别等。

（4）规划模块（Planning） 主要为基于定位信息和感知信息，结合行驶目的地信息，实时对行驶路线做出规划，为自动驾驶车辆提供行驶轨迹点。

（5）控制模块（Control） 基于规划路径，对车辆行驶下发控制命令，主要包括转向、加速、制动、灯光、喇叭及车内空调等的控制。

（6）端到端（End-to-End） 主要为数据采集、车辆状态和软件监控以及在线升级客户端等为云端服务的各软件模块的集合。

（7）人机交互接口（HMI） 主要为驾乘人员或远程控制员，提供与车辆交互的功能，包括规划行驶路径、打开车载娱乐系统和查看车辆行驶状态等。

（8）云端服务层（Cloud Service Layer） 该层主要运行在分布式计算的云端，为智能网联汽车提供各种服务，包括信息安全控制、仿真训练和车辆数据收集等。

（9）高精地图（HD Map） 提供高精地图数据，包括静态地图、反射值地图等，供车端高精地图服务引擎查询或更新使用。

（10）仿真（Simulation） 提供评测或训练各算法模块的服务平台，可以基于实车采集的数据，不断丰富更新各种测试场景或训练数据，以提高自动驾驶系统的智能和适应性。

（11）数据平台（Data Platform） 实时存储从智能网联汽车上传来的各种数据，包括感知、车辆状态、行驶轨迹、各软件模块状态及关键 log 文件等以供云端平台做离线统计、分析、定位问题和训练模型使用。

（12）安全（Security） 主要是对车端各种外部请求的认证、鉴权等，保证车端和云端的信息安全，避免遭受黑客攻击。

（13）在线升级（Over The Air，OTA）　提供对智能网联汽车的各软件模块的升级、数据更新以及证书更新等功能，使得智能网联汽车随时保持最新的高精地图数据、配置信息和软件模块。

1.6　中国智能网联汽车的发展状况

1.6.1　中国智能网联汽车行业发展概况

1. 建立智能网联汽车自动化标准，出台智能网联法规

自动驾驶并不是一步到位的，随着技术的进步，有不同的发展阶段。在我国，无人驾驶汽车发展也已上升至国家战略层面，并明确规定了发展的目标。2015 年我国根据智能网联汽车的自动化程度，建立了智能网联汽车的自动化标准。我国制定的自动化标准与 NHTSA 和 SAE 的对比见表 1-2。智能网联技术正实现人类操控向车辆操控的转变，现阶段研发级别聚集在我国规定的 PA 和 HA（SAE 的 L2～L4）阶段。

表 1-2　智能网联汽车的自动化标准

NHTSA 标准	L0 无智能网联功能	L1 单一功能辅助驾驶	L2 多功能协同辅助驾驶	L3 有限智能网联	L4 完全智能网联	
SAE 标准	L0 无智能网联功能	L1 驾驶人辅助	L2 部分智能网联	L3 有限智能网联	L4 高度智能网联	L5 完全智能网联
《中国制造 2025》	DA 驾驶辅助		PA 部分智能网联		HA 高度智能网联	FA 完全智能网联
功能	无	ABS/ESP/CCS/ACC/LKA	转向+速度控制	智能网联（有条件）	智能网联（限制场景）	智能网联
操纵	人类控制	人类（主） 车辆（辅）	人类（主） 车辆（辅）	人类+车辆	人类（辅） 车辆（主）	车辆控制
智能网联应用场景	无	限定场景				全部场景

2017 年 12 月，北京市印发《北京市关于加快推进自动驾驶车辆道路测试有关工作的指导意见（试行）》和《北京市自动驾驶车辆道路测试管理实施细则（试行）》两个指导性文件，成为全国首个出台智能网联路测指导意见和管理细则的城市。此后，又有 8 个城市陆续出台了相关路测指导意见。

2. 中国智能网联汽车行业处于探索期，未来发展依赖政策环境、技术进展及基础设施建设等多方支持

智能网联汽车市场是技术驱动型市场，智能网联落地后技术成熟与否直接关乎人的生命财产安全，整体市场需要更多的时间进行技术研发。中国城市道路复杂多变，智能网联

研发商需反复训练算法，以便车辆更好地适应驾驶环境。高级别智能网联技术有望率先落地特定道路场景，如货运物流、公共交通等，伴随车联网环境的完善，智能网联车辆上路指日可待。中国移动端 IM 市场 AMC 模型如图 1-9 所示。

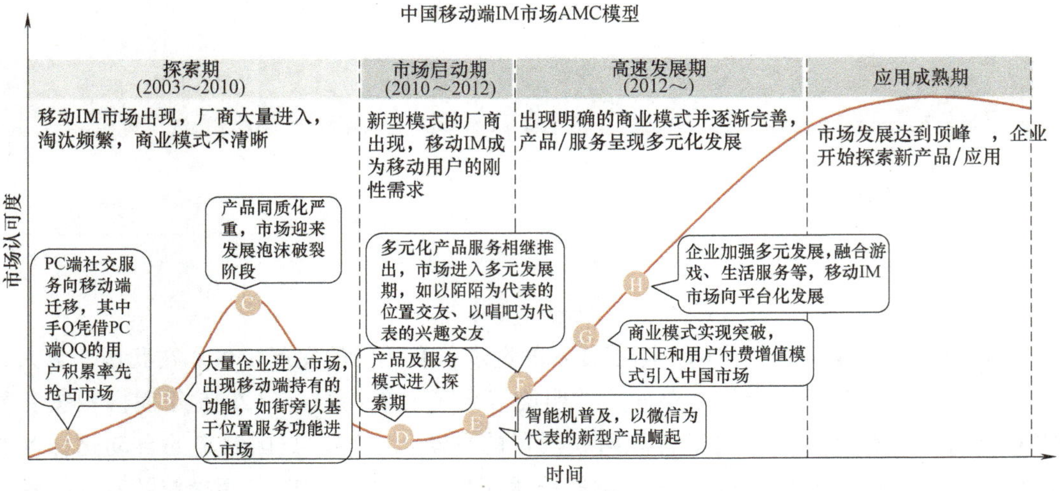

图 1-9　中国移动端 IM 市场 AMC 模型

3. 智能网联汽车行业投资集中在早期，单笔项目融资金额高

中国智能网联汽车企业融资集中在 A 轮以前，早期融资数量占比较高。整体市场处于发展初期，融入资本多用于技术研发和人才引进，融资情况呈现单笔融资金额大的特点，整体行业呈现较高的技术壁垒，一旦行业护城河形成，进入市场较晚的商家发展阻力加大。图 1-10 所示为目前中国智能网联企业融资情况。

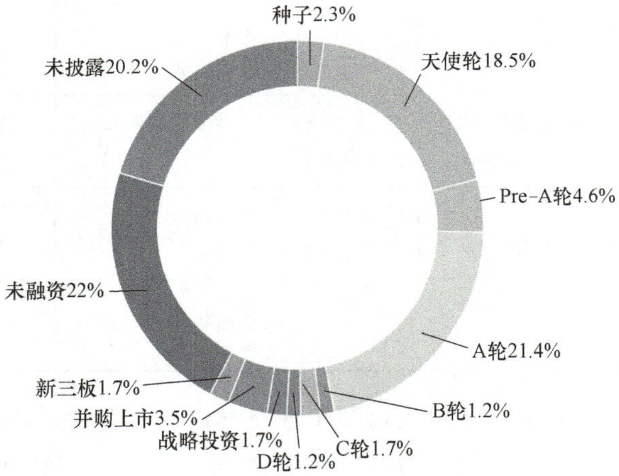

图 1-10　目前中国智能网联企业融资情况

4. 行业热点事件聚焦政策、市场、技术和投资 4 个维度，助力智能网联汽车行业快速发展

政策环境、战略合作、技术进展和投融资是决定行业发展的重要因素，现阶段智能网联汽车行业在各个方面的动作都比较频繁，政策环境有望不断完善，各个商家在自己的赛道中不断发展探索，推动行业格局的形成。

5. 智能网联车辆事故频发，安全保障是智能网联的应用前提

保障驾驶安全是智能网联的应用前提。通过公开资料整理显示，即便是智能网联行业的领先企业 Waymo，也依然存在交通事故隐患。事故发生的原因主要归结为三个层面：

1）传感器组合缺陷。一些智能网联车辆为降低生产成本，没有搭配成本较高的激光雷达，导致对环境的识别存在漏洞。

2）机器学习训练不足。车辆在算法训练时对识别特殊形态车辆或车身两侧图像训练不足，也会造成行驶过程中的识别漏洞。

3）驾驶人接管不及时。在行车过程中非完全智能网联需要驾驶人随时接管车辆，若驾驶人对智能网联过度依赖，在系统失效时接管不及时，则会导致交通事故。

6. 百度 Apollo 平台助力合作伙伴快速构建智能网联解决方案

百度 Apollo 平台不仅是一家智能网联解决方案研发商，还通过开源平台的软硬件服务和技术代码吸引行业内各类厂商接入 Apollo 生态，促进智能网联行业发展，降低智能网联研发门槛，助力合作伙伴构建智能网联解决方案。

（1）技术方面　Apollo 为合作伙伴提供完整的软硬件服务，并开放环境感知、路径规划及车辆控制等功能的代码或能力。

（2）资源方面　Apollo 在传感器等领域为接入 Apollo 平台的合作伙伴推荐协同性更好的供应商。

（3）推进技术进步方面　Apollo 生态中的各类厂商在研发过程中将脱敏后的数据贡献出来，有助于提升 Apollo 平台自身的技术水平，加速推进智能网联技术研发。

7. Robo-taxi 场景落地对智能网联行业意义重大

Robo-taxi 是智能网联中较为复杂的应用场景，对智能网联算法、传感器组合以及高精地图的要求更高。目前国内有 3 家智能网联初创公司专注于 Robo-taxi 场景下的智能网联技术研发，该场景的落地可以有效解决用户的出行痛点，并为行业创造价值。

8. 智能网联货运场景更易实现，场景落地有助于推进货运物流行业发展

智能网联货运场景相比城市交通场景更易实现，因为该场景相对封闭，多为端到端的高速路段或集中在港口码头一类的固定场景，发生因路况复杂、陌生所造成行车环境难以感知的情况概率较低，各个厂商对智能网联货运场景的推进速度也会更快。此外，智能网联货运场景的落地将有效推进货运物流行业的发展，为其创造更多的价值。

9. 低速智能网联围绕限定场景展开布局，提升用户出行体验

相比其他智能网联场景，围绕限定场景展开低速智能网联解决方案的研发门槛较低，更易推动智能网联技术的场景化落地，因此国内很多智能网联初创企业聚集于此，针对智能网联“大脑”、传感器组合，结合应用场景展开探索。

（1）低速智能网联技术

1）自动泊车。汽车自动寻找可停放车位，并安全泊车，全程无须人工干预。

2）摆渡车。在机场、客运码头及园区等场景，摆渡车搭载乘客按既定线路自动行驶至固定站点。

3）车辆调度。共享汽车按用户出行需求自动行驶至停车点。

（2）应用场景　应用场景主要包括停车场、客运码头、机场及共享汽车停车网点。

(3) 价值点 低速智能网联的价值可以体现在以下方面：节省寻找车位的时间，方便新驾驶人停车入位，减少因驾驶不善导致的人员伤亡和财产损失，提升客运物流速度，方便乘客抵达目的地，提升车辆运营效率，节省人工调度成本。

1.6.2 中国智能网联汽车市场发展趋势

1. 智能网联汽车发展的“智能化”

近年来，互联网技术的迅速发展给汽车工业带来了革命性变化的机会。汽车智能化技术正逐步得到广泛应用，这项技术使汽车的操作更简单，行驶安全性也更好，而其中最典型也是最热门的未来应用就是智能网联。图 1-11 所示为智能网联汽车外形及示意图。

a)

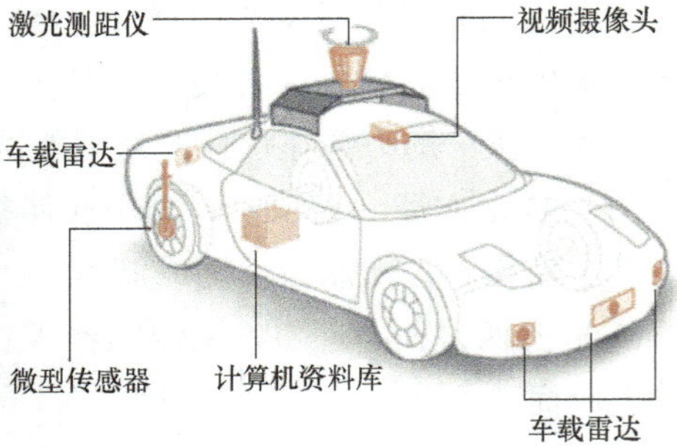

b)

图 1-11 智能网联汽车

(1) 智能网联起于安全，达于智能 智能网联技术最初的发展是从减少、防止机动车事故开始的。从 1950 年至 2000 年，OEM 车厂和 Tier1 的零部件制造商对车辆做了许多结构性的改进。最核心的就是四大安全系统：安全带、防抱死制动系统（ABS)、安全气囊和电子稳定控制（ESC)。安全是推动智能网联汽车发展的主要因素。

(2) 智能网联的发展之路 根据美国 NHTSA 和 SAE 公布的划分标准，智能网联汽车可以分为 4 个级别（不包含 L0 的完全无智能网联功能)，可参见表 1-2。其中 L4（完全智能网联）是汽车自动化、智能化程度最高的级别。但目前仍处于路测阶段，距离商用还有较长的一段时间。

(3) 多维度推进智能网联发展 通常认为，政府监管、安全可靠的技术解决方案及消费者的接受度和支付意愿是未来智能网联能否快速发展并进入正常商业运作的关键因素。具体来说，智能网联需要在五个维度：消费者接受度、技术整合度、生态体系、立法及基础设施投资同时推进。

2. 智能网联汽车产业图谱日趋完善

“传感器+高精地图+ADAS+车联网”目前被业内认定为“最可能实现的智能网联方案。”

(1) 激光雷达——智能网联的“眼睛” 智能网联汽车需要借助多重探测系统才能确保高速驾驶时的安全性，主要感知系统包括摄像头图像处理、短程和远程雷达以及激光雷达。其中，以雷达和摄像头为主，未来的发展趋势是多传感器融合发展。目前主流的传感器包括超声波雷达、激光雷达、毫米波雷达、摄像头及红外探头等。

（2）高精地图——智能网联的“心路”　伴随汽车智能化的提升，智能网联对导航应用的要求日益提高。传统导航应用由于商品化程度较深、地图格式各不相同和较粗的地图精度等原因，难以为智能网联系统所用。对智能驾驶和安全驾驶的迫切需求，业界推动了高精地图的研发。高精地图是智能网联汽车发展的基础，在特殊气候条件下，传感器采集周边实时路况信息的功能可能受到影响，地图导航精度越高，保障性越强。智能网联时代，高精地图供应商的地位得到显著提升。受国内法律法规等限制，高精地图是目前国内智能网联产业图谱中受益确定性最高的环节。

（3）车联网——连接智能网联的“图谱”　车联网即“汽车移动物联网技术”。传统汽车联网和智能汽车作为车联网的智能硬件是其重要组成部分。较高的汽车保有量和销售预计、成熟的移动互联网都是车联网发展必不可少的条件。公安部交通管理局发布统计数据显示，2018 年全国新注册登记机动车 3172 万辆，机动车保有量已达 3.27 亿辆，其中汽车 2.4 亿辆，小型载客汽车首次突破 2 亿辆；机动车驾驶人达 4.09 亿人，其中汽车驾驶人 3.69 亿人。截至 2018 年底，全国汽车保有量达 2.4 亿辆，比 2017 年增加 2285 万辆，增长 10.51%。其中，私家车（私人小微型载客汽车）持续快速增长，2018 年保有量达 1.89 亿辆，近五年年均增长 1952 万辆。另外，2018 年全国新能源汽车保有量达 261 万辆，占汽车总量的 1.09%，增加 107 万辆，同比增长 70%。

3. 科技企业、整车厂商各显神通，智能网联殊途同归

目前的智能网联发展以 ADAS 和人工智能作为两条主要的发展路径。

（1）路径一　以传统车企为代表，如上汽集团、长安汽车等。通过不断完善和发展 ADAS 功能和技术，逐步提高汽车的自动化、智能化程度来不断向完全智能网联发展。发展的根本目的是缓解驾驶人的驾驶压力，改善其驾驶体验。汽车主机厂具备丰富的整车制造经验，完善的配套服务体系。核心技术是 ADAS 的各项自动控制系统，在汽车的行驶决策过程中，更多地是由人对周边的状况做出判断，并采取执行措施，机器决策仅起到辅助作用。

（2）路径二　以互联网企业为代表，如谷歌、百度等。通过提高移动式机器人深度学习能力和自主决策能力来完成智能网联汽车的各项任务。发展的根本目的是以计算机来控制汽车，彻底取代人工驾驶。互联网企业拥有先进的互联网技术、成熟的算法和云服务平台，能够通过人工智能技术不断提高机器的“驾驶经验”，从而对行驶路况进行准确的判断，降低人为因素干扰带来的事故率。核心技术是人工智能技术，在汽车的行驶决策过程中，完全由机器对周边状况进行决策并控制执行，人工智能完全控制汽车的所有驾驶决策。

1.7　其他国家智能网联汽车研究现状

目前，以美国、欧盟和日本等为代表的全球主要国家和地区，都将智能网联汽车作为汽车产业发展的重要方向，纷纷加快产业布局、制定发展战略，通过政策支持、技术研

发、标准法规、示范运行等综合措施，加快推动产业化进程。

目前，全球多个国家对智能网联立法，以确定其地位并推动发展。

法国：第一批智能网联立法草案于2018年底制定完成。

德国：通过智能网联路测法案。

英国：提出《自动和电动车辆法案》，聚焦保险问题，使公共道路上的智能网联合法化。

芬兰：批准智能网联公交车在公共道路上测试。

瑞典：完成《智能网联公共道路测试规范》初稿。

丹麦：修改《丹麦道路交通法案》，允许智能网联车辆在公路上测试。

加拿大：安大路省宣布允许在公共道路进行测试。

美国：33个州开放智能网联路测，加州和亚利桑那州允许没有驾驶人陪同的智能网联汽车上路行驶。

荷兰：开放智能网联道路测试，允许智能网联车辆无驾驶人陪同。

日本：颁布《智能网联汽车道路测试指南》，允许智能网联汽车路测。

韩国：《韩国汽车管理法》出台，允许智能网联汽车在城市道路上测试。

新加坡：通过道路交通法修正案，允许智能网联汽车在公共道路进行测试。

下面主要介绍美国和日本的智能网联汽车的发展情况。

1.7.1 美国智能网联汽车的发展状况

当前，美国对智能网联技术的支持不仅是在政策研究、技术开发等方面，而且斥资建设智能网联汽车测试示范区，通过测试评价和示范应用解决智能网联汽车实际运营中的技术难题，推动智能网联与车联网技术发展，引导产业标准规范制定，抢占智能网联汽车行业优势地位。

1. 美国智能网联测试场建设

2015年7月，全球首个智能网联封闭测试区M-City正式开园并引发广泛关注，也推动了世界各国竞相开展智能网联测试场的建设。2016年11月，美国交通部公布“智能网联试验场试点计划”，并于2017年1月19日确立了10家智能网联试点试验场。

M-City于2015年7月20日正式开放，是世界上首个测试智能网联汽车、V2V/V2I车联网技术的封闭测试场，由密歇根大学移动交通研究中心负责建设运营。测试场位于密歇根州安娜堡市密歇根大学校园内，占地194亩，车道线总长约8km，设置有多种道路和路侧设施模拟实际道路环境，主要包括用于模拟高速公路环境的高速试验区域和用于模拟市区与近郊的低速试验区域。其中，模拟市区的低速试验区完全模仿普通城镇建造，包含两车道、三车道和四车道公路以及交叉路口、交通信号灯和指示牌等，提供了真实的路面、标志标线、斜坡、自行车道、树木、消防栓以及周边建筑物等真实道路场景元素。M-City示意图如图1-12所示。

M-City自2013年开始设计，2014年正式建设，启动资金总计1000万美元，由密歇根大学和密歇根州交通部共同出资。2015年7月正式开园运营，并引进了大量合作企业，包括17家“领导圈”会员和其他49家联盟成员，涉及汽车制造商、大数据管理、通信、

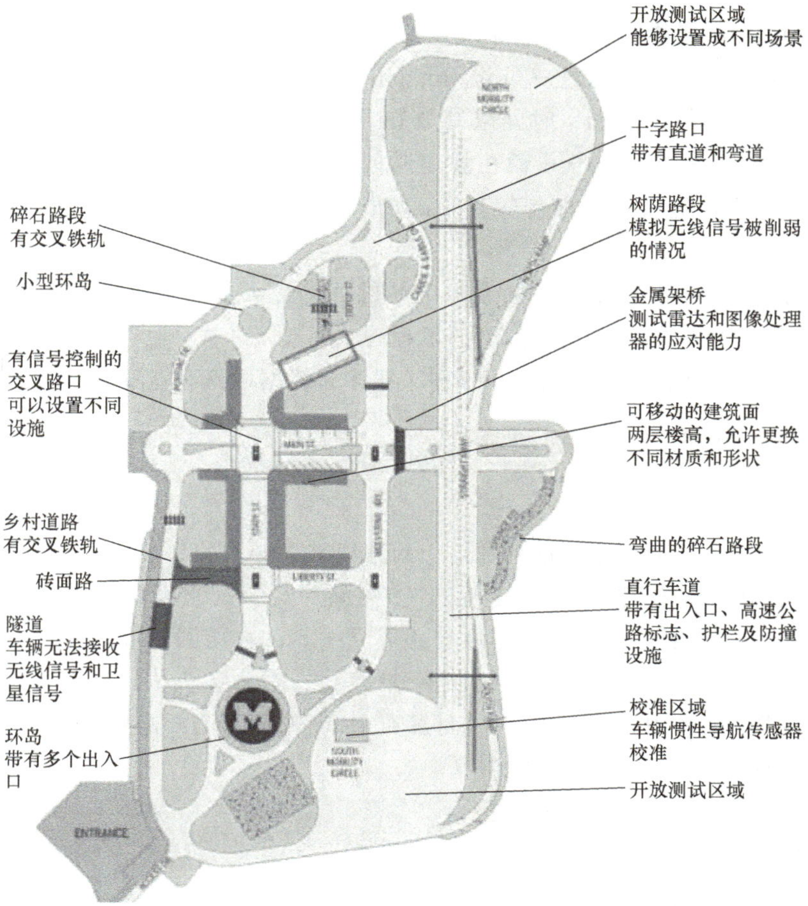

图 1-12 M-City 示意图

货运和重型车辆、交通控制系统、保险、公共交通、支付系统以及智能停车场等诸多行业。M-City 是一个封闭的场地，出于安全和保密问题，访问仅限于参与试验的研究者，并按照不同级别的会员进行测试收费。

美国交通部指定的 10 个智能网联试点试验场分布于 9 个州，分别位于美国的东北部、东部、东南部、北部、中西部、南部、西部、西南部，实现了美国交通部希望的地区发展平衡。这些分布在美国各地的试验场具有差异化的气候条件和地貌特征，使智能网联汽车可以在更加丰富的条件下开展测试。

2. 美国组织竞赛促进智能网联汽车的发展

第一次 DARPA 智能网联挑战赛名为 DARPA Grand，于 2004 年在美国莫哈维沙漠举办。比赛要求智能网联汽车在 10h 的时间限制内跑完一条沙漠通道中长 142mile 的道路。所有参赛车辆都在前几英里内失败了。

第二次 DARPA 智能网联挑战赛名称同样是 DARPA Grand，在 2005 年举办。比赛要求机器人车辆跑过一条长 132mile 的路线，其中有平地、干涸湖床和山路，包含 3 个狭窄通道和超过 100 个急转弯。这次比赛共有 23 辆汽车参与，其中 4 辆车在规定时间内跑完了赛道。斯坦福大学的汽车 Stanley 获得第一名，卡内基梅隆大学的汽车 Sandstorm 和

Highlander 分列第二和第三名。

第三次 DARPA 智能网联挑战赛名为 DARPA Urban 挑战赛，于 2007 年在美国加州举办。比赛要求智能网联车辆通过一条长 60mile 的模拟城市环境的路线，其中也有其他智能网联车辆和人类驾驶的汽车，时间限制为 6h。这些汽车必须遵守加州的交通规则。这场比赛有 11 辆汽车参与，其中 6 辆在规定时间内跑完了路线。卡内基梅隆大学的汽车 Boss 获得第一名，斯坦福大学的汽车 Junior 列居第二，弗吉尼亚理工大学的汽车 Odin 则为第三名。

尽管 DARPA 的三次智能网联挑战赛中的挑战远比人们日常交通中所遇到的情况简单，但它们已被誉为智能网联汽车发展的里程碑。

从 DARPA 的这些挑战赛开始，也出现了很多智能网联汽车竞赛和试验。

1.7.2 日本智能网联汽车的发展状况

1. 日本布局智能网联产业

日本政府较早就注意到了智能网联这一新兴产业。早在 2013 年，日本政府就启动了 SIP（战略性创新创造方案）项目以推动日本高新产业，振兴经济。其中智能网联技术（即 SIP-adus）占据了核心地位，日本政府还成立了 SIP 智能网联推进委员会。2016 年 5 月，日本警视厅发布《自动驾驶汽车道路测试指南》，对测试机构、测试人员及测试车辆均提出技术要求。2017 年 5 月，日本内阁发布《2017 官民 ITS 构想及路线图》，计划于 2020 年左右实现 L2、L3 级别的智能网联。

日本企业很早就开展了智能网联的研发工作。早在 1997 年丰田就在其雷克萨斯 LS 的日本国产版 Celsior 上使用了基于激光传感器制造的自适应巡航系统。在 2005 年爱知世博会期间，丰田展示了“IMTS（智能多模式交通系统）”，如图 1-13 所示。该系统可利用车间通信及地面信号装置，实现汽车自动速度控制及刹车控制功能，开启了车联网的早期运用。在 2018 年 1 月的国际消费类电子产品展览会（CES）上，丰田展出了 e-Palette Concept 共享电动智能网联概念车，并提出“移动盒子”的概念，最快将于 2020 年东京奥运会上开始试运营。2019 年 1 月丰田在 CES 上展示了 Guardian 驾驶辅助系统。

图 1-13　爱知世博会上丰田展出的 IMTS

在车联网方面，从 2016 年开始丰田在新车型上安装 DCM 系统（数据通信模块），推动汽车互联技术普及。丰田计划升级 IT 基础设施，构建丰田大数据中心（Toyota Big Data Center），分析、运用 DCM 收集的数据并应用于各种服务。为了加快车联网的开发，2016 年丰田还和微软成立了 Toyota Connected 公司，并于 2017 年取得了微软的车联网专利技术的许可，包括操作系统、语音识别、手势控制、人工智能和网络安全工具等。总体而言丰田的智能网联技术位居全球前列，智能网联的专利数量仅次于谷歌。

日产在 2016 年推出 L2 级别的 ProPILOT 2.0 系统，并于 2019 年 5 月发布 ProPILOT 2.0。ProPILO T 2.0 搭载 5 个雷达（1 前置+4 角）、8 个摄像头（3 前置+4AVW+1DMS）和 12 个超声波传感器，传感器分布如图 1-14 所示。ProPILOT 可以实现高速公路上的智能网联，驾驶人只需要将目的地输入车辆的导航系统，依靠高精地图以及来自车辆各种摄像头和传感器的感知功能，实现高速公路上的智能网联。

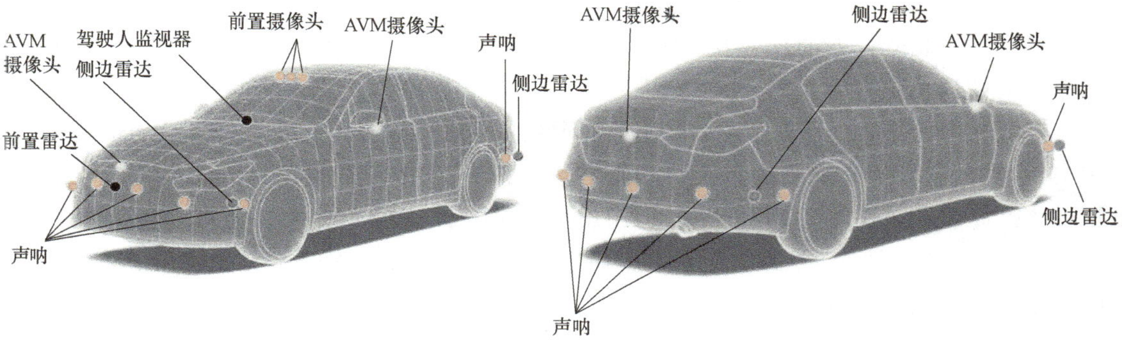

图 1-14　日产 PrePILOT 2.0 的传感器分布

2. 感知与决策

日本企业在 ADAS 领域已经有较多的积累。根据 Auto2xtech 的统计，2015～2017 年 ADAS 收入综合排行榜上有多家日本企业，如爱信、电装及日立。

全景环视系统能提供车辆四周全方位、无盲区的监控信息，从而降低行车风险。日产是较早推出装配 AVM 系统车型的公司之一。如图 1-15 所示，日产的 AVM 与测距雷达配合使用，泊车时左边显示合成的俯视图，右边可以切换显示后方、右侧、左侧的图像。同时测距雷达探测到的车辆与障碍物之间的距离也可以显示在屏幕上。

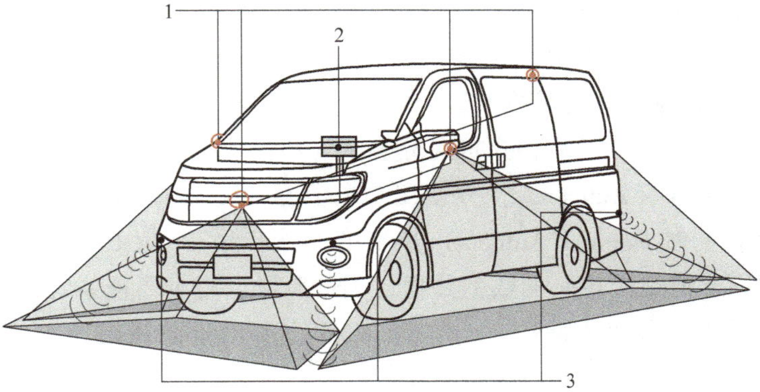

图 1-15　日产的 AVM 系统

1—摄像头　2—显示屏　3—测距雷达

日本企业对毫米波雷达的研究开发也积累已久。早在 20 世纪 90 年代，电装公司就开发出了供翻斗车感应障碍的早期毫米波雷达。此后，电装又陆续开发出多种供其他车辆使用的毫米波雷达。2003 年，电装在世界上首先将毫米波雷达应用到新的预碰撞电子系统上。2010 年，电装将 DNMWR004 型号的 76GHz 雷达搬上了市场。2012 年，电装在毫米波雷达技术上取得突破性进展，其最新的多区域雷达（multi-zone radar）探测范围高至

205m，在 35m 内的探照范围可达±18°，大大高于其旧型号雷达。2017 年，电装开发出行业领先的 24GHz 亚毫米波雷达，并应用在最新的 2018 丰田凯美瑞车型上。

目前市场上主流的车载毫米波雷达频段为 24GHz（用于短中距离雷达，15～30m）和 77GHz（用于长距离雷达，100～200m）。其中 77GHz 雷达因为体积小、距离长且技术难度高，只被大陆，博世，电装，天合及日立等公司所掌握，日本企业在其中极具竞争力。早在 2012 年，富士通就开发出了可以用于车辆的 77GHz 毫米波雷达。2017 年日立研发出了当时世界上最小的 77GHz 毫米波雷达。目前，诸如富士通、电装及日立等电子公司开始开发 79GHz 雷达。

在激光雷达方面，日本企业的技术相对薄弱，但日本企业也在积极开发激光雷达。早在 1996 年，电装就开发了一款线性激光雷达，又于 1997 年开发了二维激光雷达。2016 年电装投资激光器开发商 TriLumina。TriLumina 成立于 2010 年，主要为激光雷达等提供光源。先锋（Pioneer）在 2017 年东京车展上展示了一款应用 MEMS 反光镜的 3D 激光雷达，并在 2019 年推出了能用于 L3 级智能网联的激光雷达。2019 年 4 月，先锋和佳能宣布合作开发更紧凑、更高性能的 3D 激光雷达，这主要依托先锋在激光雷达以及佳能在光学器件上的技术积累。OMRON 在 2018 年 9 月开发出了探测距离超过 150m 的远距离激光雷达，这款激光雷达也被 NVIDIA 的智能网联平台“NVIDIADRIVE”所采用。

除了自己开发，日本企业也通过投资国外激光雷达公司来布局该领域。2017 年 9 月，丰田投资激光雷达初创公司 Luminar，同时丰田研究所将与 Luminar 合作研发公司最新版本的智能网联平台。Luminar 公司是一家位于美国加州的创业公司，专门为智能网联汽车生产 LiDAR 传感器和感知软件。目前该公司已经获得了沃尔沃、丰田和奥迪的订单。2018 年 12 月，尼康向激光雷达龙头 Velodyne 投资 2500 万美元。2019 年 4 月，两者达成协议，尼康将帮助 Velodyne 大规模生产激光雷达。依托尼康在大规模生产精密光学器件上的技术积累，有望推动 Velodyne 实现低成本激光雷达的量产。

在决策方面，日本的瑞萨电子是全球最大的车用 MCU/SoC 生产商。在汽车座舱、仪表及 HEV/EV 等细分领域，瑞萨的 MCU/SoC 市场占有率超过 30%。在 ADAS 领域，2014 年瑞萨推出 R-Car V2H SoC 产品，支持高分辨率的环视功能。2017 年 4 月推出 ADAS 和智能网联开放平台 Renesas Autonomy，方便用户将算法、函数库和实时操作系统（RTOS）移植到平台中来。同时 Renesas Autonomy 推出第一款产品——R-Car V3M，这是一块图像识别 SoC，主要用于前视摄像头的数据处理，不过也可以用于环视系统或者激光雷达的数据处理。之后推出升级款 R-Car V3H。R-Car V3H 主要用于前视摄像头，其性能是 R-Car V3M 的 5 倍，可以支持 L3 级别的智能网联。

但是更高等级的智能网联需要更强的计算能力，现在高级别智能网联常见的方案是 GPU 或 FPGA。目前日本企业在 GPU 和 FPGA 方面没有明显优势。独立 GPU 现在处于 NVIDIA 和 AMD 的双寡头阶段，日本的车企，如丰田、小松等大多选择与外国企业（主要是英伟达）进行合作来实现智能网联。FPGA 市场也处于高度垄断的状态，排名第一的 Xilinx 和排名第二的英特尔（Altera）在市场上的占比将近 90%，前五大供应商被美国公司包揽。

3. 车联网和高精地图助力智能网联

日本早在 1995 年就开始建立“道路交通信息通信系统（VICS）”，该系统把经过中心编辑、处理后的交通拥堵、交通限制等信息，传送至车载设备，并以文字、图像等形式实时传送给驾驶人。1997 年本田推出车联网服务 Internavi，之后丰田和日产相继推出车联网服务 G-Book 和 CarWings。在 2016 年，丰田利用专用短程通信技术（DSRC）成为全球首个在车辆上应用 V2X 技术的企业。2017 年 10 月，本田宣布将与俄亥俄州马里斯维尔市合作试验 V2X 技术。同年 11 月，本田又宣布与网银合作研发测试 5G 技术。2019 年 2 月，日本爱知县利用 5G 测试平台进行了远程同时控制 2 辆智能网联汽车的试验。试验使用了两辆丰田公司的普瑞维亚 MPV 商务车，其中一辆使用 5G 通信技术，另外一辆使用现行的 4G 通信技术。图 1-16 所示为车联网实现车车和车路通信的示意图。

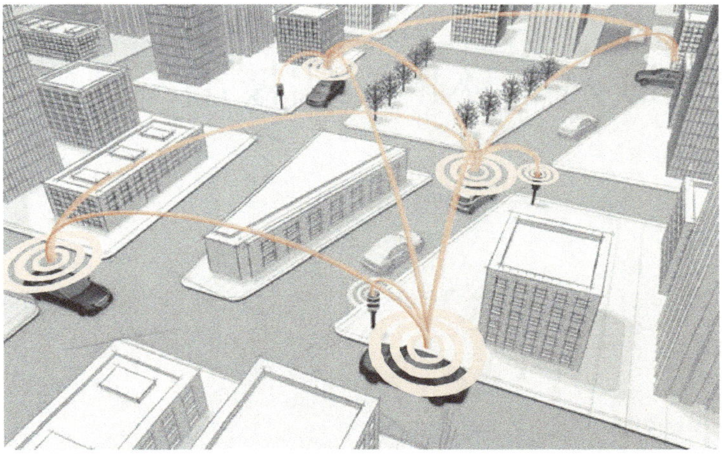

图 1-16　车联网实现车车和车路通信示意图

高精度的地图是实现 V2X 的另一重点。在智能网联过程中，高精地图起到了高精度定位、辅助环境感知以及规划与决策等功能。

2013 年 SIP 项目成立之后，日本政府就开始计划制作自己的高精地图。2015 年，该项目开展了智能网联的静态数据调研，数据模型基于日本电子地图协会（DRM）的基本款框架，由日本知名地图商 Pasco 主导调研。2016 年 6 月成立了 Dynamic Map Planning 公司，公司股东包括日本 9 大汽车公司、三菱电机和地图开发商 Zerin。其中核心技术源自三菱电机的 MMS（Mobile Mapping System）。2017 年 6 月日本政府机构 INCJ 加入并成为第一大股东，持股比例达 33.5%，公司也更名为 Dynamic Map Platform。截至 2019 年 3 月，Dynamic Map Platform 的高精地图已经覆盖了日本所有的高速公路。Dynamic Map Platform 的地图标准也被日本丰田、本田、日产及马自达等 10 家主机厂所接受。

第2章 Chapter 2

智能网联汽车环境感知技术

智能网联汽车的成功开发涉及高精地图、实时定位、障碍检测以及安全避障等多种技术，而这所有的环节都离不开传感器。在智能网联架构中，传感层被比作汽车的“眼睛”，包括车载摄像头等视觉系传感器和车载毫米波雷达、车载激光雷达以及车载超声波雷达等雷达系传感器。本章将分别介绍上述三种雷达、双目及单目摄像头以及 GPS（全球定位系统）的基本工作原理及其在智能网联汽车中的应用。

2.1　激光雷达

智能网联汽车技术包含高精地图、实时定位和障碍物检测等多种技术，而激光雷达在这些技术中都发挥了重要作用。图 2-1 所示为激光雷达在智能网联汽车系统中的应用架构图。

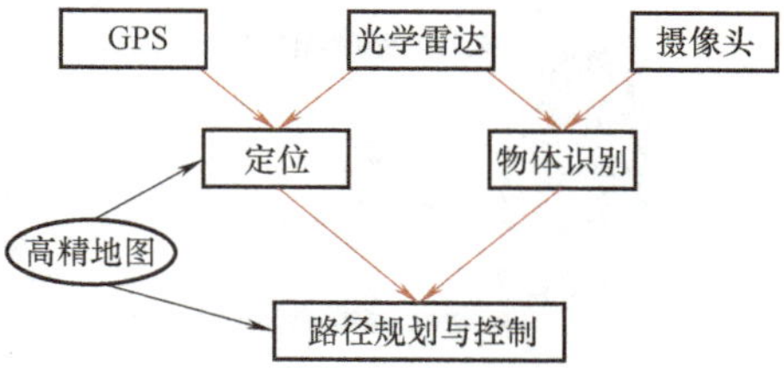

图 2-1　激光雷达系统应用架构图

2.1.1　激光雷达概述

激光雷达（Light Detection and Ranging，LiDAR）是一种光学遥感技术，也是一种可以精确、快速获取地面或大气三维空间信息的主动探测技术，其应用范围和发展前景十分广阔。激光雷达的工作原理是：首先向目标物体发射一束激光，然后根据接收与反射的时间间隔确定目标物体的实际距离，再根据距离以及激光发射的角度通过几何关系推测出物体的位置信息。此外，根据反射信号的强弱和频率变化等因素，还可以确定被测目标的运动速度、姿态以及物体形状信息等。

激光雷达系统一般分为三部分：第一部分是激光发射器，能够发射波长为 600~1000nm 的激光射线；第二部分为扫描光学部件，主要用于收集反射点的距离、发生时间和水平角度；第三部分为感光部件，主要检测返回光的强度。激光雷达检测到的每一个点的信息都包含了空间坐标信息（x，y，z）以及光强度信息<i>。光强度与物体的光反射度直接相关，因此根据检测到的光强度可以对检测物体有初步的判断。图 2-2 所示为激光雷达的结构示意图。

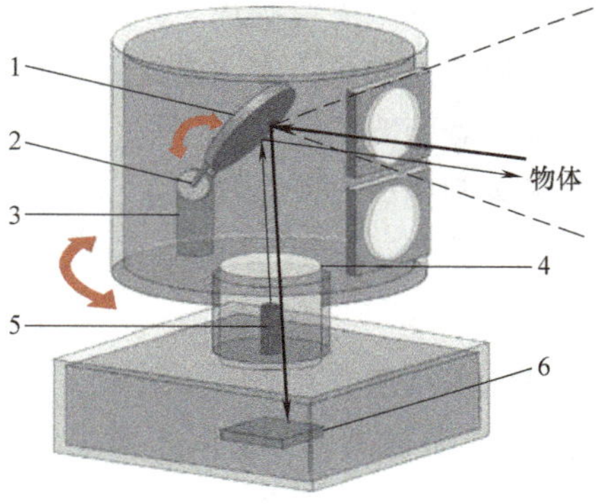

图 2-2　激光雷达结构示意图

1—反光镜　2、4—光学旋转编码器

3—伺服电动机　5—激光源　6—接收器

2.1.2　激光雷达关键技术——点云

在智能网联汽车运行过程中，激光雷达系统并不是静止不动的。在智能网联汽车的行驶过程中，LiDAR 同时以一定的角速度匀速转动，并在转动过程中不断的发出激光并收集反射点信息，以便得到全方位的环境信息。LiDAR 在收集反射点距离的过程中也会同时记录下该点发生的时间和水平角度（Azimuth），并且每个激光发射器都有其编号和固定的垂直角度，根据这些数据就可以计算出所有反射点的坐标。LiDAR 每旋转一周，所收集到的所有反射点坐标的集合就形成了点云（Point Cloud）。图 2-3 所示为 Waymo 公司在无人汽车上的激光雷达的布局示意图。

图 2-4 所示为 LiDAR 产生点云坐标的示意图，通过激光反射可以测出车辆与物体的距离 d。由于激光反射的垂直角度是固定的，记作 α，因此可以直接求解出该距离 Z 轴方向上的坐标值 $d\sin\alpha$；而该距离在 XOY 平面的投影可以通过 $d\cos\alpha$ 计算得到，记作 xy_dist。LiDAR 在记录反射点距离的同时也会记录下当前 LiDAR 转动的水平角度，这样根据简单的集合转换即可得到该点的 x、y 坐标分别为 $xy\_dist\cos\beta$ 和 $xy\_dist\sin\beta$。

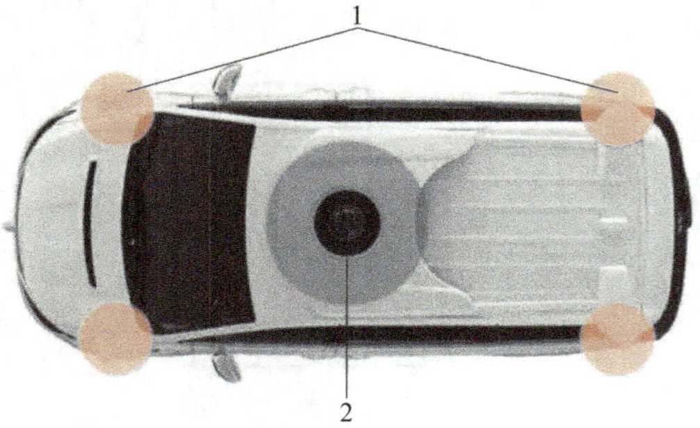

图 2-3　激光雷达在智能网联汽车上的布局示意图

1—激光雷达　2—视觉系统+激光雷达

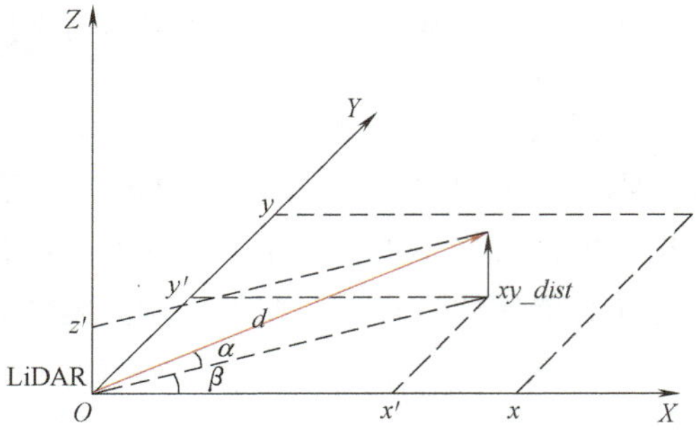

图 2-4　点云产生坐标示意图

为了产生完整的点云，传感器必须能够非常快速地对整个环境进行采样。为此，激光雷达通过在单个发射器（或接收器）上使用非常高的采样频率，即每个发射器每秒发射数万或数十万个激光脉冲。这意味着，多达 100000 个激光脉冲在 1s 内完成从激光器单元上的发射器到被测量物体，并返回到激光雷达单元上位于发射器附近的接收器。

应当注意的是，距离激光雷达的远近不同，点云的疏密程度也不相同，这是由于数据保真度随着距离的增加而下降。虽然它不是完美的，但是较高分辨率可用于较近的物体，因为随着到传感器的距离增加，发射器之间的角度会导致这些点带之间的间隔更大。

2.1.3　激光雷达的优点及其在智能网联汽车中的应用

激光雷达主要具有以下优点：

1）具备极高的分辨率。激光雷达工作于光学波段，频率比微波至少高 2~3 个数量级，因此，与微波雷达相比，激光雷达具有极高的距离分辨率、角分辨率和速度分辨率。

2）抗干扰能力强。激光波长短，可发射发散角非常小（μrad 量级）的激光束，多路径效应小（不会形成定向发射，与微波或者毫米波产生多路径效应），可探测低空及超低空目标。

3）获取的信息量丰富。可直接获取目标的距离、角度、反射强度及速度等信息，生成目标多维度图像。

4）可全天时工作。激光主动探测，不依赖于外界光照条件或目标本身的辐射特性。它只需发射自己的激光束，通过探测发射激光束的回波信号来获取目标信息。

基于上述优点，激光雷达在智能网联汽车中有多种应用，主要有面向高精地图的绘制、基于点云的定位以及障碍物检测等。

1. 高精地图的绘制

LiDAR 绘制的高精地图是由众多的点云拼接而成的，主要用于智能网联汽车的精准定位。安装 LiDAR 的地图数据采集汽车需要在想要绘制高清地图的路线上反复多次行驶并收集点云数据，后期经过人工标注，先过滤一些点云图中的错误信息，如路上行驶的汽车和行人反射所形成的点，再对多次收集到的点云进行对齐拼接，形成最终的高精地图。

2. 智能网联汽车的定位

精准定位在智能网联汽车中具有非常重要的意义，它可以保证驾驶过程中的准确性和安全性。过往总认为只要有精准的全球定位系统（GPS）就能知道智能网联汽车的位置。其实不然，目前高精度的军用差分 GPS 在静态的“理想环境”[⊖]中的确可以达到厘米级精度。然而智能网联汽车多是在复杂的动态环境中行驶，尤其是在路况较复杂、有很多建筑物阻碍信号的城市道路。GPS 在这种状况下的多路径反射（Multi-Path）问题会更加明显，从而导致 GPS 的定位信息很容易有几十厘米甚至几米的误差。对于在有限宽度车道上行驶的汽车，这样数量级的误差很有可能会引发交通事故。因此为了智能网联汽车安全、准确地运行，必须要有 GPS 之外的手段来增强智能网联汽车定位的精度。

由上述内容可知 LiDAR 会在车辆行驶过程中不断收集点云来了解周围环境，因此可以利用这些 LiDAR 构建的环境信息协助精准定位。可以将这个问题简化为概率问题，即已知 t_0 时刻的 GPS 信息与点云信息，以及智能网联汽车 t_1 时刻可能在的三个位置：P_1、P_2 和 P_3（为了简化问题，假设智能网联汽车的位置只会在这三点中的一点），求 t_1 时刻智能网联汽车在这三点的概率。可用贝叶斯法则将其简化为以下概率公式：

$$P(X_t) \approx P(Z_t | X_t)\overline{P(X_t)} \tag{2-1}$$

其中，$P(Z_t|X_t)$ 表示在给定的当前位置观测到点云信息的概率分布。其计算方式一般分为局部估计和全局估计两种。局部估计是通过当前时刻点云和上一时刻点云的匹配，借助几何推导，估计出智能网联汽车在当前位置的可能性。而全局估计则是利用当前时刻的点云和高精地图做匹配，可以得到当前车辆相对地图上某一位置的可能性。在实际中一般会将两种定位方法结合使用。式 (2-1) 右侧第二项 $\overline{P(X_t)}$ 表示对当前位置预测的概率分布，这里可以简单地用 GPS 给出位置信息作为预测。通过计算 P_1、P_2 和 P_3 三个点的概率，可以估算出智能网联汽车在哪一个位置的可能性最大。通过对两个概率分布相乘，可以在很大程度上提高智能网联汽车定位的准确度，概率曲线如图 2-5 所示。

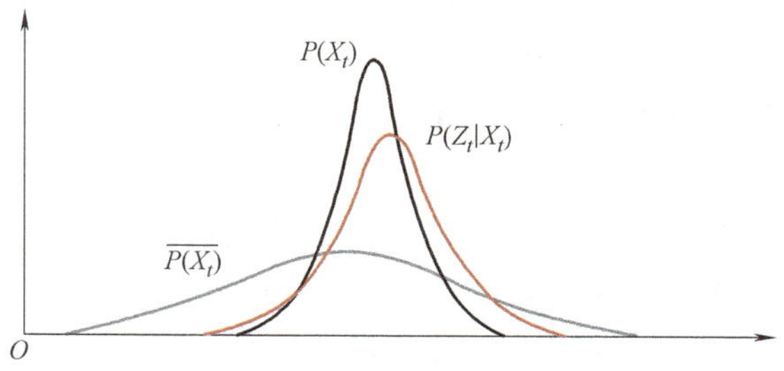

图 2-5　基于点云的位置概率估计

⊖ 这里的理想环境是指大气环境中没有过多的悬浮颗粒并且测量时 GPS 有较强的接收信号。

3. 障碍物检测

智能网联汽车中一个重要问题就是安全避障，但是障碍物的识别以及距离判断是一个难度较大的问题。当前多采用机器视觉技术识别物体，然而众所周知，在机器视觉中一个比较难解决的问题就是判断物体的实际距离。因为基于单一摄像头采集的 2D 图像较难得到准确的距离信息；而基于多摄像头生成深度图的方法又需要很大的计算量，不能很好地满足智能网联汽车在实时性上的要求。此外，光学摄像头受光照条件的影响巨大，从而导致物体的识别准确度很不稳定。

利用 LiDAR 生成点云可以在很大程度上解决上述两个问题，借助 LiDAR 本身的反射原理进行测距的技术可以对障碍物的远近、方位、高度，甚至物体材质及表面形状都有较准确的估计，从而提升障碍物检测的准确度。基于 LiDAR 的障碍物检测相对于基于摄像头的视觉障碍物检测，算法复杂程度较低，更容易满足智能网联汽车的实时性需求。

2.1.4 LiDAR 技术面临的挑战

上面分析了 LiDAR 在智能网联汽车中的应用，但是 LiDAR 在实际应用中也面临着诸多挑战。要实现智能网联汽车技术的成熟化，必须解决这些问题。下面主要介绍 LiDAR 技术在应用中的技术挑战、计算性能挑战以及成本挑战。

1. 技术挑战

(1) 材质 由于激光雷达是基于对激光脉冲返回传感器所需时间的测量，高反射率的表面会带来问题。大多数材料从微观上看表面粗糙，并且向所有方向发出散射光。这类散射光的一小部分返回传感器，足以产生距离数据。然而，如果材料表面反射率非常高，光就会向远离传感器的方向散射，那么这一区域的点云就会不完整。

(2) 环境 空气中的环境也可以对激光雷达读数造成影响。空气中的悬浮物会对光速产生影响，因而大雾和雨天均会降低激光雷达的精度，并且研究表明，雨滴的半径及其在空中的分布密度直接决定了激光在传播过程中与之相撞的概率。相撞概率越大，激光的传播速度受到的影响越大。为了解决这些问题，较大功率的激光器投入使用，但它对于无人汽车这种较小的、移动的以及对功率敏感型的应用来说并不是一个好的解决方案。

2. 计算性能挑战

激光雷达系统面临的另一个挑战是计算性能。受复杂光学器件旋转速度的限制，普通 LiDAR 旋转时的刷新速率相对较慢。通常情况下 LiDAR 系统最快的旋转速率大约是 10Hz，这限制了数据流的刷新速率。当传感器旋转时，假设以 60km/h 行驶的汽车在 1/10s 内行进 1.67m，传感器对于在汽车驶过期间的 1.67m 内发生的变化是无法检测到的。更重要的是，激光雷达在理想条件下的覆盖范围为 100~120m，这对于以 60km/h 行驶的汽车来说仅需 6~7s 的行驶时间。

因此，为了解决智能网联汽车的行驶过程造成的 LiDAR 监测不准确的问题，一个比较通用的方法是提升 LiDAR 的采样刷新速率，但这也会导致严重的计算性能挑战。根据表 2-1 列出的数据，即使是最低的 16 线 LiDAR，其每秒要处理的点也要达到 30 万个。如此大量的数据处理使得智能网联汽车定位算法和障碍物检查算法的实时性受到极大的影响。

表 2-1　不同 LiDAR 的计算性能比较

型号	线数量	每秒产生点数/个
Velodyne HDL-64E	64 线	220 万
Velodyne HDL-32E	32 线	70 万
Velodyne VLP-16	16 线	30 万

3. 成本挑战

对于激光雷达来说，高昂的设备成本是它需要克服的最大挑战之一。尽管自该技术得到应用以来其成本已大幅降低，但仍然难以被大范围采用。对于主流汽车工业来说，价值 2 万美元以上的传感器将无法被市场接受，因此无疑会大大阻碍智能网联汽车的商业化进程。

2.2　毫米波雷达

2.2.1　毫米波雷达基本原理

在介绍毫米波雷达之前先介绍毫米波的概念。毫米波（Millimeter Wave，MMW）是指波长为 1~10mm 的电磁波，对应的频率范围为 30~300GHz。毫米波位于微波与红外线相交叠的波长范围，因此毫米波兼有这两种波谱的优点，同时也有自己独特的性质。各种电磁波的频段范围如图 2-6 所示。

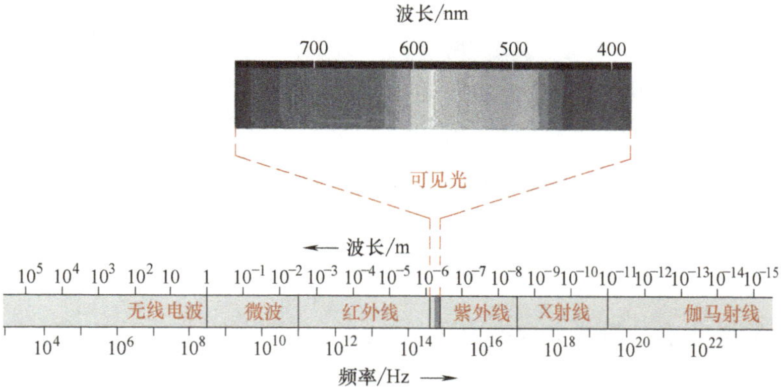

图 2-6　电磁波谱

毫米波雷达（Millimeter Wave Radar）测距原理很简单，就是把无线电波（毫米波）发射出去，然后接收回波，并根据收发的时间差测得目标的位置数据和相对距离。根据电磁波的传播速度，可以确定目标的距离为 $s=ct/2$，其中 s 为目标距离，t 为电磁波从雷达发射出去到接收目标回波的时间，c 为光速，即电磁波在真空中传播的速度。

毫米波雷达测速是基于多普勒效应（Doppler Effect）原理设计的。多普勒效应是指当声音、光和无线电波等振动源与观测者以相对速度 v 运动时，观测者所收到的振动频率与振动源所发出的频率有所不同，即当发射的电磁波和被探测目标有相对移动时，回波的频率会和发射波的频率不同。当目标向雷达天线靠近时，反射信号频率将高于发射信号频率；反之，当目标远离天线时，反射信号频率将低于发射信号频率。该效应如图 2-7 所示。由多普勒效应所形成的频率变化称为多普勒频移，它与相对速度 v 成正比，与振动的频率成反比。因此，通过检测这个频率差，可按照式（2-2）计算目标相对于雷达的移动速度，也就是目标与雷达的相对速度。

$$v=\frac{1}{2}\lambda f_{\mathrm{d}} \tag{2-2}$$

式中，λ 为波长；f_{d} 为所测得的多普勒频移。根据发射脉冲和接收的时间差，可以测出目标的距离为

$$s=\frac{1}{2}c\Delta t \tag{2-3}$$

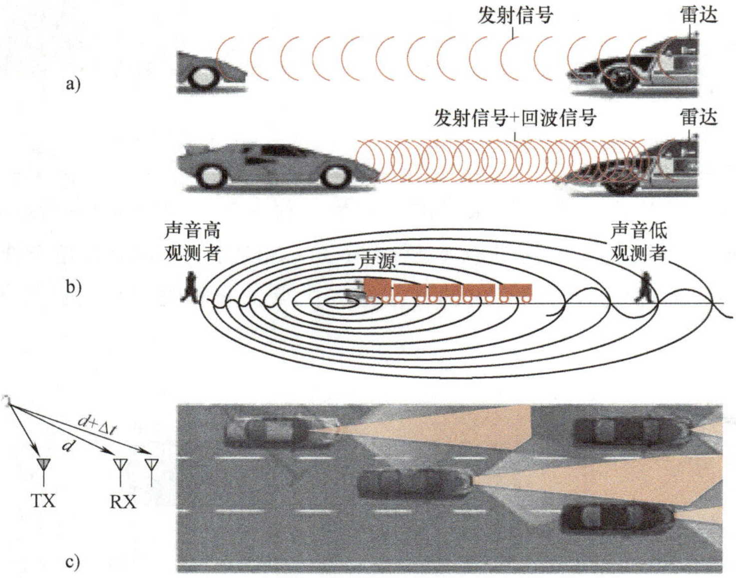

图 2-7　毫米波雷达工作的多普勒原理

a）测距　b）测速　c）测角

根据波的传播理论，即频率越高，波长越短，分辨率越高，则穿透能力越强，但在传播过程中的损耗也越大，传输距离越短；相对地，频率越低，波长越长，衍射能力越强，传输距离越远。因此，与微波相比，毫米波的分辨率高、指向性好、抗干扰能力强、探测性能好。与红外线相比，毫米波的大气衰减小、对烟雾灰尘具有更好的穿透性且受天气影响小。这些特质决定了毫米波雷达具有全天时、全天候的工作能力。

目前，主要使用国家及地区的车载雷达频段主要集中在 24GHz、60GHz 和 77GHz 这 3 个频段，见表 2-2。其中，24GHz 的波长是 1. 25cm（目前业界也依然将其称为毫米波），60GHz 的波长是 5mm，77GHz 的波长则更短，只有 3. 9mm。正如前面所说，频率越高，波长越短，分辨率和精准度就越高。因此，精度更高的 77GHz 雷达正逐步成为汽车领域的主流传感器。

表 2-2　主要使用国家及地区车载雷达频段划分情况

主要使用国家及地区	频段		
	24GHz	60GHz	77GHz
美国	允许	—	允许
欧盟	允许	—	允许
日本	允许	允许	允许
中国	允许	—	允许

2.2.2　毫米波雷达的应用

对于车辆安全来说，最主要的判断依据就是两车之间的相对距离和相对速度信息。特别是在车辆高速行驶中，如果两车的距离过近，容易导致追尾事故。凭借出色的测距测速能力，毫米波雷达被广泛地应用在自适应巡航控制（ACC）、前向碰撞预警（FCW）、盲点检测（BSD）、泊车辅助（PA）及变道辅助（LCA）等汽车高级驾驶辅助系统（ADAS）中。

通常，为了满足不同距离范围的探测需要，一辆汽车上会安装多个短程、中程和远程毫米波雷达。其中，24GHz 雷达系统主要实现近距离探测（SRR），77GHz 雷达系统主要实现中远距离探测（LRR）。不同的毫米波雷达“各司其职”，在车辆前方、车身和后方发挥不同的作用。图 2-8 所示为不同频段的毫米波雷达在汽车 ADAS 中的主要应用。

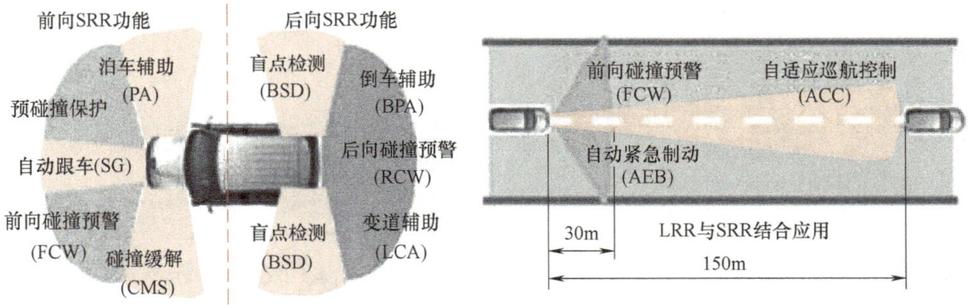

图 2-8　毫米波雷达在汽车 ADAS 中的主要应用

本书主要介绍毫米波雷达在自适应巡航控制、自动紧急制动、前向碰撞预警以及变道辅助 4 个 ADAS 功能中的应用。

1. 基于毫米波雷达的自适应巡航控制

自适应巡航控制（Adaptive Cruise Control，ACC）是一种可以依据设定的车速或者距离跟随前方车辆行驶，或根据前车速度主动控制本车的行驶速度，最终将车辆与前车保持在安全距离的驾驶辅助功能。该功能最大的优点是可以有效地解放驾驶人的双脚，提高驾驶的舒适性。

为了实现 ACC 功能，安装在车辆前部的毫米波雷达传感器能够在车辆行驶过程中持续扫描车辆前方道路，并获取前方车辆与本车的距离信息，该信息与轮速传感器所采集的车速信号相配合。当与前车之间的距离过小时，ACC 系统可以通过与防抱死制动系统、发动机控制系统协调动作，使车轮适当制动，并使发动机的输出功率下降，以使车辆与前方车辆始终保持安全距离。ACC 系统在控制车辆制动时，通常会将制动减速限制在不影响舒适度的程度，当需要更大的减速时，ACC 系统会发出声、光预警信号通知驾驶人主动采取制动操作。

2. 基于毫米波雷达的自动紧急制动

自动紧急制动（Autonomous Emergency Braking，AEB）是一种汽车主动安全辅助功能。其原理是利用毫米波雷达测出与前车或者障碍物的距离，然后利用数据分析模块将测出的距离与报警距离、安全距离进行比较。当该距离小于报警距离时就进行报警提示；而小于安全距离时即使在驾驶人没有来得及踩制动踏板的情况下，AEB 系统也会启动，使汽车自动制动，从而确保驾驶安全。基于毫米波雷达的 AEB 系统工作示意图如图 2-9 所示。

3. 前向碰撞预警功能

前向碰撞预警（Forward Collision Warning，FCW）也是一种汽车主动安全辅助功能。其工作原理是通过毫米波雷达和前置摄像头不断监测前方的车辆，判断本车与前车之间的距离、方位及相对速度，探测前方潜在的碰撞危险。当驾驶人没有采取制动措施时，仪表会显示报警信息并伴随声音报警，警告驾驶人务必采取应对措施。当判断到事故即将发生时，系统会让刹车自动介入工作，从而避免事故发生或降低事故可能造成的风险。

AEB 是通过传感器探测前方的车辆、行人等障碍物，如果发现距离过近且存在碰撞风险时，进行自动制动；FCW 则可以理解为进行自动制动之前的预警功能。FCW 和 AEB 系统是相辅相成的关系，目的都是在行车时避免或减少碰撞事故的发生。FCW 工作示意图如图 2-10 所示。

图 2-9　毫米波雷达在 AEB 系统中的应用

图 2-10　FCW 工作示意图

4. 变道辅助

车辆中的变道辅助（Lane Change Assist，LCA）功能是指通过毫米波雷达、摄像头等传感器，对车辆相邻两侧车道及后方进行探测，获取车辆侧方及后方物体的运动信息，并结合当前车辆的状态进行判断，最终以声、光等方式提醒驾驶人，让驾驶人掌握最佳变道时机，防止变道引发的交通事故，同时对后方碰撞也有较好的预防作用。

基于毫米波雷达的变道辅助系统包括“盲点检测（BSD）”“变道预警（LCW）”和“后向碰撞预警（RCW）”3 个功能，可以有效地防止变道、转弯及后方追尾等交通事故的发生，极大提升汽车变道操作的安全性能。其中，BSD 根据其判断的移动物体所处的相对位置及与本车的相对速度，在处于本车的盲区范围内时，及时提醒驾驶人注意变道出现的风险。LCA 检测目标车辆在相邻的区域以较大的相对速度靠近本车，在两车间距小于一定范围时，通过声、光等方式提醒驾驶人。RCW 检测到同一车道后方有快速接近的移动物体，并有碰撞风险时，及时通过声、光等方式，预警驾驶人系好安全带以减小碰撞带来的伤害。LCA 工作示意图如图 2-11 所示。

2.2.3　智能毫米波雷达的开发

毫米波雷达作为汽车 ADAS 的核心传感器之一，目前最大的“缺陷”是因分辨率不高无法辨识行人和对周围障碍物进行精准的建模，而高分辨率智能雷达传感器对于实现高级智能网联至关重要。因此众多毫米波雷达企业正着力于开发雷达成像技术。

为了实现两种技术的结合，各毫米波雷达企业采用不同的技术进行了大胆的创新。其中表现比较突出的有麦得威国际（Metawave）新一代成像雷达产品 WARLORD 和 Arbe Robotics 公司的 Ultres 系统。前者采用了新型的超材料天线，能发射可操控的高度定向电磁波束，同时在雷达产品中嵌入了 AI 引擎，以实现对物体的发现、识别、跟踪和分类；而后者的雷达方案是基于数学算法的合成孔径雷达（SAR）成像技术，所谓 SAR 成像技术是指利用大带宽发射信号实现距离向高分辨率和利用相对运动等效长合成阵列实现方位向高分辨率的雷达成像技术。虽然这些成像技术目前还有一些待改善的地方，不过已经取得了不错的突破性进展，相信在不久将来的 L4 级和 L5 级智能网联汽车上也将发挥重要作用。毫米波雷达与成像技术相结合的智能辅助驾驶系统如图 2-12 所示。

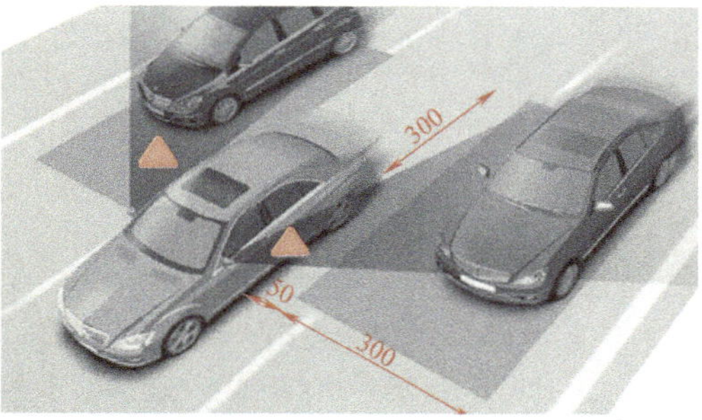

图 2-11　LCA 工作示意图

图 2-12　智能雷达实现成像

2.3　超声波雷达

2.3.1　超声波雷达工作原理

与上面所介绍的毫米波雷达类似，超声波雷达（Ultrasonic Radar）的工作原理是通过超声波发射装置向外发出超声波，再根据发出时与接收器接收到发送回来的超声波的时间差来测算距离。

超声波雷达常用探头的工作频率有 40kHz、48kHz 和 58kHz 三种。一般来说，频率越高，灵敏度也越高，但水平与垂直方向的探测角度就会小，故一般采用 40kHz 的探头。

超声波雷达防水、防尘，即使有少量的泥沙遮挡也不影响。探测范围在 0.1～3m 之间，而且精度较高，因此非常适合应用于泊车。车载超声波雷达一般安装在汽车的保险杠上方，隐藏在保险杠的某个位置。

2.3.2 常见车载超声波雷达

常见的车载超声波雷达有两种。第一种称为 UPA，安装在汽车前、后保险杠上，是用于测量汽车前、后障碍物的倒车雷达；第二种称为 APA，安装在汽车侧面，用于测量侧方障碍物距离。

UPA 和 APA 的探测范围和探测区域都不相同，其探测区域如图 2-13 所示，图中的汽车配备了前、后向共 8 个 UPA，左、右侧共 4 个 APA。

1. UPA 超声波雷达

UPA 超声波雷达的探测距离一般在 15～250cm 之间，主要用于测量汽车前、后方的障碍物。图 2-14 所示为单个 UPA 的探测范围示意图。

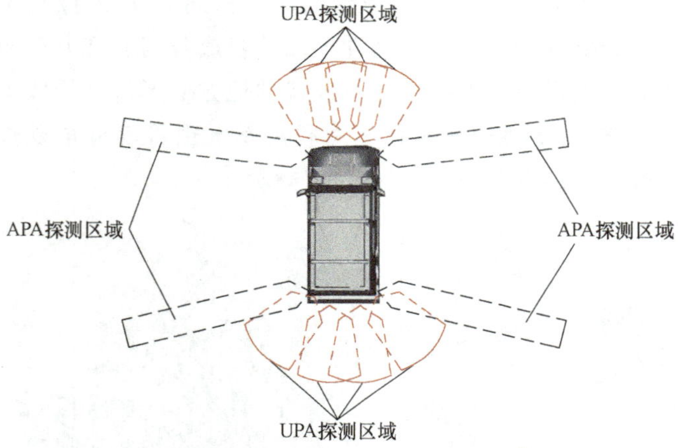

图 2-13　两种车载超声波雷达探测区域

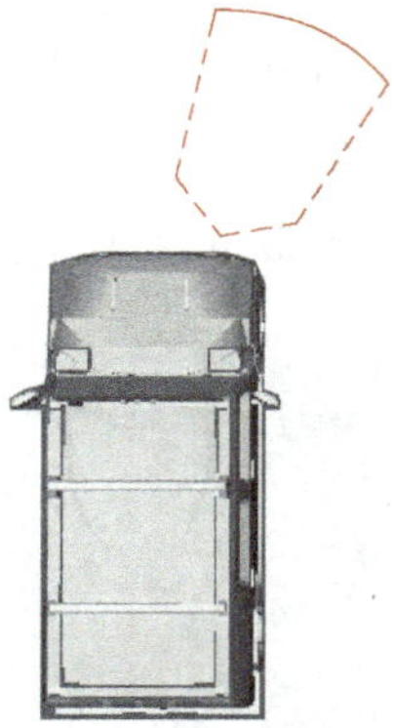

图 2-14　单个 UPA 探测范围示意图

2. APA 超声波雷达

APA 超声波雷达的探测距离一般在 30～500cm 之间，比 UPA 的探测距离更远，因此相比于 UPA 功率更大，成本更高。图 2-15 所示为单个 APA 的探测范围示意图。

APA 的探测距离优势使它不仅能够检测左、右侧的障碍物，还能根据超声波雷达返回的数据判断停车库位是否存在。

3. UPA 与 APA 数学模型

虽然 UPA 和 APA 无论在探测距离还是探测形状上都有很大区别，但是由于其工作原理相同，它们依然可以用同样的数学模型来描述。图 2-16 所示为超声波雷达的探测范围结构图。其中，参数 α 表示超声波雷达的探测角，一般 UPA 的探测角为 120°左右，APA 的探测角比 UPA 小，大概为 80°；β 为超声波雷达检测宽度范围的影响因素之一，该角度一般较小，UPA 的 β 角为 20°左右，APA 的 β 角比较特殊，为 0°；参数 R 也是超声波雷达检测宽度范围的影响因素之一，UPA 和 APA 的 R 值差别不大，都在 0.6m 左右；D 表示超声波雷达的最大量程，UPA 的最大量程为 2～2.5m，APA 的最大量程至少是 5m，目前已有超过 7m 的 APA 雷达在业内使用。

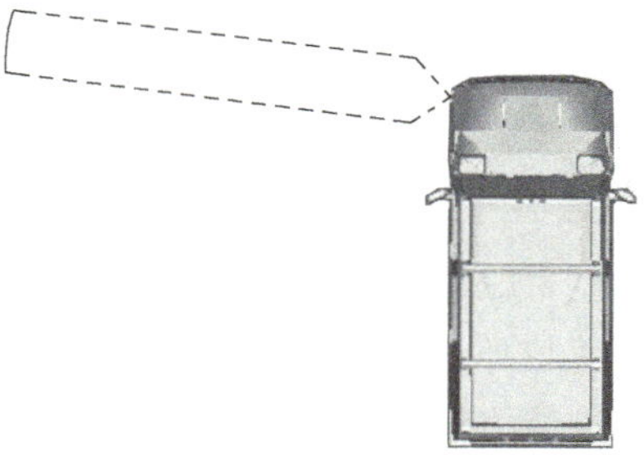

图 2-15　单个 APA 探测范围示意图

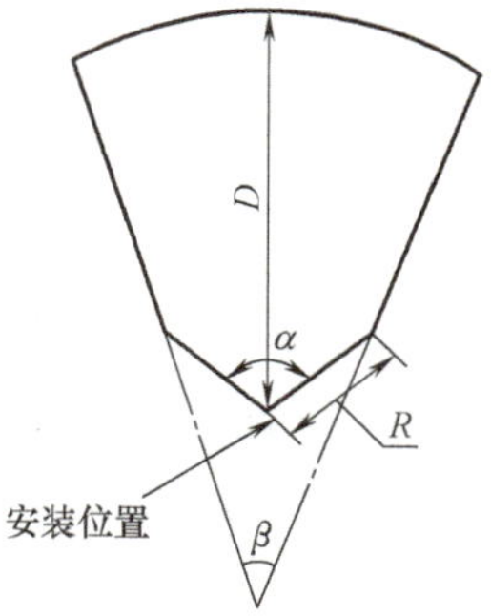

图 2-16　超声波雷达探测范围结构图

2.3.3　超声波雷达的应用

超声波的能量消耗较缓慢，在介质中传播的距离较远，穿透性强。此外，超声波雷达价格只有几十到几百元人民币，技术相对成熟稳定。因此超声波雷达除了可以用于障碍物检测外，还可以在智能网联汽车中有多种应用。

1. 泊车库位检测

自动泊车功能需要经历两个阶段：识别库位与倒车入库，其中识别库位功能就是依赖安装在车辆侧方的 APA。如图 2-17 所示的泊车场景中，当汽车缓缓驶过库位时，汽车右前方的 APA 传感器会返回如图 2-18 所示的探测距离与时间的关系。将 t_1 时刻到 t_2 时刻的车速做积分即可得到库位的近似长度，如果近似认为汽车匀速行驶，直接用车速乘以（t_2-t_1）即可。当检测的长度超过车辆泊入所需的最短长度时，则认为当前空间有车位。同样后侧向 APA 也会生成类似的信号曲线，用以做库位的二次验证。超声波雷达的库位检测功能为自动泊车功能提供了可能。

图 2-17　超声波雷达用于侧方泊车场景

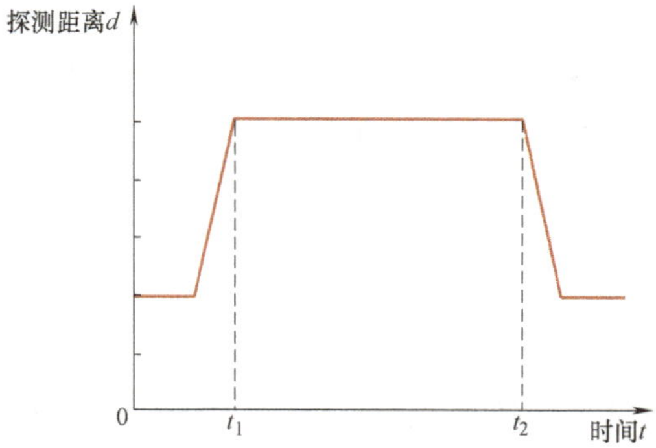

图 2-18　APA 探测距离函数

2. 高速横向辅助

高速巡航功能能够有效提高高速行驶状态下智能网联汽车的安全性，很多汽车公司都致力于研究高速巡航功能，如特斯拉 Model S，在 Auto Pilot 1.0 时代就实现了高速公路的巡航功能。为了增加高速巡航功能的安全性和舒适性，特斯拉将用于泊车的 APA 超声波雷达，也用在高速巡航上。在 Model S 中，假设当左侧驶过的汽车离自车较近时，Model S 在确保右侧有足够空间的情况下，自主地向右微调，降低与左侧车辆的碰撞风险。

作为智能网联汽车上成本最低的传感器，如果能充分挖掘超声波雷达的潜力，将对智能网联汽车的市场化推广有极大的意义，这也是工程师们一直在努力实现的目标。

2.3.4 超声波雷达的挑战

由于超声波的传输速度很容易受天气情况的影响，尤其是超声波有较强的温度敏感性，在不同的温度下，传输速度不同。超声波传播速度与环境温度 T 近似成正相关关系，因此相对位置相同的障碍物，在不同温度的场景下，测量的距离的数据不同。对传感器精度要求极高的智能网联汽车系统来说，有必要将温度信息引入智能网联汽车系统，从而提升超声波雷达的测量准确性。

此外，由于相比于光与电磁波，超声波的传播速度较慢，当汽车高速行驶时，使用超声波测距无法跟上汽车的车距实时变化。因此超声波雷达在速度很高的情况下测距离误差较大。

另一方面，超声波散射角大，方向性较差，在测量较远距离的目标时，其回波信号较弱，影响测量精度。但是，在短距离测量中，超声波测距传感器具有非常大的优势。

2.4 单目摄像头

智能网联汽车技术的感知模块是实现认知和控制模块的基础，因此准确度是对感知模块的一大要求。在感知模块当中，传感器是最重要的硬件。目前的传感器有许多种类，除了本章前面所介绍的各种雷达之外，摄像头也是智能网联汽车中一种非常有效的传感器。基于计算机视觉技术的车载摄像头，能够对环境中的很多物体进行感知，甚至有专家认为随着计算机视觉的发展，激光雷达不再是必需品。

目前的智能网联汽车领域中所应用的摄像头主要有单目摄像头和双目摄像头两类。两种摄像头的主要区别在于测距方式的不同，而测距功能也是智能网联汽车中的核心功能之一。本节与下一节将主要就单目摄像头和双目摄像头的测距原理进行介绍。

2.4.1 单目视觉

单目视觉（Monocular Vision）是指通过单个摄像头拍摄的图像来实现三维空间的重建。单目视觉获得的图像本质上是 2D 的，当知道物体的实际大小时，利用相机的小孔成像模型即可获知距离。图 2-19 所示为单目摄像头的成像原理。

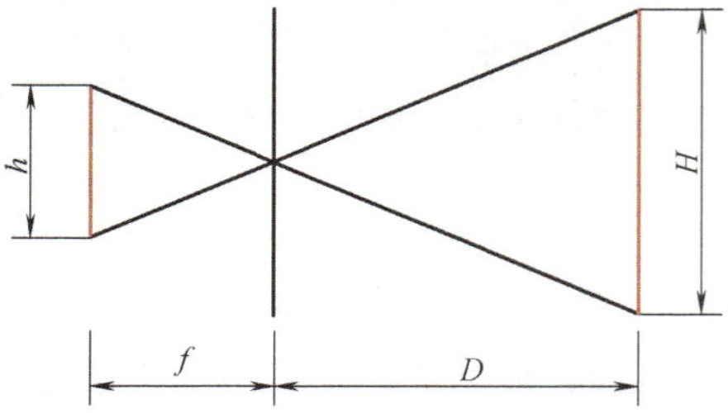

图 2-19　单目摄像头成像原理

1. 物体在摄像头的正前方

如果物体在摄像头的正前方（光轴上），即

相机坐标系的 y 轴上，那么可以用一个简单的公式计算前方物体与摄像头之间的距离：

$$\frac{f}{D}=\frac{h}{H} \tag{2-4}$$

式中，f 为焦距；D 为物体到相机的距离；h 为物体在像上的高度；H 为物体的实际高度。

焦距 f 是相机的内参数，其值取决于相机型号；物体的实际高度 H，也是可获取的参数值；距离 D 求解的关键是如何得到物体成像的高度 h。像的获取是通过摄像头内部的感知元件作用后保留下来的，如果知道每个感知元件的物理尺寸 δ 和像中包含的感知元件个数 n，就能够得知像的高度 $h=n\delta$，式（2-4）就可以转化为以下两个表达式：

$$\frac{f}{D}=\frac{n\delta}{H} \tag{2-5}$$

$$D=\frac{fH}{n\delta} \tag{2-6}$$

2. 物体在摄像头坐标系的 xy 平面上有偏移

当物体在摄像头坐标系的 xy 平面上有偏移时，即在 x 轴上有值，那么物体成像并不是在图像的中间部分，而会在中间偏左或者偏右的位置。此时物体并不是在摄像头的正前方，而是存在一个水平方向的夹角 α。此时光心到像中心（非图像中心）的距离与光心到物体的距离满足状况 1（物体在摄像头的正前方）的模型。即：

$$\begin{aligned} &D'=\frac{f'H}{n\delta} \\ &f'=\sqrt{f^2+l^2} \\ &l=n_x\delta \\ &\alpha=\arctan\left(\frac{l}{f}\right) \end{aligned} \tag{2-7}$$

式中，f' 为光心到像中心的距离；D' 为光心到物体中心的距离；l 为像中心到图像中心的水平偏移距离；n_x 为水平偏移的像素个数。

此时，可以得到物体到摄像头的距离为

$$D=D'\cos\alpha=\frac{H\sqrt{f^2+(n_x\delta)^2}}{n\delta}\times\frac{f}{\sqrt{f^2+(n_x\delta)^2}}=\frac{Hf}{n\delta} \tag{2-8}$$

由于这种情况下物体只是在 x 轴上发生了偏移，并没有增加 y 轴上的距离，公式应该与状况 1 中的相同。

2.4.2　基于单目视觉测距的关键技术

1. 道路检测

由于基于单目视觉的目标测距需要先对目标物体进行识别，再针对物体进行测距，在目标识别前应尽可能地去除画面中的无关背景与前景对于降低算法计算量有重要意义。通过识别车道线可以有效锁定目标识别区域。目前，车道线检测算法主要适用于光照充足的环境下。由于车道线与路面之间对比度大，很容易利用各种常规边缘检测算子获得清晰的车道轮廓信息，然后选取合适的阈值对图像进行二值化处理，最后采用 Hough 变换识别车道线。

然而在复杂光照环境下，图像会受到各种光线直射和物体多次反射形成杂散光的干扰，图像的光强分布不能直接反映车道线本身的突变性质，导致无法正确检测出车道。在这种情况下可以利用光密度差得到车道标线与路面反射率差，进而进行非线性边缘检测，再进行 Hough 变换的车道检测算法。此算法可以有效解决在复杂光照条件下的车道检测，也可以用于夜间的车道检测。

另外，目前车道线的跟踪研究主要采用固定区域法或卡尔曼滤波法，根据前一帧车道线检测的结果来划分感兴趣区域，以实时跟踪车道线。然而，固定区域法对两帧图像的相关性依赖大，划分感兴趣区域大，实时性差；而卡尔曼滤波法划分感兴趣区域小，容易产生检测误差，进而造成跟踪误差累积，跟踪正确率不高。在这种情况下，可以在跟踪车道线时采用一种融合固定区域法和卡尔曼滤波法划分感兴趣区域的新方法。一般来说，只将车道边界线交点以下、两车道线之间的区域作为感兴趣区域，考虑到跨道行驶的车辆依然对本车有威胁，算法把两车道线分别向两侧平移 40 个像素，使感兴趣区域扩展到可以覆盖跨道车辆的范围。

2. 车辆检测

图像中包含车辆前方很大视野内的物体，如道路、树木、护栏、标牌及其他车辆，要从中准确检测出前方车辆是一项困难的工作。要实现车辆的快速检测，首先需要根据车辆的基本特征进行初步检测，将所有可能的疑似车辆区域从图像中提取出来，再根据其他特征对疑似区域进行筛选排除。

(1) 车辆初步检测 初步检测可采用的特征是车辆阴影，即一块位于目标车辆底部、灰度值明显比附近路面低的区域。在一般环境条件下，大部分车辆都具有这一显著特征。

车辆初步检测的流程如图 2-20 所示。车辆阴影和车道一样具有灰度突变的特点，因此可以调用车道检测算法对图 2-21a 中的原始图像做二值化处理，得到图 2-21b 中的边缘二值化图像。同时还要对原始图像进行灰度二值化，得到图 2-21c 中的灰度二值化图像。为提高检测实时性，可将车量附近路面区域的平均灰度作为二值化阈值。由于边缘二值化图像和灰度二值化图像都包括了车辆的下底边，将这两幅图像进行或运算，就可以得到图 2-21d 所示的车辆阴影图像。

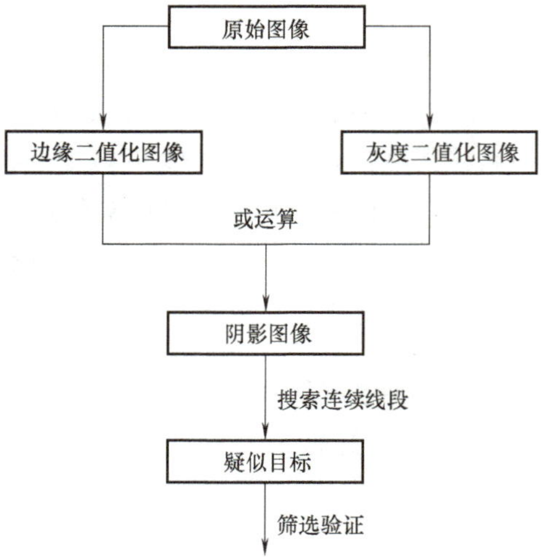

图 2-20 初步检测流程图

在阴影图像中由下至上逐行搜索，寻找连续阴影点超过一定阈值的线段，并以此线段为底边画出一个矩形区域作为疑似车辆区域。为保证疑似区域包含车辆整体，矩形的宽度

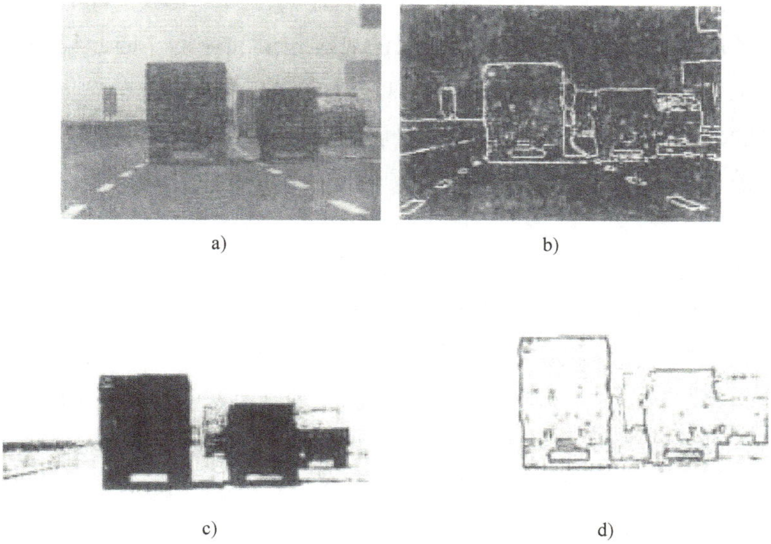

图 2-21　车辆初步检测算法

a）原始图像　b）边缘二值化图像　c）灰度二值化图像　d）阴影图像

比线段稍宽，高度由宽度按比例给出。为避免重复搜索，将已搜索到的疑似区域内阴影完全抹去。由于同一车辆的各个部分可能分别被检测为疑似目标，还需要对各个相交的疑似区域进行合并。由于前方车辆的遮挡，可能会将多个目标认定为一个目标，但是对本车的安全并无影响。

（2）筛选验证　如果单纯采用阴影特征进行车辆检测，在保证较低“漏警”率的同时，也造成了较高的“虚警”率，因此还需要对疑似区域进行筛选和验证。

对于结构化道路，车辆宽度与车道宽度的比值应该是大致固定的，那么当摄像头的焦距、俯仰角等参数固定后，图像上车道宽度（像素数）与车辆宽度（像素数）也应满足这个比例。根据之前检测的车道方程，就可以计算出感兴趣区域内任意纵坐标上车辆图像宽度的范围，并剔除宽度不在此范围内的疑似区域。

在以往的车辆验证方法中，可以采用一种基于边缘二值化图像，通过搜索车辆左右边缘进行验证的算法。

假设疑似区域的宽度为 W，区域左边缘的坐标为（X_1，Y_1），右边缘的水平坐标为（X_2，Y_2），定义以下函数：

$$g(u)=\sum_{x=u-1}^{u+1}\sum_{y=Y_1-W/2}^{Y_1} f(x,y) \tag{2-9}$$

式中，$f(x,y)$ 为（x，y）点的灰度值。在区间（$X_1-W/4$，$X_1+W/4$）内搜索 $g(u)$ 的最大值点，该点对应的水平坐标 X_1' 就是车辆的左边缘坐标。同理也可以搜索到车辆的右边缘 X_2'。如果左、右边缘的 $g(u)$ 值均大于某阈值，就可以认定该车辆确实存在。试验证明，该算法能排除掉大量的“虚警”区域并得到真实车辆的两侧边缘。

3. 车辆跟踪

车辆跟踪关心的是前方车辆与本车相对的二维位置和速度，因此只需要使用卡尔曼滤波器预测横坐标 x、横向速度 v_x、纵坐标 y 和纵向速度 v_y 这四个状态向量。此外，由于 x 方向和 y 方向的状态向量没有直接联系，可以将其分为两组分别处理。

在车辆行驶过程中，由于颠簸或遮挡等原因，系统可能会将路牌、灌木丛等物体误认为是车辆检测出来，产生“虚警”，而这些“虚警”物体往往只能在连续数帧图像中存在。如果不采取措施，系统就会时常产生短促的报警。

当图像采样间隔足够短时，相邻帧内同一车辆的位置会具有很大的相关性。通过采用检测与跟踪相结合的方法，根据第 n 帧图像获得的信息，预测车辆在第（n+1）帧图像中的位置等信息，并与（n+1）帧图像中实际检测到的结果进行比对。如果两者匹配度最大且超出一定值，则认定为同一车辆，继续进行跟踪、报警，否则认为此车已被遮挡或消失，暂时不做处理，数帧后将被剔除出去。

4. 测距报警

车间测距通常采用几何投影模型，本书采用一种简化的车距模型公式：$L\times W=C$。其中，L 为两车间距，单位为 m；W 为图像上目标车辆处车道宽度，单位为 pixel；C 为常数，可通过事先的标定获得。两车间安全车距 S 采用有关文献推导的临界安全车距公式动态得到：

$$S=0.36v_r+0.33v_b+\frac{v_r(2v_b-v_r)}{259} \tag{2-10}$$

式中，v_r 为相对车速，由对测出车距求导后进行卡尔曼滤波得到；v_b 为本车车速，可由 GPS 或车载雷达得到。

应当注意的是，如果报警频率过高，容易使驾驶人麻痹大意，过低可能使驾驶人来不及做出反应，因此可以采用由远至近的 3 段报警。

若车距 $d\geqslant 1.5S$，判定为 3 级威胁，发出长而缓的报警声，提醒驾驶人前方有障碍物，但暂无危险；若车距 $S\leqslant d\leqslant 1.5S$，判定为 2 级威胁，发出较急促的报警声，提醒驾驶人减速；若车距 $d\leqslant S$，判定为 1 级威胁，发出短而急的报警声，提醒驾驶人制动；3 种状态下的报警声差异很大，驾驶人可以很容易地根据报警声判断威胁等级。

2.4.3 单目视觉的评价

相比于基于双目视觉和采用雷达测距的方式，基于单目视觉的车辆检测与测距方式有着不可替代的优势：

1）相比于双目视觉测距系统，单目视觉系统结构更加简单，成本更低。

2）基于单目视觉的距离计算的运算量更小，并且相比于双目测距，由于单目存在几何模型约束优势，使得其具有更高的精度与鲁棒性。

3）单目视觉有效视场更大。单目视觉的刚体定位不仅不依赖多个相机，定位空间还可以通过多个相机进行扩展而不发生视场范围损失。图 2-22 所示为单目视觉与双目视觉的视场范围示意图。

图 2-22　单目视觉与双目视觉的视场范围示意图

2.5　双目摄像头

2.5.1　基于双目视觉测距的工作原理

双目视觉（Binocular Vision）是机器视觉的一种重要形式，它是基于视差原理并由多幅图像获取物体三维几何信息的方法。与人类使用双眼观察物体的远近类似，双目视觉测量传感器是通过两台摄像头同时摄取一个光条的图像，再通过两幅图像的匹配，得到光条上所有像素点分别在两幅图像中的位置，利用视差，即可计算出该点的位置以及深度信息。双目立体视觉系统一般由双摄像头从不同角度同时获得被测物体的两幅数字图像，并基于视差原理恢复出物体的三维几何信息，重建物体三维轮廓及位置。

双目立体视觉三维测量是基于视差原理。图 2-23 所示为简单的平视双目立体成像原理图，两摄像头投影中心的连线距离，即基线距为 b。摄像头坐标系的原点在摄像头镜头的光心处，摄像头的成像平面在镜头的光心后，图中将左、右成像平面绘制在镜头的光心前，这个虚拟的图像平面坐标系 u 轴和 v 轴与摄像头坐标系的 x 轴和 y 轴方向一致，这样可以简化计算过程。左、右图像坐标系的原点在摄像头光轴与平面的交点分别为 O_1 和 O_2。空间中某点 P 在左图像和右图像中相应的坐标分别为 $P_1(u_1, v_1)$ 和 $P_2(u_2, v_2)$。假定两摄像头的图像在同一个平面上，则点 P 图像坐标的 y 坐标相同，即 $v_1=v_2$，由三角几

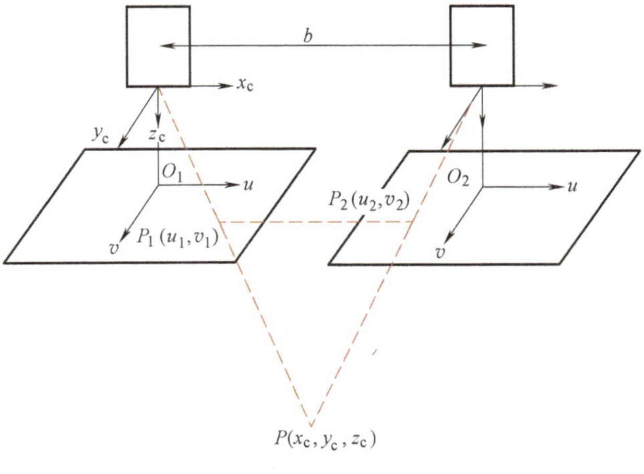

图 2-23　双目立体成像原理图

何关系得到

$$u_1=f\frac{x_c}{z_c},\ u_2=f\frac{(x_c-b)}{z_c},\ v_1=v_2=f\frac{v_c}{z_c} \tag{2-11}$$

式中，(x_c，y_c，z_c) 为点 P 在左摄像头坐标系中的坐标；b 为基线距；f 为两个摄像头的焦距；(u_1，v_1) 和 (u_2，v_2) 分别为点 P 在左图像和右图像中的坐标。

视差定义为某一点在两幅图像中相应点的位置差，即

$$d=(u_1-u_2)=\frac{fb}{z_c} \tag{2-12}$$

由此可计算出空间中某点 P 在左摄像头坐标系中的坐标为

$$\begin{cases} x_c=\dfrac{u_1 b}{d} \\ y_c=\dfrac{v_1 b}{d} \\ z_c=\dfrac{fb}{d} \end{cases} \tag{2-13}$$

因此，只要能够找到空间中某点在左、右两个摄像头像面上的相应点，并且通过摄像头标定获得摄像头的内、外参数，就可以确定这个点的三维坐标。

2.5.2 基于双目视觉的测距关键技术

双目立体视觉技术的实现可分为以下步骤：图像获取、摄像头标定、特征点提取、立体匹配和三维重建，下面依次介绍各个步骤的实现方法和技术特点。

1. 图像获取

双目立体视觉技术的图像获取是由不同位置的两台或者一台摄像头（CCD）经过移动或旋转拍摄同一幅场景，从而获取立体图像的。在图 2-23 所示的针孔模型中，假定摄像头 C_1 与 C_2 的角距和内部参数相等，两摄像头的光轴互相平行，二维成像平面 uO_1v 和 uO_2v 重合，P_1 与 P_2 分别是空间点 P 在 C_1 与 C_2 上的成像点。但在一般情况下，针孔模型两个摄像头的内部参数不可能完全相同，摄像头安装时无法看到光轴和成像平面，故在实际中应用有一定难度。

相关机构对会聚式双目视觉系统的测量精度与系统结构参数之间的关系做了详尽分析，并通过试验指出，对某一特定点进行三角测量，该点测量误差与两 CCD 光轴夹角是一复杂的函数关系。若两摄像头光轴夹角一定，则被测点坐标与摄像头坐标系之间距离越大，测量得到点的距离误差就越大。在满足测量范围的前提下，应选择两 CCD 之间的夹角在 50°~80°之间。

2. 摄像头标定

对双目立体视觉技术而言，CCD 是利用计算机技术对物理世界进行重建前的基本测量工具，对它的标定是实现立体视觉基本而又关键的一步。通常先采用单摄像头的标定方法，分别得到两个摄像头的内、外参数，再通过同一世界坐标系中的一组定标点来建立两个摄像头之间的位置关系。

目前常用的单摄像头标定方法主要有以下 5 种，它们有各自的优缺点。

1）摄影测量学的传统设备标定法。利用至少 17 个参数描述摄像头与三维物体空间的约束关系，计算量非常大。

2）直接线性变换法。涉及的参数少，便于计算。

3）透视变换矩阵法。从透视变换的角度建立摄像头的成像模型，无须初始值，可进行实时计算。

4）摄像头标定两步法。首先采用透视矩阵变换的方法求解线性系统的摄像头参数，再以求得的参数为初始值，考虑畸变因素，利用最优化方法求得非线性解，标定精度较高。

5）双平面标定法。在双摄像头标定中，需要精确的外部参数，由于结构配置很难准确，两个摄像头的距离和视角受到限制，一般至少需要 6 个以上的已知世界坐标点，才能得到比较满意的参数矩阵，因此实际测量过程不但复杂，而且效果并不一定理想，大大地限制了其应用范围。此外，双摄像头标定还需考虑镜头的非线性校正、测量范围和精度问题，目前户外的应用还较少。

3. 特征点提取

特征点提取应满足以下要求：与传感器类型及提取特征所用技术等相适应；具有足够的鲁棒性和一致性。需要说明的是：在进行特征点像的坐标提取前，需对获取的图像进行预处理。因为在图像获取过程中，存在一系列的噪声源，通过此处理可显著改进图像质量，使图像中的特征点更加突出。

4. 立体匹配

立体匹配是双目立体视觉技术中最关键也是最困难的一步。与普通的图像配准不同，立体像对之间的差异是由摄像时观察点的不同引起的，而不是由其他如景物本身的变化、运动所引起的。根据匹配基元的不同，立体匹配可分为区域匹配、特征匹配和相位匹配三大类。

区域匹配算法的实质是利用局部窗口之间灰度信息的相关程度，在变化平缓且细节丰富的地方可以达到较高的精度。但该算法的匹配窗大小难以选择，通常借助于窗口形状技术来改善视差不连续处的匹配。此外，由于计算量大、速度慢，采取由粗至精分级匹配策略能大大减小搜索空间，与匹配窗大小无关的互相关运算能显著提高运算速度。

特征匹配不直接依赖于灰度，具有较强的抗干扰性，计算量小，速度快。但也同样存在一些不足：特征在图像中的稀疏性决定特征匹配只能得到稀疏的视差场；特征的提取和定位过程直接影响匹配结果的精确度。改善办法是将特征匹配的鲁棒性和区域匹配的致密性充分结合，利用对高频噪声不敏感的模型来提取和定位特征。

相位匹配是近二十年才发展起来的一类匹配算法。相位作为匹配基元，本身反映信号的结构信息，对图像的高频噪声有很好的抑制作用，适于并行处理，能获得亚像素级精度的致密视差。但存在相位奇点和相位卷绕的问题，需加入自适应滤波器解决。

5. 三维重建

在得到空间任一点在两个图像中的对应坐标和两摄像头参数矩阵的条件下，即可进行空间点的重建。通过建立以该点的世界坐标为未知数的 4 个线性方程，可以用最小二乘法求解得到该点的世界坐标。空间点、两摄像头的光心这三点组成的平面分别与两个成像平面的交线称为该空间点在这两个成像平面中的极线。一旦两摄像头的内、外参数确定，就可通过两个成像平面上的极线约束关系建立对应点之间的关系，并由此联立方程，求得图像点的世界坐标值。对图像全像素的三维重建目前仅能针对某一具体目标，计算量大且效果不明显。

2.5.3 双目视觉的评价

基于双目视觉的智能网联汽车感知过程具有很多独特的优势，但是也有其不能忽视的缺点。

1. 双目视觉的优点

1）从测距原理上来说，相比于单目视觉，双目视觉像人类的双眼，主要通过两幅图像的视差计算来确定距离，因此双目摄像头不需要知道障碍物是什么，只要通过计算就可以测距。从这一角度来说，基于双目视觉的测距算法无需大量训练集数据，简化了障碍物测距过程。

2）在测距精度上，基于双目视觉的测距方法比基于单目视觉的测距方法精度要高。

3）对相机硬件要求低，成本也相对较低。因为不需要像飞行时间技术（Time of Flight，TOF）和结构光那样使用特殊的发射器和接收器，使用普通的消费级 RGB 相机即可。

4）室内外都适用。由于直接根据环境光采集图像，在室内和室外都能使用，相比之下，TOF 和结构光基本只能在室内使用。

2. 双目视觉的缺点

1）对环境光照非常敏感。双目立体视觉法依赖环境中的自然光线采集图像，而由于光照角度变化、光照强度变化等环境因素的影响，拍摄的两张图片亮度差别会比较大，这会对匹配算法提出很大的挑战。另外，在光照较强（会出现过度曝光）和较暗的情况下也会导致算法效果急剧下降。

2）不适用于单调缺乏纹理的场景。由于双目立体视觉法根据视觉特征进行图像匹配，对于缺乏视觉特征的场景（如天空、白墙、沙漠等）会出现匹配困难，导致匹配误差较大甚至匹配失败。

3）计算复杂度高。该方法是纯视觉的方法，需要逐像素计算匹配；又因为上述多种因素的影响，需要保证匹配结果的鲁棒性，所以算法中会增加大量的错误剔除策略，因此对算法要求较高，想要实现可靠商用有一定难度。

4）相机基线距限制了测量范围。测量范围和基线距关系很大，基线距越大，测量范围越远；基线距越小，测量范围越近。因此基线距在一定程度上限制了测量范围。

总体而言，双目立体视觉技术有着广阔的应用前景，尤其是随着光学、电子学以及计算机技术的发展，正不断取得进步，并逐渐实用化。不仅在智能网联领域，还将在工业检测、生物医学以及虚拟现实等领域取得长足发展。

第3章 / Chapter 3

智能网联汽车定位导航技术

3.1 定位技术

定位（Location）技术是让智能网联汽车感知自身确切位置的技术。实现准确的定位是一个有趣且富有挑战性的任务，对于智能网联汽车来说非常重要。

假设在驾驶一辆车时迷路了，不知道自己实际在哪个地方，如果有一张全球的高精度地图，如图 3-1 所示，那么定位的任务就是确定车辆在这张高精度地图上的位置。

图 3-1 智能网联汽车在高精度地图上的位置示意图

通常使用 GPS 进行定位，但是 GPS 对于智能网联汽车来说还不够精确，因此必须找到另一种方法来更准确地确定车辆在地图上的位置。最常用的方法是将汽车传感器所看到的内容与地图上所显示的内容进行比较。车辆传感器可以测量车辆与静态障碍物之间的距离，于是可以在汽车自身的坐标系中测量这些距离以及这些静态障碍物的方向。在汽车的坐标系中，汽车的前进方向始终向前，坐标系正方向始终与车头保持一致，但不一定与地图坐标系保持一致。当车辆传感器测量到地图上的物体时，传感器测量的地标观测值将与地标在地图上的位置相匹配，转换到地图的自带坐标系；反之亦然，从而形成地图与车感数据的对比。图 3-2 所示为智能网联汽车的坐标系示意图。

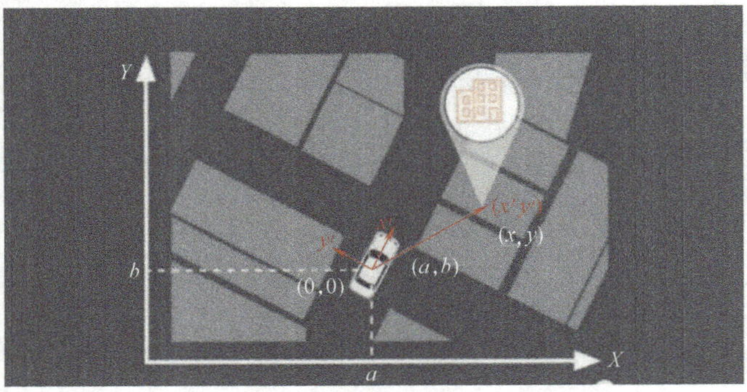

图 3-2 智能网联汽车的坐标系示意图

3.2 GNSS RTK 系统

假如在野外迷路，看到距离自己 75m 远处有一棵树，只知道自己位于一个以树为中心、半径为 75m 的圆上。但是如果又看到一个离自己 64m 远的房子，就会知道自己位于两个圆的交点处，但仍不知道位于哪个交点上。再假设看到了第三个路标，如路灯，经测量发现自己离路灯 55m 远，那么就知道了相对于这些地标的确切位置。以上相对关系示意图如图 3-3 所示。

首先，假设现在有一个世界地图标注了这三个地标在世界上的确切位置，那么就可以通过这三个地标知道自身的确切位置了，这被称为三角测量。GPS 就是基于这样的工作原理，只是 GPS 的参照物并不是地标而是卫星。3 颗卫星再加上一颗用来定位高度的卫星，通过这 4 颗卫星就可以知道自身的确切位置了。GPS 这类系统的通用名称为全球导航卫星系统或 GNSS，其中 GPS 是使用最广泛的 GNSS。

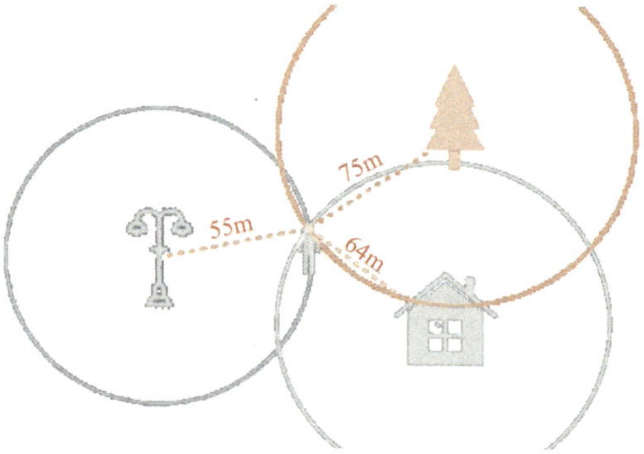

图 3-3　三角测量示意图

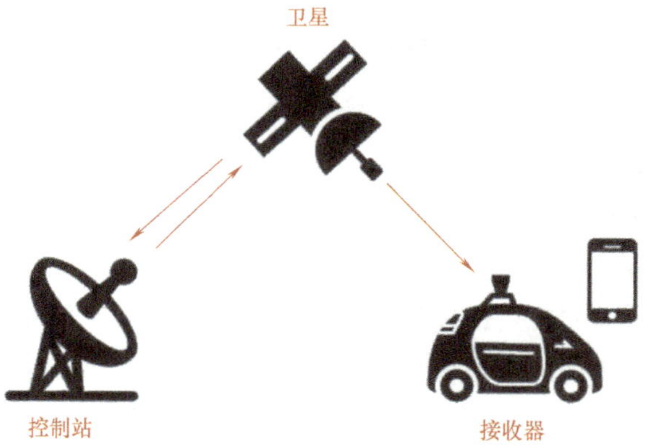

图 3-4　GPS 三部分组成

GPS 分为三部分，如图 3-4 所示。第一部分是卫星，它们各自距离地球表面约 2 万 km，在任何特定时间大约 30 颗 GPS 卫星在外层空间运行。第二部分由世界各地的控制站组成，控制站用于监视和控制卫星，其主要目的是让系统保持运行并验证 GPS 广播信号的精确度。第三部分是 GPS 接收器，它存在于手机、计算机、汽车、船舶以及许多其他设备中。

GPS 接收器实际上并不直接探测与卫星之间的距离，而是运用 TOF 原理，先测量信号的飞行时间，通过将光速乘以这个飞行时间，来计算离卫星的距离。但是光速的值很大，即使是少量的时间误差也会在距离计算中造成巨大的误差。因此，每颗卫星都配备了高精确度的原子钟。为进一步减小误差，GPS 使用实时运动定位功能（RTK）。RTK 首先在地面上建立几个基站，每个基站都知道自己精确的“地面实况”位置，同时每个基站也通过 GPS 测量自己的位置。已知的“地面实况”位置会与通过 GPS 测量的位置之间产生偏差，这就是 GPS 测量结果中的误差。然后误差会被传递给其他 GPS 接收器以供其调整自身的位置计算。在 RTK 的帮助下，GPS 可以将定位误差限制在 10cm 以内。

但是 GPS 在实际运行状态下仍存在高楼和其他障碍物可能阻挡 GPS 信号的问题，这使定位功能变得困难或根本无法实现。GPS 的更新频率很低，大约为 10Hz。由于智能网联汽车移动速度较快，可能需要更频繁地更新位置。实时运动定位原理如图 3-5 所示。

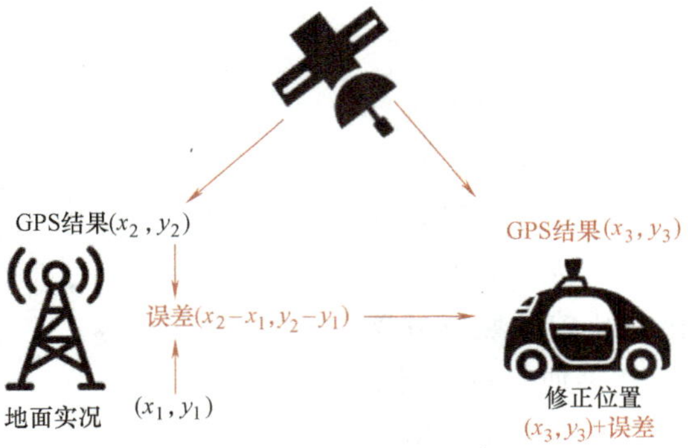

图 3-5　实时运动定位原理

3.3　LiDAR 定位系统

利用 LiDAR（激光雷达），可以通过点云匹配来对汽车进行定位。该方法将来自激光雷达传感器的检测数据与预先存在的高精度地图中的数据进行连续匹配，通过这种比较，就可以获知车辆在高精度地图上的全球位置和行驶方向。

匹配点云常用的一种方法是迭代最近点（CIP），如图 3-6 所示。假设想对两次点云扫描进行匹配，对于第一次扫描中的每个点，需要找到另一次扫描中最接近的匹配点，因此许多匹配点对最终会被收集到。把每对点之间的距离误差相加，然后计算其平均距离误差，再通过点云的旋转和平移来最大限度地降低这一平均距离误差。一旦点云之间的误差得以最大限度地降低，就可以在传感器扫描和地图之间找到匹配。最后，LiDAR 扫描到的车辆位置就可以转换到全局地图上，并计算车辆在地图上的精确位置。

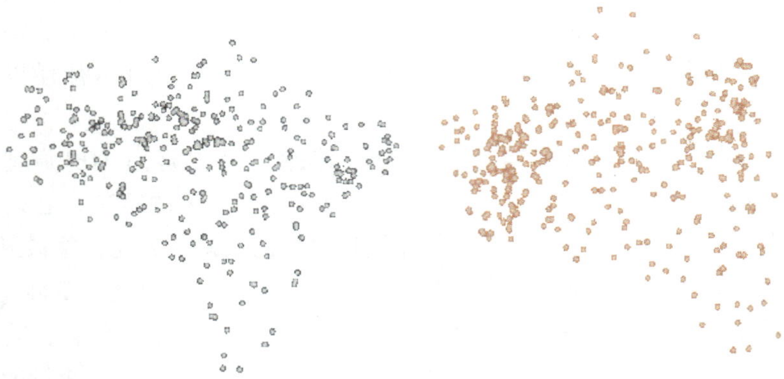

图 3-6　迭代最近点确定位置

滤波算法是另一种 LiDAR 定位方法，该方法可以消除冗余信息，并在地图上找到最可能的车辆位置。Apollo 使用了直方图滤波算法，该方法也称为误差平方和算法（SSD）。

为了应用直方图滤波，将 LiDAR 扫描的点云滑过地图上的每个位置。在每个位置，计算扫描的点与高精度地图上的对应点之间的误差或距离。然后对误差的平方求和，其值越小，扫描结果与地图匹配得越好。图 3-7 所示为误差平方和算法定位方法。

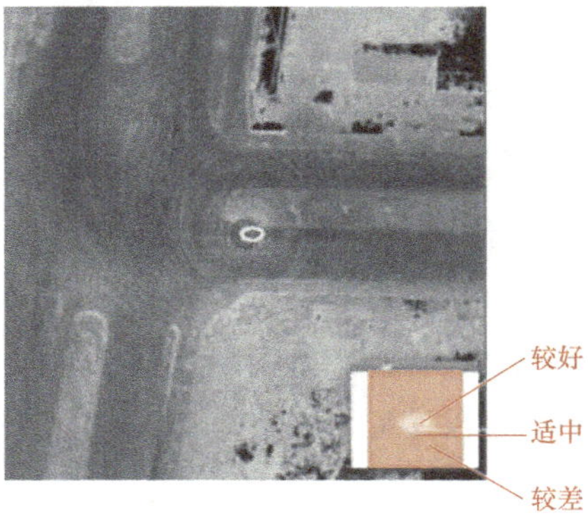

$$\mathrm{d}(u,v)=\sum_{(x,y)}[f(x,y)-t(x-u,y-v)]^2$$

图 3-7　误差平方和算法定位

第三种 LiDAR 定位方法是卡尔曼滤波。卡尔曼滤波是一种算法，用于根据过去状态和新的传感器测量结果预测当前的状态。具体来说，卡尔曼滤波使用了预测—更新循环。

首先根据之前的状态以及对移动距离和方向的估计，来预测新的位置。由于运动估计可能存在偏差，需要通过 LiDAR 测量实际的位置并加以纠正。一旦测量了新的位置，便可以使用概率方法将传感器测量结果与现在实际的位置预测结合起来，并不断地重复这个预测—更新循环。

LiDAR 定位的优势主要在于其稳健性，从高精度地图开始，只要存在有效的传感器，就能始终进行定位。其缺点在于难以构建高精度地图，并且保持其更新。实际上，地图完全保持最新几乎是不可能的，因为几乎每个地图均包含汽车、行人等瞬态元素，下次路过时，这些元素几乎都会消失，从而使地图在不断发生变化。

3.4　视觉定位系统

由于摄像头生产成本较低且种类繁多，而且易于使用。因此对于智能网联汽车，图像是搜集起来最简单的数据类型。

事实上，单纯通过图像来实现车辆精确定位非常困难。因此摄像头图像通常与高精度地图、GPS 的数据相结合，从而实现更好的定位效果。

假设一辆汽车正在路上行驶，它感知到右边有一棵树，但是地图显示许多位置的车道右侧都有树，那么如何知道车辆看到的是哪棵树呢？

其实可以用概率来解决这个问题。想象一下，汽车位于道路上许多不同点中的任意一处。假设从一些点可以看到右侧的树，而另一些点则看不到。显然，汽车位于右侧存在树的地方，从而可以排除在地图上车道右侧没有种树的那些点。

然后，车辆继续向前行驶，同时观察周边的环境，如果可以发现有一个位置在车辆右侧有成排的两棵树，那么汽车处于该位置的概率是最大的。

之所以可以通过观察结果、概率和地图来确定最可能的位置，是因为使用粒子或点来估计最可能的位置，因此该过程又称为粒子滤波，如图 3-8 和图 3-9 所示。

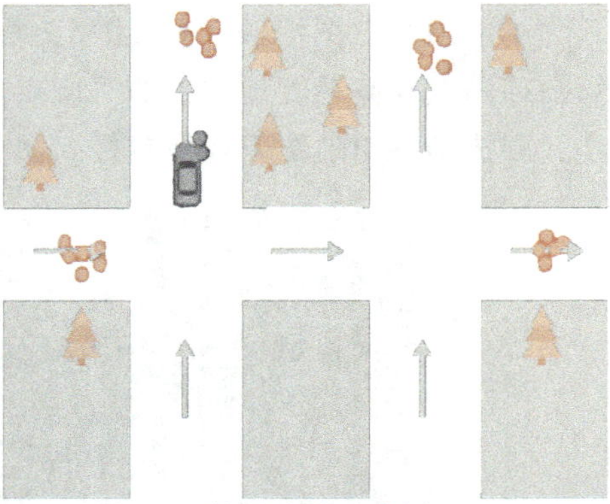

图 3-8　粒子滤波示意图（一）

树木在许多道路上其实是比较稀少的，于是另一种更常用的方法是利用车道线进行定位，如图 3-10 所示。首先使用粒子滤波原理对车道线进行拍照，拍摄后的图像可以帮助确定车辆在道路中的位置，随后再将道路图像与地图进行比较，从而匹配出最可能的位置。

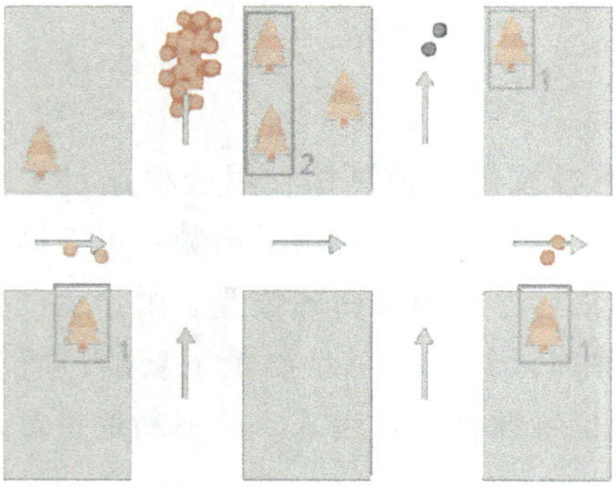

图 3-9　粒子滤波示意图（二）

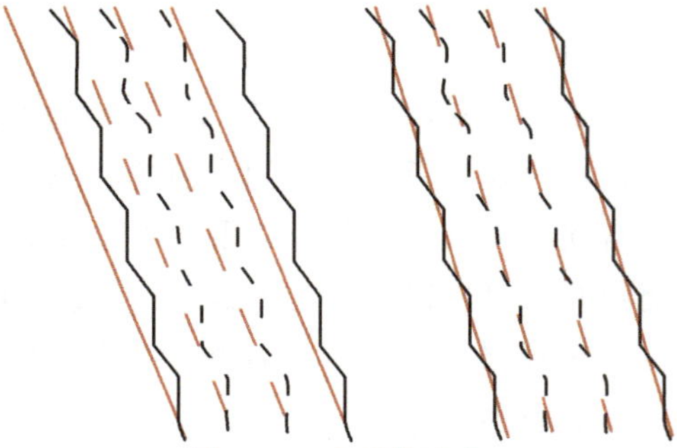

图 3-10　车道线定位

视觉定位的优点在于图像很容易获取，且成本很低；其缺点则是缺乏三维信息和对三维地图的利用。

3.5　Apollo 定位策略

百度 Apollo 使用基于 GPS、IMU 和 LiDAR 的多传感器融合定位系统，利用不同传感器的互补优势，提高了定位的稳定性和准确性。

Apollo 定位模块依赖于 IMU、GPS、LiDAR、雷达和高精度地图，这些传感器同时支持 GNSS 定位和 LiDAR 定位。GNSS 定位输出位置和速度信息，LiDAR 定位输出位置和行进方向信息。融合框架通过卡尔曼滤波将这些输出信息结合在一起。

卡尔曼滤波建立在两步预测测量周期之上，如图 3-11 所示。在 Apollo 中，惯性导航解决方案用卡尔曼滤波的预测步骤，GNSS 和 LiDAR 定位用于卡尔曼滤波的测量结果更新步骤。

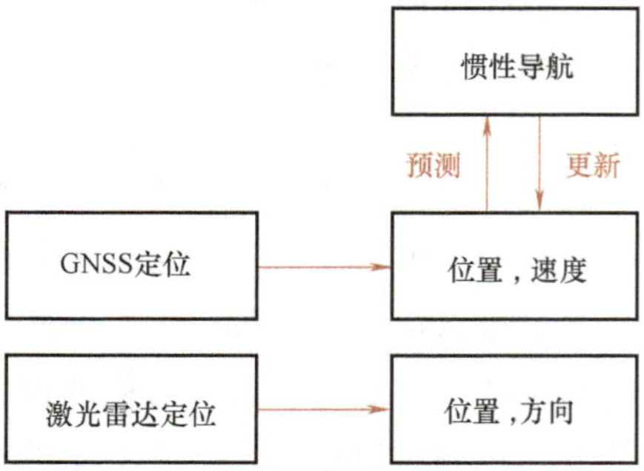

图 3-11　卡尔曼滤波器定位

3.6　GPS 定位原理

3.6.1　概述

导航卫星测时与测距全球定位系统（Navigation Satellite Timing and Ranging Global Position System），简称全球定位系统（GPS），有时也被称作 NAVSTAR GPS。根据 Wooden 在 1985 年给出的定义，NAVSTAR 全球定位系统是一个由美国国防部主导开发的导航系统，用以满足军方在地面或近地空间内获取在一个通用参照系中的位置、速度和时间信息的要求。

GPS 计划始于 1973 年，于 1994 年进入完全运行状态，由美国历时 20 余年，耗资 200 多亿美元建立的卫星导航定位系统，如图 3-12 所示。利用该系统，用户不仅可以在全球范围内实现全天候、连续、实时的三维导航定位和测速，还能够进行高精度的时间传递和高精度的精密定位。

图 3-12　全球定位系统

作为新一代的卫星导航定位系统，它的应用领域和应用前景已远远超出了该系统设计者当初的设想。目前，它在航空、航天、军事、交通、运输、资源勘探、通信及气象等几乎所有的领域中，都被视为一项非常重要的技术手段和方法，用来进行导航、定位、定时、地球物理参数测定和大气物理参数测定等。

在测量中，它最初主要用于高精度大地测量和控制测量，建立各种类型和等级的测量控制网，现在，它还在测量领域的其他方面得到充分应用，如用于各种类型的施工放样、测图、变形观测、航空摄影测量、海上测量和地理信息系统中地理数据的采集等。尤其是在各种类型的测量控制网的建立这一方面，GPS 定位技术已基本取代了常规的测量手段，成为主要的技术手段。目前，在我国采用 GPS 技术布设了新的国家大地测量控制网，很多城市也都采用 GPS 技术建立了城市控制网。GPS 广泛应用于军事、交通、测量、农业、林业、资源调查、环境监测、移动通信、物理研究（监测电离层延迟）及气象等诸多领域。

3.6.2　GPS 基本组成

GPS 由空间部分、地面监控部分和用户装置部分等组成，如图 3-13 所示。

1. 空间部分

空间部分（Space Segment）设计星座为 24 颗卫星，即 21 颗正式的工作卫星加上 3 颗活动的备用卫星。分为 6 个轨道面，平均轨道高度为 20200km，轨道倾角为 55°，周期为 11h58min（顾及地球自转，地球-卫星的几何关系每天提前 4min 重复一次），如图 3-14 所示。这样可以保证在 24h，在高度角 15°以上，同时观测到 4~8 颗卫星，每颗 GPS 工作卫星都发出用于导航定位的信号，GPS 用户正是利用这些信号来进行工作的。

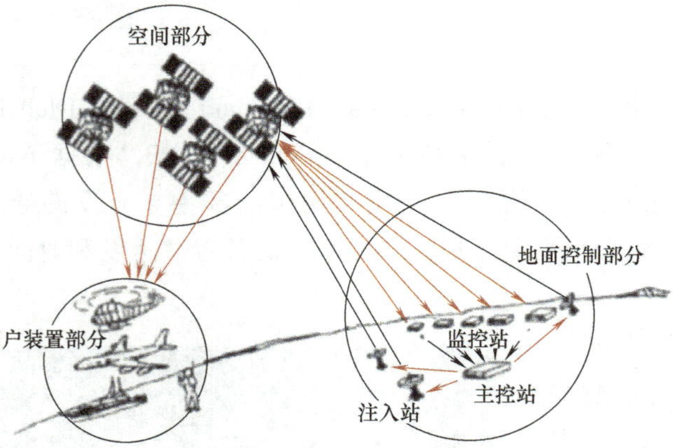

图 3-13 GPS 系统构成图

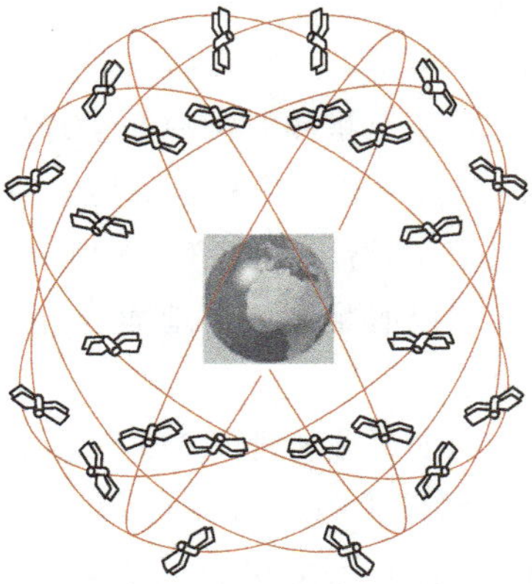

图 3-14 GPS 卫星的配置

2. 地面监控部分

地面监控部分（Ground Segment）包括 1 个主控站、5 个监控站、3 个注入站及通信与辅助系统。

（1）主控站 主控站的作用是根据各监控站对 GPS 的观测数据，计算出卫星的星历和卫星钟的改正参数等，并将这些数据通过注入站注入到卫星中去。同时，它还对卫星进行控制，向卫星发布指令，并且在工作卫星出现故障时，调度备用卫星，替代失效的工作卫星工作。另外，主控站也兼有监控站的功能。

（2）注入站 注入站的作用是将主控站计算出的卫星星历和卫星钟的改正参数等注入到卫星中去。

（3）监控站 监控站的作用是接收卫星信号，监测卫星的工作状态。

3. 用户部分

用户部分由 GPS 接收机、数据处理软件及相应的用户设备如计算机、气象仪器等组成。它的作用是接收 GPS 卫星所发出的信号，利用这些信号进行导航定位等工作。通用接收机的工作原理如图 3-15 所示。

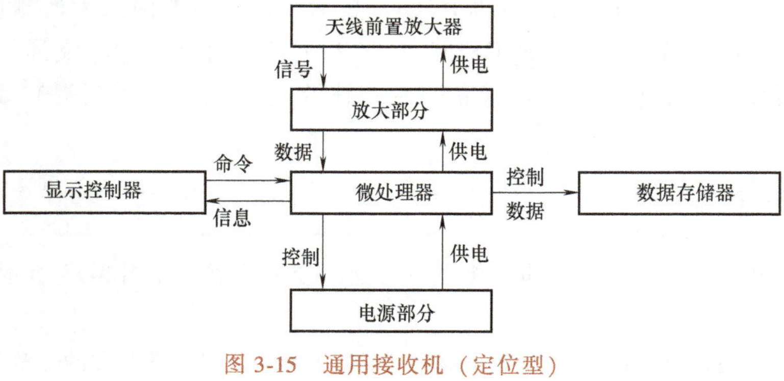

图 3-15 通用接收机（定位型）

3.6.3　GPS 定位原理及方法

1. GPS 定位原理

卫星不间断地发送自身的星历参数和时间信息，用户接收到这些信息后，经过计算求出接收机的三维位置、三维方向以及运动速度和时间信息。

如图 3-16 所示，GPS 采用卫星三角定位原理，以 GPS 接收装置测量无线电信号的传输时间来测量距离。由每颗卫星的所在位置，测量每颗卫星到接收器的距离，便可以算出接收器所在位置的三维空间坐标值。只要利用接收装置接收 3 个卫星信号，就可以确定使用者所在的位置。在实际应用中，GPS 接收装置一般利用 4 个以上卫星接收信号，以定位出所在的位置及高度。三角定位的工作原理如下：

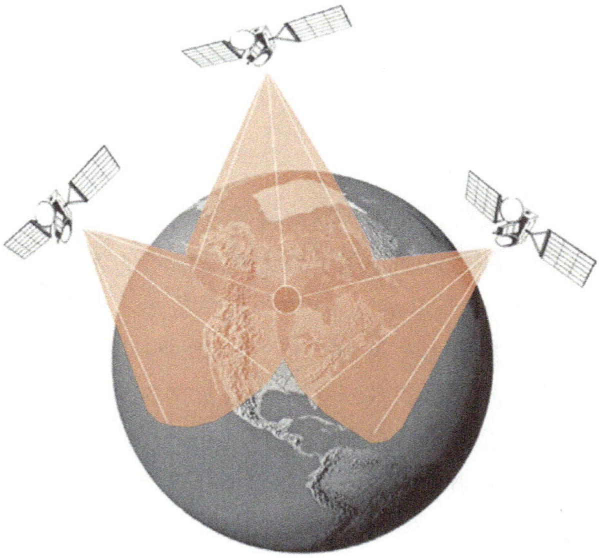

图 3-16　GPS 三边测量法定位

1）首先假设测量到第一颗卫星的距离为 h_1，就可以把当前可能位置范围限定在距离第一颗卫星 h_1 的地球表面。

2）假设测量到第二颗卫星的距离为 h_2，就可以进一步把当前位置范围限定在距离第一颗卫星 h_1 和距离第二颗卫星 h_2 的交叉区域内。

3）再对第三颗卫星进行测量，通过三颗卫星的距离交汇点定位出当前的位置。通常，GPS 接收器会使用第四颗卫星的位置对前三颗卫星的位置测量进行确认以达到更好的效果。

2. GPS 定位方法

GPS 测量定位方法的分类有不同方式。根据模式的定位分为绝对定位和相对定位。绝对定位又称为单点定位，这是一种采用一台接收机进行定位的模式。它所确定的是接收机天线的绝对坐标。这种定位模式的特点是作业方式简单，可以单机作业，绝对定位一般用于导航和精度要求不高的情况。相对定位又称为差分定位，这种定位模式采用两台以上的接收机，同时对一组相同的卫星进行观测，以确定接收机天线间的相互位置关系。

根据获取定位结果时间的定位分为实时定位和非实时定位。实时定位是根据接收机观测到的数据，实时解算出接收机天线所在位置的定位方法。非实时定位又称为后处理定位，它是通过对接收机接收到的数据进行处理后再进行定位的方法。

根据定位时接收机运动状态的定位分为动态定位和静态定位。动态定位是在进行 GPS 定位时，认为接收机的天线在整个观测进程中的位置是变化的，即在数据处理时，将接收机天线的位置作为随时间的改变而改变的量。静态定位是在进行 GPS 定位时，认为接收机的天线在整个观测进程中的位置是保持不变的，即在数据处理时，接收机天线的位置作为一个不随时间改变而改变的量。在测量中，静态定位一般用于高精度的测量定位，其具体观测模式是多台接收机在不同的观测站上进行静止同步观测，观察时间由几分钟、几小时到数十小时不等。

3.7 TJ-UWB 定位系统

随着自主泊车等技术的发展，智能车辆对高精度定位的需求已经延伸到了地下车库等没有卫星信号的场景。在这种背景下，基于路边基站信号的无线定位技术得到了越来越多的关注，其中超宽带（Ultra Wide Band，UWB）定位技术在定位精度上有着明显的优势，且功耗低，对环境干扰小，是较为理想的选择。UWB 是一种无载波通信技术，利用纳秒级的非正弦波窄脉冲传输数据，因此其所占的频谱范围很宽。UWB 定位采用了宽带脉冲通信技术，具备极强的抗干扰能力，使定位误差减小。UWB 室内定位技术的出现填补了高精度定位领域的空白，它具有对信道衰落不敏感、发射信号功率谱密度低、低截获能力、系统复杂度低、能提供厘米级的定位精度等优点。

3.7.1 UWB 定位技术存在的问题

目前主流的 UWB 无线定位技术，结构基本类似，都是在同步控制器的协调下，由移动端（标签）发送 UWB 信号，周围的 UWB 基站（锚点）同步接收信号，并将信号及工作参数传送到后台服务器，进行包括位置计算等数据处理，最后将位置数据提供给应用方。

但这种 UWB 定位技术在智能汽车方面的应用主要存在以下问题：

1）结构复杂。通常由移动站、基站、同步控制器、光纤同步网络及服务器等部分组成。

2）安装布置难度大。需要用光纤、网线将所有基站连接起来，给现有场地上的定位系统安装增加难度和成本。

3）技术难度大。主要是时间同步方面，真正能够实现厘米级定位的供应商很少。

4）成本高。由于以上影响因素的存在，使整个系统报价达到几十甚至几百万元。

5）针对智能车的应用，往往需要将计算结果回传，不仅增加成本，还增加了延迟

（通常为 50~200ms），给车辆实时控制增加了难度。

3.7.2 TJ-UWB 定位系统的分析

TJ-UWB 定位系统，从系统结构设计、工作原理、时间同步技术及定位算法改进等方面进行了颠覆性的创新，并在大部分主要定位性能指标上超越了目前的主流系统。下面将结合目前已经开展的测试结果进行分析。

1. 定位系统构架方面

目前市面上大部分 UWB 定位系统的系统结构，主要由移动站（标签）、基站（锚点）、同步控制器、光纤或网线及服务器五部分组成。其中，为避免信号冲突，移动站需要同步控制器的调度（部分 UWB 定位系统无此环节，易造成信号冲突），同步控制器的调度能力限制了系统的容量，也限定了每辆车的频率定位，因此定位频率和车辆数量成反比。又由于后台服务器需要将数据集中处理，再将结果回传至车辆，所以服务器的运算能力同样限制了系统容量，车辆越多，服务器的计算量越大；除此之外，位置信息从服务器回传至车辆有较大的延迟，不利于车辆的动态控制；由于需要光纤或网线传递信号，安装布置难度大，成本高。

而 TJ-UWB 的系统架构，取消了专门的同步控制器，转而由各个基站自动实现精确的时间同步。时间同步不依赖光纤或网线，直接利用无线信号本身实现同步，大大降低了安装难度和成本。位置计算实现了车端嵌入式的实时计算，不需要后台服务器的支持，不仅降低成本，还提高了实时性。

因此，从系统架构上，TJ-UWB 系统直接去掉了同步控制器、光纤或网线及后台服务器三部分，简化力度空前，如图 3-17 所示。

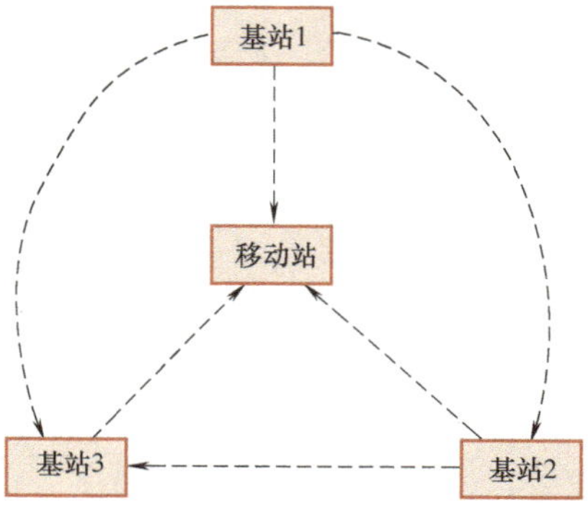

图 3-17 TJ-UWB 定位系统结构

2. 定位目标的数量及定位频率方面

在定位目标的数量及定位频率方面，TJ-UWB 定位系统全面超越目前主流的 UWB 定位系统。

主要的原因是：目前主流的 UWB 定位系统需要利用同步控制器来实现全部移动站（标签）和基站（锚点）之间的时间同步。由于定位频率与移动站数量成反比关系，即便像目前有的供应商号称的能够到上万次的扫描，分配到以后数量众多的移动站（标签）后，每个移动站的定位频率也不会太高。

例如，假设场地内有 300 辆车，系统容量为 10000Hz，则单车定位频率最大只能做到（10000/300）Hz=33Hz；而且，这 300 辆车位置的计算，全部需要同一台服务器来完成，由计算带来的延迟也不能忽略。如果还要把计算结果反馈给车辆，通信的压力和延迟更加明显。如果要保证定位质量和定位频率，只能限制车辆的数量。

而 TJ-UWB 定位系统，只需要通过无线信号实现基站间的时间同步，而移动站（标签）只要接收基站（锚点）发出的信号即可，并且位置解算也是在各个车载端自身实现。这样，车辆的数量可以没有限制；定位频率在不同车之间不需要分配，可以稳定保持在

100Hz 甚至以上。

3. 定位精确度方面

（1）静态定位精确度 如图 3-18 所示，某位置点在坡道上，共采集了 20s 左右（2000 个点）。经过 Kolmogorov-Smirnov 检验，数据服从正态分布：定位精确度为 6.2cm RMS，即 68.3% 的点落在半径为 6.2cm 的圆内，95.4% 的点落在半径为 12.4cm 的圆内。

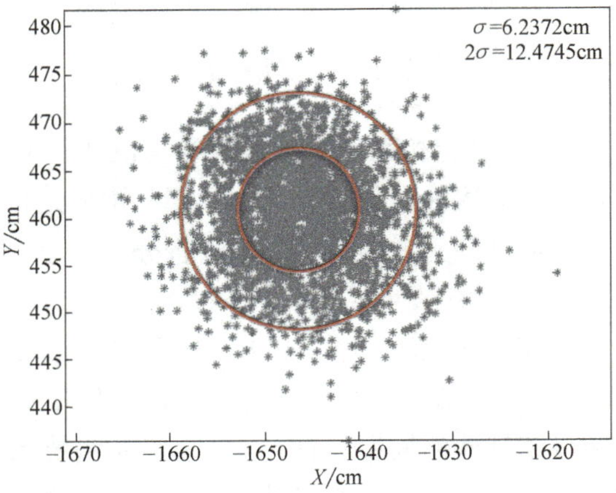

图 3-18 静态定位数据

（2）动态定位精确度 如图 3-19 所示，通过多次项拟合、平移来估计轨迹点横向分布宽度。横向波动基本都在 ±10cm 之内（95%概率）。

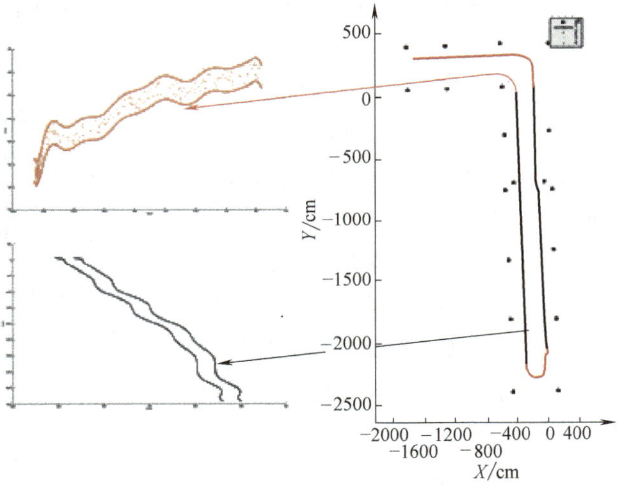

图 3-19 动态定位数据

这和静态定位精确度可以相互印证。动态定位精确度横向估计比较容易，而纵向暂时无法估计，但根据误差产生的随机性和各向同性，应该与横向基本一致。参照目前主流供应商给出的定位精度 5~15cm，TJ-UWB 定位系统能够在真正实现无线同步的情况下做到中上水平，实属不易。

4. 定位的实时性方面

目前主流的 UWB 定位系统需要利用同步控制器实现时间同步，需要功能强大的服务器来实现所有车辆的位置解算；当运用于智能汽车时，还需要将计算结果回传，TJ-UWB 定位系统的总延迟小于 20ms。图 3-20 所示为 TJ-UWB 定位系统的延迟时间。

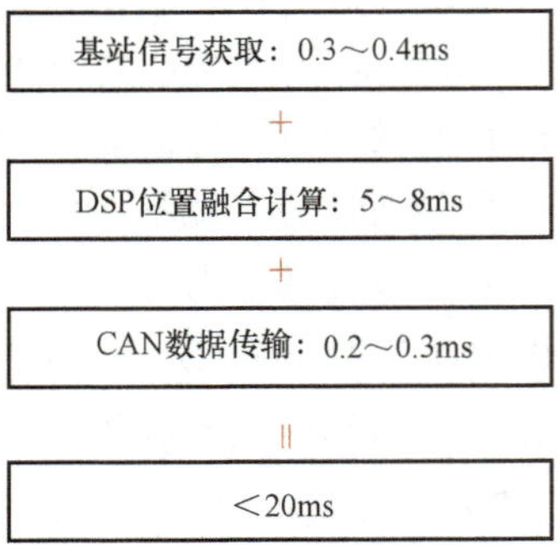

图 3-20 TJ-UWB 定位系统的延迟时间

5. 体积及功耗方面

目前 UWB 定位系统的基站功耗为 5V×0.16A＝0.8W，功耗较小甚至可以用（太阳能）电池供电。标签更是可以做到 1mA 以下的待机低功耗，用一个 2000mA·h 的电池，可以工作三个月以上。相对于其他系统，UWB 基站体积是目前最小的，其标签正在开发多种封装，应对在不同的具体应用需求中。UWB 定位基站模块和移动端模块如图 3-21 所示。

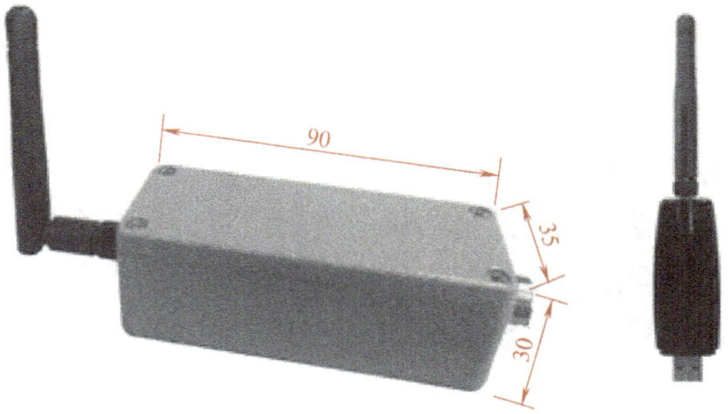

图 3-21　UWB 定位基站模块和移动端模块

TJ-UWB 定位系统，实测定位精确度与目前市面上精度较高的 UWB 定位系统相当。而在其他指标，如定位目标的数量、定位频率的稳定性、定位的实时性及功耗等方面，TJ-UWB 定位系统均有突出的优势，能够满足智能汽车特殊场合的定位需求，拓展了智能汽车的应用空间。

3.8　北斗卫星导航定位系统

3.8.1　北斗一号

20 世纪 90 年代，美国 GPS 在海湾战争中的成功使用，坚定了我国建设自主卫星导航系统的决心。在立项阶段，考虑到当时的国情，我国选择了“863 计划”倡导者陈芳允院士提出的双星定位原理系统，也就是现在所熟知的“有源定位”，也称为卫星无线电测定服务（Radio Determination Satellite Service，RDSS），该系统只需两颗卫星和地面高程数据库就能实现我国及周边地区的定位。

1. 系统组成

北斗一号系统由空间段、地面段和用户段三部分组成。

（1）空间段　该部分由 3 颗地球静止轨道卫星组成，两颗工作卫星定位于东经 80°和 140°赤道上空，另有一颗位于东经 110.5°的备份卫星，可在某工作卫星失效时予以接替。

（2）地面段　该部分由中心控制系统和标校系统组成。中心控制系统主要用于卫星轨道的确定、电离层校正、用户位置确定及用户短报文信息交换等。标校系统可提供距离观测量和校正参数。

(3) 用户段 该部分是用户的终端。

2. 工作原理

北斗一号系统的工作原理为：

第一步，由地面中心站向位于同步轨道的两颗卫星发射测距信号，卫星分别接到信号后进行放大，然后向服务区转播。

第二步，位于服务区的用户机在接收到卫星转发的测距信号后，即发出应答信号，经过卫星中转，传送到中心站。

第三步，中心站在接收到经卫星中转的应答信号后，根据信号的时间延迟，计算出测距信号经过中心站—卫星—用户机—卫星—中心站的传递时间，并由此得出中心站—卫星—用户机的距离，由于中心站—卫星的距离已知，由此可得用户机与卫星的距离。

第四步，根据用上述方法得到的用户机与两颗卫星的距离数据，在中心站储存的数字地图上进行搜索，寻找符合距离条件的点，该点坐标即为所求的坐标。

第五步，中心站将计算出来的坐标数据经过卫星发送往用户机，用户机再经过卫星向中心站发送一个回执，结束一次定位作业。

3. 定位原理

"双星定位"，即以两颗在轨卫星的已知坐标为圆心，各以测定的卫星至用户终端的距离为半径，形成两个球面，用户终端将位于这两个球面交线的圆弧上。

地面中心站配有电子高程地图，提供一个以地心为球心、以地心至地球表面高度为半径的非均匀球面。用数学方法求解弧与地球表面的交点即可获得用户的位置。

3.8.2 北斗二号

2007 年 4 月 14 日，我国发射了第一颗北斗二号卫星，这颗卫星采用与 GPS 相似的体制，即"无缘定位"服务，也称为卫星无线电导航服务（Radio Navigation Satellite Service，RNSS）。理论上，采用该种体制的卫星导航系统，用户数量是无限制的。

从 2007 年开始，到 2012 年为止，我国在 5 年内共发射了 16 颗北斗二号卫星，实现了对亚太区域的覆盖，并在 2012 年底正式对外提供服务，完成了北斗三步走战略的第二步。同时，鉴于北斗一号短报文和位置报告功能的实用性，该项功能在北斗二号中得到了保留。

2004 年 9 月，我国启动北斗卫星导航系统的建设。2007 年 4 月，北斗卫星导航系统首颗 MEO 卫星成功发射，保护了 ITU 频率资料，开展了国产星载原子钟、精密定轨与时间同步及信号传输体制等大量技术试验。2009 年 4 月，北斗卫星导航系统首颗 GEO 卫星成功发射，验证了 GEO 导航卫星相关技术。2010 年 1 月，北斗卫星导航系统第二颗 GEO 卫星成功发射，进一步验证了 GEO 导航卫星相关技术。

北斗二号也由空间段、地面段和用户段三部分组成。

(1) 空间段 该部分包括 5 颗 GEO 卫星和 30 颗 Non-GEO 卫星，如图 3-22 所示。

(2) 地面段 地面段由主控站、上行注入站和监测站组成。主控站用于系统运行管理与控制等。主控站从监测站接收数据并进行处理，生成卫星导航电文和差分完好性信息，而后交由注入站执行信息的发送。注入站用于向卫星发送信号，对卫星进行控制管

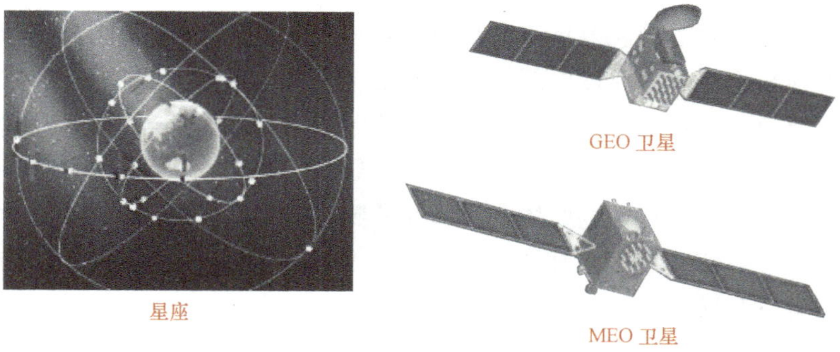

图 3-22　卫星示意图

理，在接受主控站的调度后，将卫星导航电文和差分完好性信息向卫星发送。监测站用于接收卫星的信号，并发送给主控站，可实现对卫星的监测，以确定卫星轨道，并为时间同步提供观测资料。

（3）用户段　用户段由北斗用户终端以及与其他 GNSS 兼容终端组成，如图 3-23 所示。

图 3-23　北斗系统的用户终端

用户终端研制进展顺利，相关的政策和标准也在研究和制定当中。北斗系统民用信号 ICD 文件（1.0 版本）的技术准备已完成，北斗系统民用信号 ICD 文件及其更新将逐步在北斗系统官方网站上发布。

3.8.3　北斗三号

2017 年 11 月 5 日，北斗三号第 1、2 颗组网卫星发射成功，开启了北斗卫星导航系统全球组网的新时代。相比北斗二号系统，北斗三号系统技术更先进、建设规模更大、系统性更强。北斗二号民用频点 B1 选择在 1561.098MHz，而 GPS 的 L1 在 1575.42MHz。根据 2017 年 9 月公布的北斗三号接口控制文件，北斗民用信号 B1c 和 B2a 现在已经完全实现和 GPS 等系统的兼容，这将有利于北斗的全球化应用。北斗三号使用了抗干扰技术，保护信号不被干扰，避免受损。北斗三号的抗干扰性高于 GPS，这方面的工作已经达到了世界领先水平。

根据导航卫星的信号覆盖范围，卫星导航系统还可分为区域性卫星导航系统和全球性卫星导航系统，我国的北斗一号、二号卫星导航系统以及日本、印度的卫星导航系统等属于前者，美国、俄罗斯、欧洲和我国的北斗三号卫星导航系统属于后者。

另外，导航卫星还可根据卫星的轨道高度，分成近地轨道、地球中圆轨道、倾斜地球同步轨道和地球静止轨道导航卫星等。我国北斗一号采用地球静止轨道导航卫星，而北斗二号和三号的导航星座都由地球中圆轨道导航卫星、倾斜地球同步轨道导航卫星和地球静止轨道导航卫星组成。目前，美国、俄罗斯和欧洲的导航卫星都运行在地球中圆轨道，印度和日本的导航卫星星座均由倾斜地球同步轨道导航卫星和地球静止轨道导航卫星组成。

北斗卫星导航系统的特点主要体现在从区域到全球、激光通信、氢原子钟、卫星搜救及全球位置报告等方面。北斗三号与二号的区别不仅在于卫星组网从区域走向全球，而且在载荷、星间链路及激光通信等方面也有进步。例如北斗三号采用星载氢原子钟，其精度将比北斗二号的星载铷原子钟提高一个数量级；又如，北斗三号增加了卫星搜救功能和全球位置报告功能。

美国可以在全球布设 GPS 的地面站，但我国想要实现全球布设北斗地面站还是有很大难度的。因此，在不布设全球地面站的情况下，对北斗卫星实现控制及参数注入等工作就显得尤为重要。

3.9 惯性导航系统

3.9.1 概述

惯性导航系统（Interial Navigation System，INS）是一种自主式导航设备，能连续、实时地提供载体位置、姿态及速度等信息，特点是不依赖外界信息，不受气候条件和外部各种干扰因素的影响。

惯性导航及控制系统最初主要为航空航天、地面及海上军事用户所应用，是现代国防系统的核心技术产品，被广泛应用于飞机、导弹、舰船、潜艇及坦克等国防领域。随着其成本的降低和需求的增长，惯性导航技术已扩展到大地测量、资源勘测、地球物理测量、海洋探测、铁路及隧道等商用领域，甚至在机器人、摄像头及儿童玩具中也得到了广泛应用。

不同领域使用惯性传感器的目的、方法大致相同，但对器件性能要求的侧重各不相同。从精度方面来看，航天与航海领域对精度要求高，其连续工作时间也较长；从系统寿命来看，卫星、空间站等航天器要求最高，因其发射升空后不可更换或维修；制导武器对系统寿命要求最短，但可能需要满足长时间战备的要求；涉及军事应用等领域，对可靠性要求较高。

3.9.2 惯性导航系统的工作原理

惯性导航系统是一种自主式导航方法，它完全依靠载体上的设备自主地确定载体的航向、位置、姿态和速度等导航参数，而不需要借助外界任何的光、电、磁等信息。

惯性导航是一门涉及精密机械、计算机技术、微电子、光学、自动控制及材料等多种学科和领域的综合技术。其基本工作原理是以牛顿力学定律为基础，通过测量载体在惯性参考系的加速度和角加速度，将其对时间进行一次积分，求得运动载体的速度和角速度，之后进行二次积分求得运动载体的位置信息，然后将其变换到导航坐标系，得到在导航坐标系中的速度、偏航角和位置信息等。其系统原理框图如图 3-24 所示。

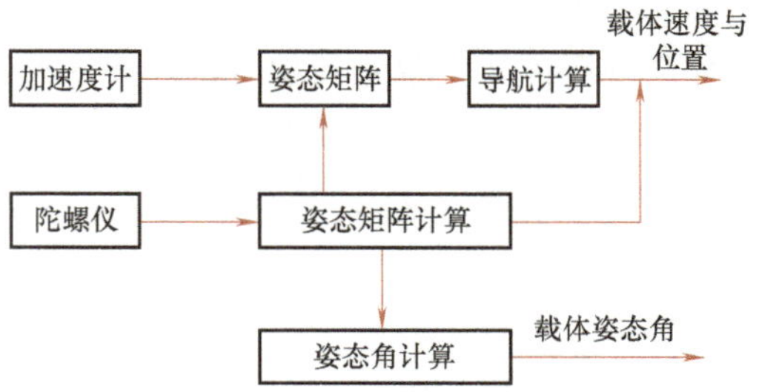

图 3-24 惯性导航系统原理框图

3.9.3 惯性导航系统的分类

1. 根据陀螺仪的不同分类

根据陀螺仪的不同可分为机电（包含液浮、气浮、静电、挠性等种类）陀螺仪、光学（包含激光、光纤等种类）陀螺仪和微机械（MEMS）陀螺仪等类型的惯性导航系统。不同惯性导航系统的对比见表 3-1。

表 3-1 根据陀螺仪不同的惯性导航系统分类及其对比

类型	主要应用级别	定位误差典型值	定向误差典型值	陀螺随机漂移范围	常用领域	发展前景	技术水平
陀螺罗盘	初级导航级	—	—	—	—	已被淘汰	第一代
液浮、气浮、磁悬浮陀螺系统	中高导航级	小于 1n mile/h	0.05°~0.1°	0.01°/h 左右	航海、陆用	由于体积大、技术复杂，已被淘汰	第二代
挠性陀螺系统、静电陀螺系统	中等导航级、稳定控制	2n mile/h	0.1°~0.2°	0.01°~0.03°/h	航空导航	逐步被替代	第三代
光纤陀螺系统	中低导航级、航姿仪、稳定控制	1n mile/20min	0.2°~1°	0.05°~1°/h	航空、航海、陆用	潜力大	第三代
激光陀螺系统	中高导航级	小于 1n mile/h	0.05°~0.1°	0.01°/h 左右	航空、航海、陆用	潜力大	第四代

2. 根据力学编排实现形式的不同分类

根据力学编排实现形式的不同可以分为平台式惯性导航系统和捷联式惯性导航系统。

平台式惯性导航系统是将陀螺仪和加速度计等惯性元件通过万向支架角运动隔离系统与运动载体固联的惯性导航系统。其惯性测量装路（加速度计和陀螺仪）安装在机电导航平台上，以平台坐标系为基准，测量运动载体的运动参数。平台式惯性导航系统通过框架伺服系统隔离了载体的角运动，因此可以获得较高的系统精度。平台式惯性导航系统的原理框图如图 3-25 所示。

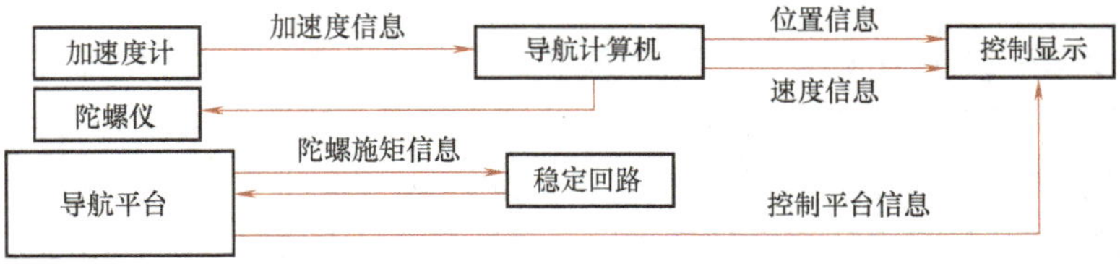

图 3-25 平台式惯性导航系统的原理框图

捷联式惯性导航系统，其惯性测量装路（加速度计和陀螺仪）直接装在飞行器、舰艇及导弹等载体上，载体转动时，加速度计和陀螺仪的敏感轴指向也跟随转动。陀螺仪测量载体角运动，计算载体姿态角，从而确定加速度计敏感轴的指向，再通过坐标变换，将加速度计输出的信号变换到导航坐标系上，进行导航计算。捷联式惯性导航系统的原理框图如图 3-26 所示。

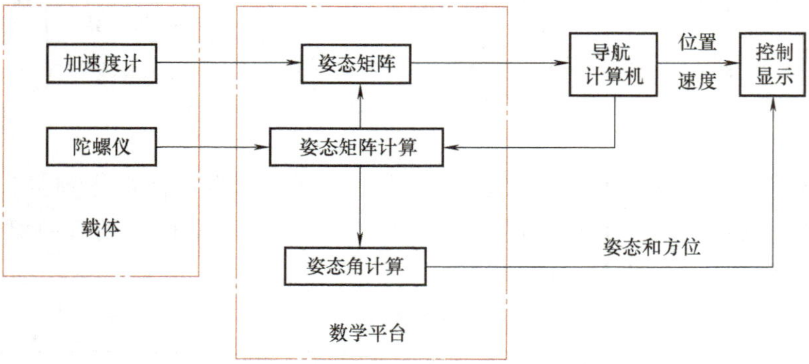

图 3-26　捷联式惯性导航系统的原理框图

目前，平台式惯性导航系统已经达到了很高的水平，但是其造价、维修费用十分昂贵，而且其采用了框架伺服系统，相对可靠性将会下降。捷联式惯性导航技术是从 20 世纪 60 年代发展起来的，它将惯性测量装路直接安装在载体而非机电平台上，以数学平台代替机电式导航平台。捷联系统惯性测量装路便于安装、维修和更换，体积小，是惯性导航技术的一个重要发展方向。但是，捷联系统由于把惯性测量装路直接固定在载体上，导致惯性测量装路工作环境恶化，降低了系统的应用精度。

3.9.4　惯性导航系统的主要部件

1. 惯性器件

惯性导航系统通常由惯性测量装路、计算机及显示器等组成。惯性测量装路由加速度计和陀螺仪两大核心惯性器件组成。三个自由度的陀螺用来测量飞行器的角加速度，三个加速度计用来测量飞行器的加速度，计算机通过测得的角加速度和加速度数据计算出飞行器的速度和位置数据。性能先进的惯性器件是先进惯性导航系统的前提。

2. 陀螺仪

传统意义上的陀螺仪是安装在框架中绕回转体的对称轴高速旋转的物体。陀螺仪具有稳定性和进动性，利用这些特性制成了敏感角速度的速率陀螺和敏感角偏差的位置陀螺。由于光学、MEM 等技术被引入于陀螺仪的研制，现在习惯上把能够完成陀螺功能的装路统称为陀螺。不同种类的陀螺仪如图 3-27 所示。

陀螺仪种类多样，按陀螺转子主轴所具有的进动自由度数目可分为二自由度陀螺仪和单自由度陀螺仪；按支承系统可分为滚珠轴承支承陀螺，液浮、气浮与磁悬浮陀螺，挠性陀螺（动力调谐式挠性陀螺仪）及静电陀螺；按物理原理分为利用高速旋转体物理特性工作的转子式陀螺以及利用其他物理原理工作的半球谐振陀螺、微机械陀螺、环形激光陀螺和光纤陀螺等。不同种类陀螺仪的精度范围如图 3-28 所示。

图 3-27　不同种类的陀螺仪

3. 机电陀螺

机电陀螺是传统的第一、二代陀螺仪，主要包括第一代液浮、气浮、磁悬浮陀螺，以及第二代挠性、静电等陀螺。两代机电陀螺的共同点在于转子都是安装在框架中绕回转体的对称轴高速旋转的，属于刚体转子陀螺仪，不同点在于支承系统不一样。第一代液浮、气浮、磁悬浮陀螺精度虽高，但结构复杂，制造困难，成本很高。随着惯性导航系统的推广，尤其是随着陀螺在飞机上的广泛应用，寻求一种中高精度但结构简单、成本较低的陀螺成为当时迫切需要解决的问题。机电陀螺示意图如图 3-29 所示。

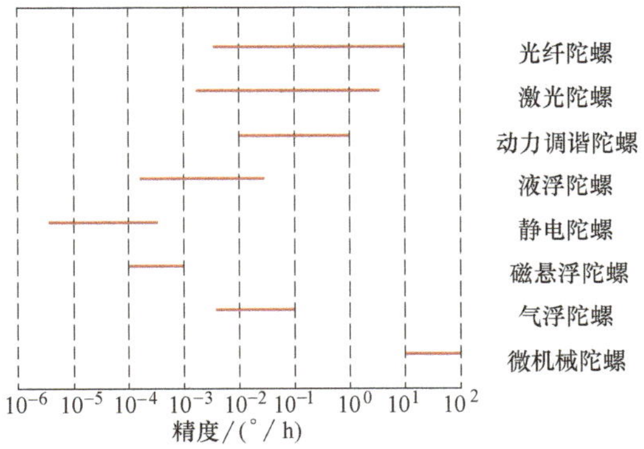

图 3-28　不同种类陀螺仪的精度范围

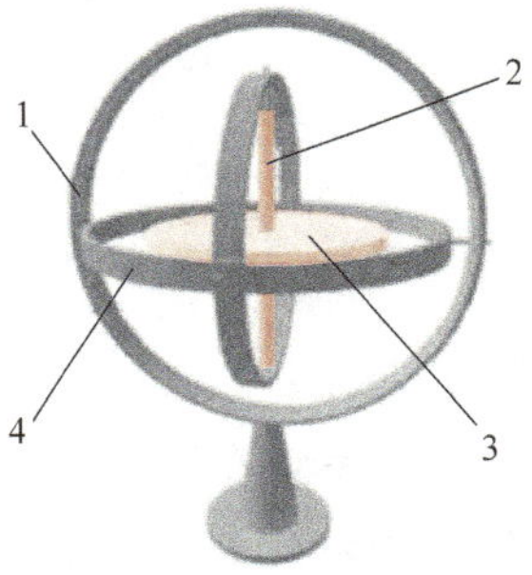

图 3-29　机电陀螺示意图

1—陀螺仪框架　2—转轴　3—转子　4—常平架

4. 挠性陀螺

20 世纪 60 年代初，出现了一种新颖的支承原理的挠性陀螺，可以解决第一代陀螺仪的问题。挠性陀螺的转子利用挠性接头支承，去除了支承轴上的摩擦干扰力矩，具有体积小、重量轻、可靠性高、成本低及能够消除支承摩擦的优点，目前应用范围广泛，从平台式到捷联式，从飞机、导弹到舰船、航天飞行器等均有所应用。

5. 静电陀螺

静电陀螺是应用电场原理，在超真空的腔体内由静电场产生的吸力来支承球形转子的一种自由转子陀螺，它和挠性陀螺同属第二代陀螺仪。静电陀螺技术是当今世界上最高精度的惯性技术，目前世界上只有美国、俄罗斯、法国和中国掌握并成功地应用了这一技术。静电陀螺惯性系统价格昂贵，结构体积较为庞大，一般应用在弹道导弹核潜艇或航空母舰上。

6. 光学陀螺

光学仪器被用来测量地球的转动始于 1913 年法国物理学家萨格纳克提出的萨格纳克

效应，真正实用的激光陀螺在 1963 年研制成功。此后，基于萨格纳克效应的光学陀螺迅速发展，激光陀螺和光纤陀螺是目前军事应用领域使用最广泛的陀螺，以其为主要惯性器件的捷联式惯性导航系统更是逐步取代成本高昂的基于机电陀螺的惯性导航系统。

7. 加速度计

加速度计是惯性导航系统的另一核心元件，如图 3-30 所示。加速度计是用来感测运动载体沿一定方向的比力的惯性器件，可以测量出加速度和重力，从而计算载体的速度和位置。按照输入与输出的关系，加速度计可分为普通型、积分型和二次积分型三种。按物理原理可分为摆式和非摆式两种加速度计，摆式加速度计包括摆式积分加速度计、液浮摆式加速度计和挠性摆式加速度计；非摆式加速度计包括振梁加速度计和静电加速度计。按测量的自由度可分为单轴、双轴和三轴加速度计。按测量精度可分为高精度（优于 $10^{-4}m/s^2$）、中精度（10^{-3}～$10^{-2}m/s^2$）和低精度（低于 $0.1m/s^2$）三类。

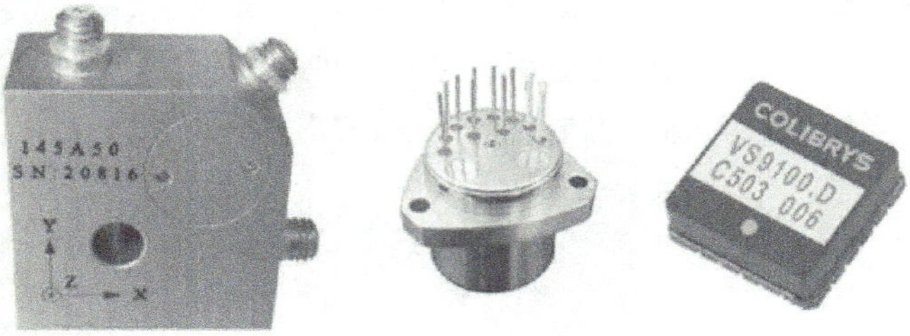

图 3-30　加速度计

3.9.5　惯性导航的发展

惯性导航系统在智能网联汽车中的应用属于起步阶段，短期内其竞争力主要体现在算法上。其算法包括了 MEMS 惯性传感器的标定等硬件信息的处理，速度、加速度、航向及姿态的确定，以及与其他传感器信息、车身信息的融合等主要模块。算法的优劣决定了传感器能否发挥其最佳性能，也决定了惯性导航系统的稳定性和可靠性。

从长远角度看，惯性导航系统的竞争力在于惯性传感器芯片的性能。随着智能网联汽车技术级别的提升，对 MEMS 惯性传感器芯片的性能要求将持续提高，同时随着惯性导航系统算法的不断成熟，通过算法优化来提升系统性能的空间越来越小，而对惯性传感器芯片硬件性能的依赖程度则会相应提高。MEMS 惯性传感器芯片的设计、制造、封测及标定将成为惯性导航系统中比较关键的环节。智能网联汽车对惯性传感器芯片的基本要求见表 3-2。

表 3-2　智能网联汽车对惯性传感器芯片的基本要求

指标需求	L2 级智能驾驶	L3 级及以上级别智能网联
MEMS 陀螺不稳定性	10°/h	1～5°/h
MEMS 加速度计精度	10mg	2mg
组合定位精度	5m	10cm
惯导系统形式	惯性测量单元	惯性组合导航系统

高精度行车定位技术以及高精度地图技术是智能网联汽车的两项核心技术，也是智能网联汽车破局的关键点。在定位系统中，所有需要用到 GPS 的地方都需要使用惯性导航系统，如车辆定位、激光雷达的 GPS 接口等。在 GPS 信号丢失时，惯性导航能够将定位信号模拟出来。但惯性导航系统成本昂贵，如何攻克惯导技术难关，生产大批量车规级惯性导航装置一直是业界难题。近些年随着各种利好的出现，相信惯性导航行业的前景将是一片光明。

3.10　智能车辆定位导航系统

3.10.1　概述

近年来，在信息革命和信息化过程中，各种先进的管理思想、控制方法和实践技术逐渐成熟并完善，人们对于交通系统及其内在规律性的理解更加全面。在这种背景下，智能交通系统（Intelligent Transportation System，ITS）应运而生。

智能交通系统是将先进的科学技术（如信息技术、计算机技术、数据通信技术、传感器技术、控制技术、运筹学及人工智能等）有效地综合运用于交通运输、服务控制和车辆制造，加强车辆、道路及使用者三者之间的联系，从而形成一种保障安全、提高效率、改善环境、节约能源的综合运输系统。

ITS 研究的范围十分广泛，内容丰富，使用的技术和手段多样。但其中最关键的组成莫过于智能车辆定位导航系统。

智能车辆定位导航系统（Intelligent Vehicle Location and Navigation System，IVLNS）是集成应用了自动车辆定位技术、地理信息系统与数据库技术、计算机技术、多媒体技术和现代通信技术的高科技综合系统。

3.10.2　车辆定位导航系统的主要功能

1. 自动车辆定位

可在出行时准确、实时地确定出车辆当前的位置，并以图形化方式显示在电子地图背景中。

2. 行车路线设计（路径规划）

可依据驾驶人提供的起点、终点和途径点，自动规划出旅行代价最少的最佳行驶路线。

3. 路径引导服务

可在出行过程中产生语音或图形方式的实时引导指令，使驾驶人沿预定行车路线顺利抵达目的地。

4. 综合信息服务

可向用户提供与电子地图有关的信息检索与查询服务，如按用户要求显示停车场、主要旅游景点及宾馆等服务设施的位置等数据资料，并在电子地图中指示其所处的位置。

5. 移动通信功能

可接收实时交通信息广播，使用户及时掌握最新的道路状况，同时还可将车辆状况报告给交通控制中心，实现报警、求助和通信功能。

典型的智能车辆定位导航系统由 8 个主要功能模块构成，如图 3-31 所示。

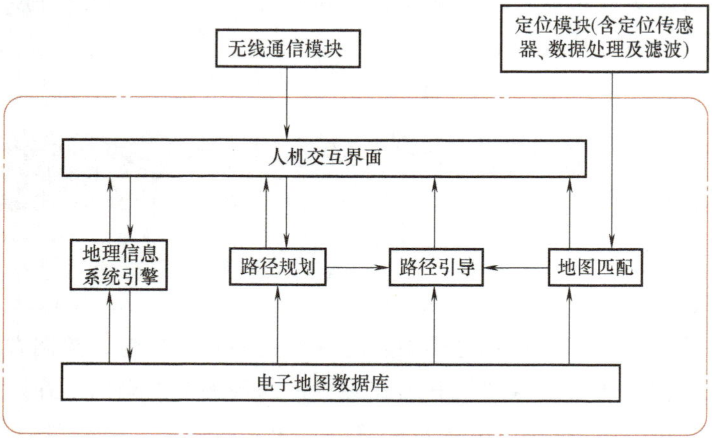

图 3-31　智能车辆定位导航系统 8 个功能模块

(1) 电子地图数据库（Vehicle GIS）　电子地图数据库是车辆导航系统中不可缺少的组成部分，它包含以预定格式存储的数字化导航地图，为系统提供地理特征、道路位置、交通规则以及基础设施等多种信息。

(2) 地理信息系统引擎（Map Query）　地理信息系统引擎是操作和查询电子地图数据库的接口，提供了电子地图的显示、浏览、动态刷新及缩放等功能和相关的信息检索及查询服务。

(3) 定位模块（Position Module）　定位模块由定位传感器、数据处理及滤波电路组成，提供实时连续的车辆位置估计。

(4) 地图匹配（Map Matching）　地图匹配将定位模块输出的位置估计与电子地图数据库提供的道路位置信息进行比较，通过适当模式匹配和识别过程确定车辆当前行驶路段及其在路段中的准确位置。

(5) 路径规划（Route Plan）　路径规划是依据电子地图道路信息，提供从车辆当前位置到目的地之间最优路径的过程。

(6) 路径引导（Route Guide）　路径引导根据电子地图数据库中的道路信息以及定位模块和地图匹配所提供的当前车辆位置，产生适当的实时驾驶指令。

(7) 无线通信模块（Wireless Communication Module）　无线通信模块能够实现车辆与交通管理系统之间相互交换实时交通信息。

(8) 人机交互界面（Human Computer Interface）　人机交互界面提供用户与车载计算机系统之间的交互接口。

3.10.3　车辆定位导航系统的发展历程

车辆定位导航系统的历史可以追溯到几千年前中国古代的指南针和计里鼓车，如

图 3-32 所示，其原理类似于现代的磁罗盘和差分里程计。

图 3-32　古代指南针和计里鼓车

从 19 世纪开始，磁罗盘和里程计等定位导航技术被逐渐应用到现代车辆上。美国于 1895 年出版了第一张用于汽车驾驶的交通图，并在 20 世纪初开始在公路上建立路标和为道路编号。

1910 年，第一台机械路径引导装置在美国问世。二战期间，美国研制了用于军用车辆的车辆导航系统，该系统运用机械式计算机从里程表读取出行距离，并自动在地图上描绘出车辆轨迹。20 世纪 60 年代末，美国公路局提出了一种电子路径引导系统 ERGS。该系统利用短距离信标（beacon）网络作为通信媒介，具有无限路径引导能力。20 世纪 70 年代初，美国开发了一种自主导航系统，这种系统利用航位推算（dead-reckoning）模块，借助于地图匹配（map-matching）算法进行车辆定位，以此确定车辆沿着路径行驶的位置。1985 年，美国易泰克（ETAK）公司推出了一种称为 Navigator 的汽车自主导航系统。该系统配有数字地图库，采用航位推算和地图匹配技术掌握道路的位置和方向，其中，航位推算传感器通过磁罗盘和车速传感器来修正定位误差。进入 20 世纪 90 年代，随着美国全球卫星定位系统（GPS）的成功发展和建立，为全球范围内的用户提供了一种廉价、实用的定位手段，使车辆定位与导航系统的发展进入了高峰。1994 年，第一个装有 GPS 接收机的自主式导航系统 Guidestar 投入市场，如图 3-33 所示。

日本也是当今车辆定位与导航系统和智能交通系统发展最成功的国家之一。它的研究始于 1971 年的综合车辆控制系统（Comprehensive Automobile Traffic Control System，CATCS），该计划与美国的 ERGS 极为相似。20 世纪 80 年代，日本生产了配备彩色显示器并使用 CD-ROM 存放数字地图的自主式导航系统。1987 年，丰田皇冠上首先配置了含有电子地图的导航仪。1990 年，先锋公司的第一台零售导航仪正式上市，当时售价为 40 万日元。此后随着 GPS、地图匹配及语音引导等新技术的应用，各式各样的车载导航系统产品不断被推向市场。1996 年 7 月，日本警察厅、通产省、邮政省和建设省共同发起了智能交通系统综合促进规划，将所有应用研究项目和发展规划综合在一起，并提出了“智能车/智能道路/智能枢纽”（Smart-Car/Smart-Way/Smart-Gateway）的概念，期望推动智能交通产业的发展。

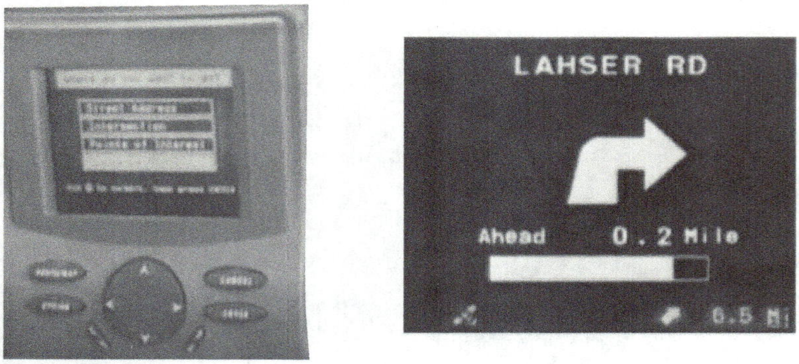

图 3-33 装有 GPS 接收机的自主式导航系统 Guidestar

欧洲对车辆定位导航系统的研究始于 20 世纪 70 年代的 ALI 工程。20 世纪 80 年代，名为 CARIN 和 EVA 的车辆自主导航系统先后推出。CARIN 利用推算定位和地图匹配技术及彩色显示器来显示地图，它是第一个采用 CD-ROM 存储数字地图的导航系统。EVA 除了推算定位、地图匹配和依次转向路径引导，还可以同时用可视显示和声音合成输出来给驾驶人提供导航。自 20 世纪 80 年代中期以来，智能交通系统实验计划 PROMETHUS 和 DRIVE 一直在欧洲大规模地实施。

中国和发达国家相比，在这些方面的研究起步较晚，开始于 20 世纪 80 年代末期，其应用主要是集中在车辆的监控调度系统方面。进入 20 世纪 90 年代后，许多国外厂商纷纷和国内企业展开合作以实现导航产品的本地化。从 1995 年起，我国开始派团参加每届的 ITS 世界大会。交通运输部在制定公路、水运“九五”科技发展计划和 2010 年远景规划时也将 ITS 的发展列入其中。交通运输部于 1998 年成立了“ITS 工程研究中心”，完成了“智能运输系统发展战略研究”科研课题。2001 年，“车载导航信息终端”等研究作为“十五”攻关课题。车辆定位导航技术已经得到足够的重视和发展，并开始步入推广应用阶段。2003 年丰田公司在威驰汽车上首次配备了前装车载导航系统，是国产汽车安装车载导航系统的开端。

第4章 Chapter 4

智能网联汽车高精地图

4.1 高精地图

4.1.1 高精地图的定义

高精地图，通俗来讲就是精度更高、数据维度更多的电子地图。精度更高体现在精确到厘米级别，数据维度更多体现在其包括了除道路信息之外的与交通相关的周围静态信息。

高精地图将大量的行车辅助信息存储为结构化数据，如图 4-1 所示。这些信息可以分为两类，第一类是道路数据，如车道的位置、类型、宽度、坡度和曲率等车道信息；第二类是车道周边的固定对象信息，如交通标志和交通信号灯等信息、车道限高、下水道口、障碍物及其他道路细节，还包括高架物体、防护栏、数目、道路边缘类型及路边地标等基础设施信息。

图 4-1 高精地图的主要结构化数据

以上信息都有地理编码，导航系统可以准确定位地形、物体和道路轮廓，从而引导车辆行驶。其中最重要的是对路网精确的三维表征（厘米级精度），如路面的几何结构、道路标示线的位置以及周边道路环境的点云模型等。有了这些高精度的三维表征，智能网联系统可以通过比对车载 GPS、IMU、LiDAR 或摄像头的数据精确确认自己当前的位置。另外，高精地图中包含丰富的语义信息，如交通信号灯的位置和类型、道路标示线的类型以及哪些路面可以行驶等。

4.1.2 高精地图与普通导航地图的区别

在汽车行驶时，打开导航地图通常会给驾驶人推荐几条路线，甚至会显示道路是否拥堵以及每条路线将花费多长时间、有无交通管制，如交通信号灯或限速标志等，驾驶人根据地图提供的信息可以决定接下来是直行、左转还是右转并对周围驾驶环境进行评估。而智能网联汽车缺乏驾驶人固有的视觉和逻辑能力，如驾驶人可以利用所看到的物体和 GPS 来确定自己的位置，还可以轻松准确地识别障碍物、其他车辆、行人及交通信号灯等，但要想让智能网联汽车变得和人类一样聪明，却是一项非常艰巨的任务。因此就需要高精地图的帮助。

高精地图是当前智能网联汽车技术不可或缺的一部分。通常道路上的车道线的宽度都在 10cm 左右，如果让行驶的车辆在完全智能网联的情况下避免压线，就需要地图的定位精准度到 10cm，甚至要低于该值。此外，高精地图还要反馈给车辆诸如道路前方信号灯的状态、道路前方的指示线是实还是虚以及限高判断、禁行等信息。因此，高精地图要能为行驶的车辆反馈精准的信息，以保证车辆安全、正常地行驶。它包含了大量的驾驶辅助信息，其中最重要的是道路网的精确三维表征，如交叉路口的布局和路标位置，如图 4-2 所示。

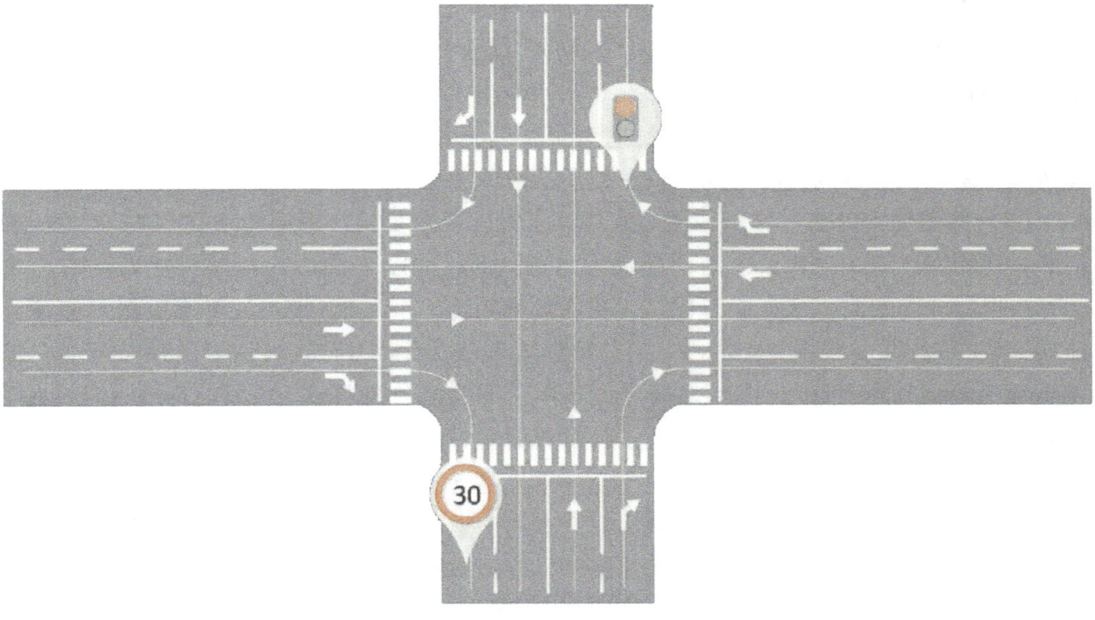

图 4-2 交叉路口和路标示意图

高精地图还包含很多语义信息，地图上可能会报告交通灯不同颜色的含义，也可能指示道路的速度限制以及左转车道开始的位置，如图 4-3 所示。

高精地图最重要的特征之一是精度，手机上的导航地图只能达到米级精度，而高精地图可以达到厘米级的精度，这对确保智能网联汽车的安全性至关重要。

总而言之，与一般电子导航地图相比，高精地图的不同之处具体体现在以下 5 方面：

(1) 精度 一般电子导航地图的精度为米级，商用 GPS 的精度为 5m。高精地图的精度达厘米级别（谷歌、HERE 等高精地图的精度在 10~20cm 级别）。

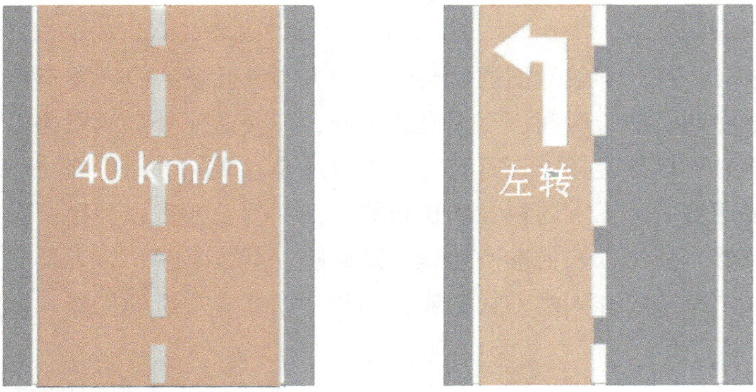

图 4-3　交通指示示意图

(2) 数据维度　传统电子地图只记录道路级别的数据，如道路形状、坡度、曲率、铺设及方向等。而高精地图（精度达厘米级）不仅增加了车道属性相关（车道线类型、车道宽度等）数据，还包括诸如高架物体、防护栏、树、道路边缘类型及路边地标等大量目标数据。此外，高精地图能够明确区分车道线类型和路边地标等细节。

(3) 作用和功能　传统电子地图主要用于辅助驾驶的导航，本质上与传统经验化的纸质地图是类似的。而高精地图通过“高精度+高动态+多维度”的数据，具有为智能网联汽车提供自变量和目标函数的功能。高精地图相比传统电子地图有更高的重要性。

(4) 使用对象　普通的电子导航地图面向驾驶人，是供驾驶人使用的地图数据，而高精地图是面向机器的供智能网联汽车使用的地图数据。

(5) 数据的实时性　高精地图对数据的实时性要求更高。根据博世在 2007 年提出的定义，智能网联汽车时代所需的局部动态地图（Local Dynamic Map）根据更新频率可将所有数据划分为四类：永久静态数据（更新频率约为 1 个月），半永久静态数据（频率为 1h），半动态数据（频率为 1min），动态数据（频率为 1s）。传统电子导航地图可能只需要前两者，而高精地图为了应对各类突发状况，需要更多的半动态数据以及动态数据来保证智能网联汽车的安全，这大大提升了其对数据实时性的要求。

高精地图=高鲜度+高精度+高丰富度。不论是动态化（高鲜度），还是高精度和高丰富度，其最终目的都是为了保证智能网联汽车的安全与高效。动态化保证了智能网联汽车能够及时地应对突发状况，选择最优的路径行驶。高精度确保了智能网联汽车发展的可行性，保证智能网联的顺利实现。高丰富度与机器的更多逻辑规则相结合，进一步提升了智能网联汽车的安全性。

4.1.3　高精地图的制作

高精地图的制作是个多传感器融合的过程，主要包括以下 8 种。

(1) 摄像头（Camera）　通过车载摄像头，可以捕捉到路面机器周围交通环境的静态信息，通过对图片中关键交通标志和路面周围关键信息的提取，完成对地图的初步绘制。车载摄像头主要通过图像识别和处理的原理进行工作，是高精地图信息采集的关键设备。

(2) 陀螺仪（IMU）　一般使用 6 轴运动处理组件，包含 3 轴加速度传感器和 3 轴陀螺仪。加速度传感器是力传感器，用来检查上下左右前后哪几个面都作用有多少力（包括重力），然后计算每个面上的加速度。陀螺仪是角速度检测仪，用来检测每个方向上的加速度。假设智能网联汽车以 z 轴为轴心，在 1s 内转了 90°，那么它在 z 轴上的角速度就是 90°/s。从加速度推算出运动距离需要经过两次积分，但凡加速度测量上有任何问题，在经过两次积分之后，位置错误便会积累，并导致位置预测错误，因此单靠陀螺仪并不能精准地预测智能网联汽车的位置。

（3）轮测距器（Wheel Odometer）　可以通过轮测距器推算出智能网联汽车的位置。汽车的前轮通常安装了轮测距器，分别记录左轮与右轮的总转数。通过分析每个时间段内左、右轮的转数，就可以推算出车辆向前行驶了多少距离，以及向左和右转了多少度等。可是由于在不同地面材质（如冰面与水泥地）上转数对距离转换的偏差，随着时间推进，测量偏差会越来越大，因此单靠轮测距器并不能精准预测智能网联汽车的位置。

（4）GPS　GPS 的任务是确定四颗或更多卫星的位置，并计算出它与每颗卫星之间的距离，然后用这些信息通过三维空间的三边测量法推算出自己的位置。要使用距离信息进行定位，接收机还必须知道卫星的确切位置。GPS 接收机储存有星历，其作用是告诉接收机每颗卫星在各个时刻的位置。在智能网联汽车复杂的动态环境里，尤其是在大城市中，由于各种高大建筑物的阻拦，GPS 多路径反射（Multi-Path）的问题会更加明显，这样得到的 GPS 定位信息很容易就有几十厘米甚至几米的误差，因此单靠 GPS 不可以制作高精地图。

（5）激光雷达（LiDAR）　光学雷达通过先向目标物体发射一束激光，然后根据接收—反射的时间间隔来确定目标物体的实际距离，再根据距离及激光发射的角度，通过简单的几何变化推导出物体的位置信息。LiDAR 系统一般分为三个部分：一是激光发射器，发出波长为 600～1000nm 的激光射线；二是扫描与光学部件，主要用于收集反射点距离与该点发生的时间和水平角度；三是感光部件，主要用于检测返回光的强度。由上可知，检测到的每一个点都包括了空间坐标信息和光强度信息。光强度与物体的光反射度直接相关，因此从检测到的光强度也可以对检测到的物体有初步判断。

（6）高精地图采集车　高精地图采集车包含较多复杂装备，包括上面提到的多种传感器，并以此来进行道路和静态交通环境数据的采集。下面分别介绍 ADAS 高精地图采集车和 HAD 高精地图采集车的配置情况。以下内容只是一般采集车的配置情况，不同地图服务商的具体设备配置情况可能略有差别。

1）ADAS 高精地图采集车。ADAS 高精地图的精度大约在 50cm 级别。如图 4-4 所示，ADAS 高精地图采集车的车顶安装有 6 个 CCD 摄像头。其中 5 个摄像头以圆形环绕，顶部有一个单独的摄像头，每个像素都是 500 万，总计 3000 万像素。车内前排乘员的位置有用于采集数据的显示屏，机箱在行李舱的位置，用于储存和处理数据。

2）HAD 高精地图采集车。如图 4-5 所示，HAD 高精地图的精度大约在 10cm 级别。HAD 高精地图采集车通过在其顶部装配 2 个激光雷达（位于后方）和 4 个摄像头（两前两后）的方式来满足所需要的 10cm 级别精度。两种方案搭配，能够完成标牌、障碍物及车道线等道路信息的三维模型搭建。

图 4-4　ADAS 高精地图采集车

图 4-5　HAD 高精地图采集车

4.1.4　高精地图的组成

高精地图由静态高精地图和动态高精地图组成。

除去实时移动的车辆、行人以及临时出现的事故等无法提前绘制的动态驾驶环境外，静态高精地图的绘制是当下行业内的工作基础，也是攻坚点。如图 4-6 所示，一套完整的静态高精地图需要包含语义信息的车道模型、道路部件（Object）、道路属性三类矢量信息以及用于多传感器定位的特征图层。

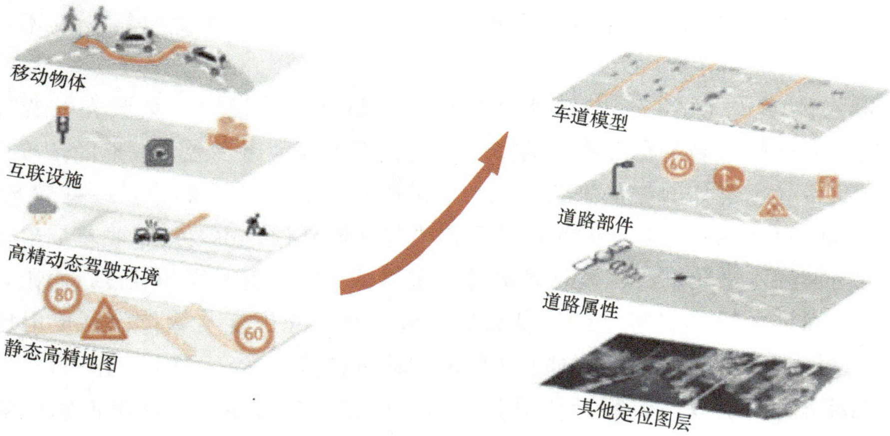

图 4-6　静态高精地图示意图

1）车道模型，即引导车辆从 A 地开往 B 地的道路规划，包括车道上的详细信息和连接关系。一套完整的高精地图应将车道上的中心线、车道线、车道变化属性点以及道路分离点和车道分离点等诸多与车辆行驶有关的信息绘制出来。

2）道路部件（Object），包括交通标志、指示牌、龙门架及路杆等位于路侧和路面上的各类物体，当车辆传感器探测到这些道路物体时，与地图进行对比，便可得知车辆的精确位置。

3）道路属性，包括道路的曲率、航向、坡度以及横坡，帮助车辆执行转向、加减速。

而那些动态数据，如道路是否拥堵、是否发生交通事故、交通管制情况及天气情况等，也需要实时更新。这些动态数据的测绘难度更高。不过随着越来越多的智能网联汽车上路，车与车实现互联，一旦有车辆检测到周围环境的变化，便可将信息上传至云端，这样其他智能网联汽车也能知晓路上的环境变化。显然，当下行业的重点是静态高精地图的绘制，动态高精地图的测绘则需要更长的时间才能实现。

高精地图的测绘相较于传统数字地图更加复杂，数据收集也更烦琐。目前专业的地图测绘车队在陆地上大多采用激光雷达等多传感器结合的方式、再配合 GPS 等卫星导航定位系统来提取道路信息。此外，也有众多初创企业以众包模式，通过低成本的传感器识别记录道路信息，再通过 GPS/INS 耦合，从正射影像图中获取相关地图信息，并结合自身算法在云端进行数据处理，绘制出高精度的导航地图。

4.1.5　高精地图的用途

1. 高精地图用于定位

高精地图是 Apollo 平台的核心，许多智能网联汽车的模块都依赖高精地图，有了高精地图，就需要在该地图上进行自定位，即智能网联汽车在地图上的确切位置，如图 4-7 所示。

图 4-7　智能网联汽车在地图上的具体位置示意图

车辆可能会先寻找地标，可以使用从各类传感器收集的数据，如摄像头图像数据、激光雷达收集的三维点云数据来查找地标。车辆将其收集的数据与其在高精地图上的已知地标进行比较。这一匹配过程是需要预处理、坐标转换及数据融合的复杂过程。预处理消除了不准确或质量差的数据；坐标变换将来自不同视角的数据转换为统一的坐标系；借助数据融合，可将来自各种车辆和传感器的数据合并，从而精确定位当前所处的位置。

一旦智能网联汽车高度精确地定位了自己的位置，定位任务也就完成了。整个过程取决于地图，正因如此，车辆需要高精地图以便知道它所处的位置。

2. 高精地图用于感知

智能网联汽车也可以使用高精地图来帮助感知，就像人的眼睛和耳朵会受到环境因素的影响一样，智能网联汽车的传感器也是如此。摄像头、激光雷达、雷达探测物体的能力，在超过一定距离后都会受到限制。在恶劣的天气条件下或在夜间，传感器识别障碍物的能力可能会受到进一步限制。另外，当车辆遇到障碍物时，传感器无法透过障碍物来确定障碍物后面的物体，如图 4-8 所示，这时，就需要借助高精地图的帮助了。

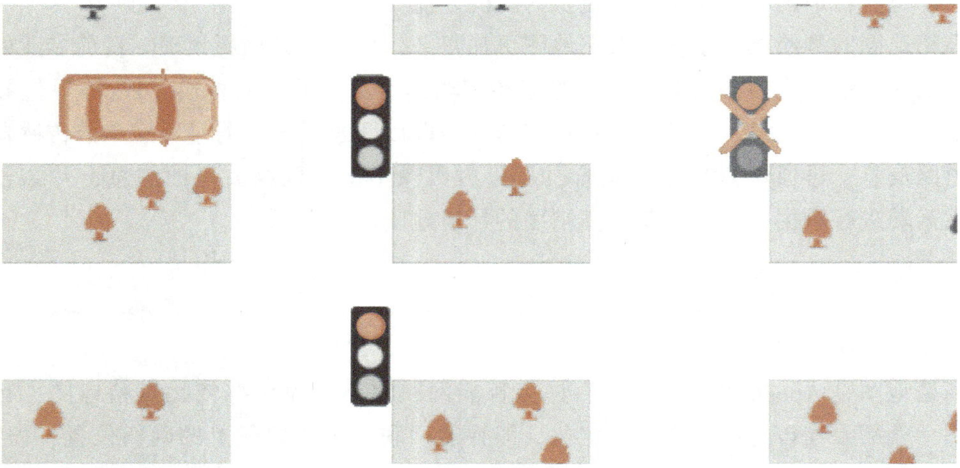

图 4-8　智能网联汽车无法透过障碍物确定其后面的物体

即使传感器尚未检测到交通信号灯，高精地图也可以将交通信号灯的位置提供给软件栈的其余部分，帮助车辆做下一个决策。

另一个好处在于，高精地图可以帮助传感器缩小检测范围，如高精地图可能会告知在特定位置寻找停车标志，传感器就可以集中在该位置检测停车标志，这就是高精地图所设置的感兴趣区域 ROI。ROI 可帮助提高检测精确度和速度，并节约计算资源。

3. 高精地图用于规划

正如定位和感知依赖高精地图那样，规划也是如此。高精地图可帮助车辆找到合适的行车空间，还可以帮助规划确定不同的路线选择，以帮助预测模块预测道路上其他车辆将来的位置，如图 4-9 所示。

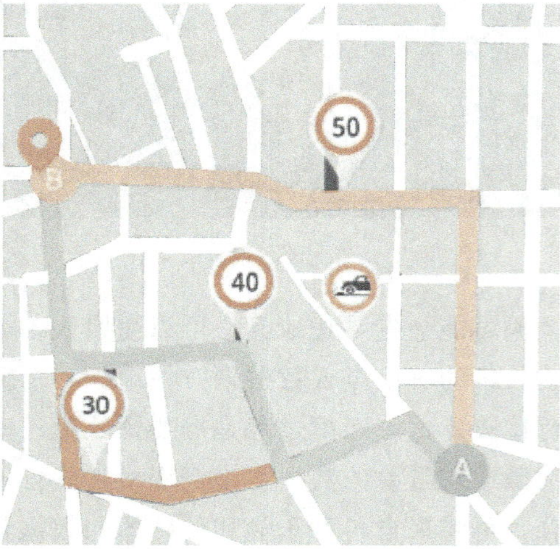

图 4-9　高精地图用于规划路线示意图

高精地图可帮助车辆识别车道的确切中心线，这样车辆可以尽可能地靠近中心行驶。在具有低速限制、人行横道或减速带的区域，高精地图可以使车辆能够提前查看并预先减速。如果前方有障碍物，车辆可能需要变道，高精地图可帮助车辆缩小选择范围，以便选择最佳方案。

4. 高精地图用于决策

复杂十字路口有安全岛，汽车在决策过程中需要参考安全岛等重要因素，汽车行驶至十字路口，高精地图会采集安全岛的信息，从而防止车辆冲上安全岛，避免交通事故的发生。

4.1.6　导航地图、ADAS 地图与智能网联地图

导航地图、ADAS 地图和自动驾驶 AD 所需要的地图各不相同。

1）对于导航地图而言，街道名称是比较重要的信息，但对于 ADAS 和 AD 地图并非如此。

2）道路曲率对于 ADAS 应用至关重要，对于智能网联也是必需的，但导航地图并不需要道路曲率数据。

3）道路的几何特征对于导航、ADAS 和 AD 地图都是适用的。

4）不同地图级别和地图精度的背后是不同级别的智能驾驶以及不同级别的精度需求，高精地图与导航地图的关联关系如图 4-10 所示。

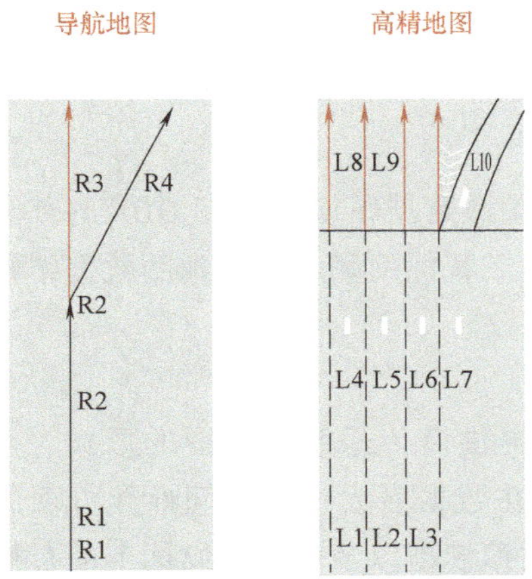

关联关系

导航道路	高精地图车道线
R1	L1,L2,L3
R2	L4,L5,L6,L7
R3	L8,L9
R4	L10

图 4-10　高精地图与导航地图的关联关系

4.1.7　高精地图的数据特征类型

与传统电子地图相似，高精地图的数据结构也是分层的。

（1）数据类型 1　即二维网格数据。高精地图的底层是一个基于红外线雷达传感器建立的精密二维网格，它的精度保证在 5cm×5cm 左右。网格中存储的数据包括可以行使的路面、路面障碍物及路面在激光雷达下的反光强度等。智能网联汽车可以通过将其传感器搜集到的数据与其内存中的高精度二维网格进行比对，从而确定车辆在路面的具体位置。

（2）数据类型 2　即路面语义信息。在二维网格参照系的基础上，高精地图还包括路面的语义信息，如道路标识线的位置和特征信息以及车道特征。这些路面语义信息可以发挥环境辅助感知作用。当传感器因为恶劣天气、障碍物以及其他车辆的遮挡不能可靠地分析出车道信息时，高精地图中的车道信息特征可以辅助车辆对车道信息进行更准确的判断，了解相邻车道之间是否可以安全变道。

（3）数据类型 3　即交通标识信息等。高精地图还包括道路标识牌、交通信号灯等相

对于二维网格的位置。其作用如下：

1）提前提示智能网联汽车在某些特定的位置检测相应的交通标示牌或者交通信号灯，提高检测速度。

2）在智能网联汽车没有成功检测出交通标示牌或者信号灯的情况下，确保行车安全。

4.1.8 地图数据模型

大多数汽车制造商与其供应商都会使用专有的地图数据模型，但基本都会受地理数据文件（GDF）规范的影响。GDF 规范首次于 1988 年 10 月作为 CEN（欧洲标准化委员会）标准发布。GDF 第 5 版于 2011 年发布，其目标是将数字地图广泛用于车辆导航系统、行人导航、ADAS、公路维护系统以及公路运输信息记忆远程信息处理。

GDF 地图数据模型使用以下三种实体：

1）要素（或物体），即点、线、面（简单要素）或点、线、面的不同组合（复杂要素）。

2）要素之间的关系，如子级、父级。

3）属性，即要素或者关系的属性。

地图数据模型本质上比较复杂。地图公司 Here 的关系数据库模式拥有 GDF 的部分元素，由 180 个表格组成，单一路段要素超过 200 个属性。智能网联所需的地图数据结构没有如此复杂，相应模式较为简单。

1. 交换数据模型和物理数据模型

GDF 数据模型和格式主要为交换格式，描述地图提供商传送数字地图的形式。车内程序直接使用 GDF 会非常复杂且低效。为了满足汽车在数据库大小与访问性能方面的要求，导航或者 ADAS 系统的机构都设计开发了自有的数据模型以及数据在媒体上的存储格式：物理数据模型（PDM）和物理存储格式（PSF）。基于这些不同的模式与格式，地图供应商提供的数据需要通过地图数据汇编转换为特定的物理存储格式。

2009 年大型汽车制造商以及 Tier1 供应商（一级供应商）建立了导航数据标准（NDS），设计了通用导航地图数据模型与格式。2012 年首批使用 NDS 的系统上市。这相当于对物理存储格式进行了标准化。自此，地图数据供应商可以向主机厂客户端传送数据，而不需要由一级导航提供商进行高价的数据编译。如图 4-11 所示，NDS 将地图数据组织成独立的构架模块。NDS 第一版仅支持与导航相关的构建模块，目前已经支持与 ADAS 相关的数据构建模块，并将其扩展为支持智能网联的内容。

2. 数据模型的时效性图层

数据模型的时效性图层如图 4-12 所示。数字地图模型需要考虑数据、关系与属性的时效特征。不同领域的数据过时的速率不同，并且需要专门的技术来收集和分发。例如，道路的几何形状很少会发生变化，不需要进行实时或者经常更新。而交通信息需要实时收集和分发。

3. 精确性

数据精度是高精地图的重要指标，其包括三种不同的精度类型。

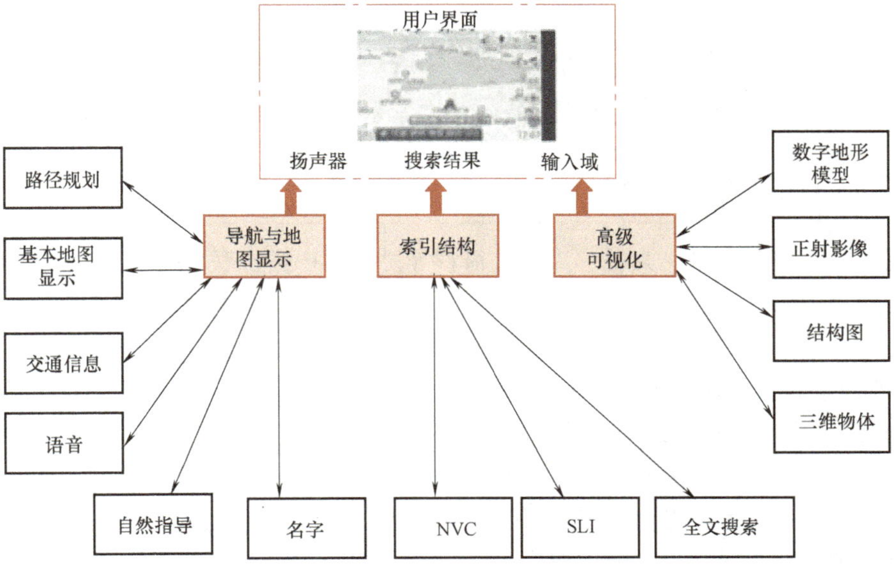

图 4-11 NDS 构架模块

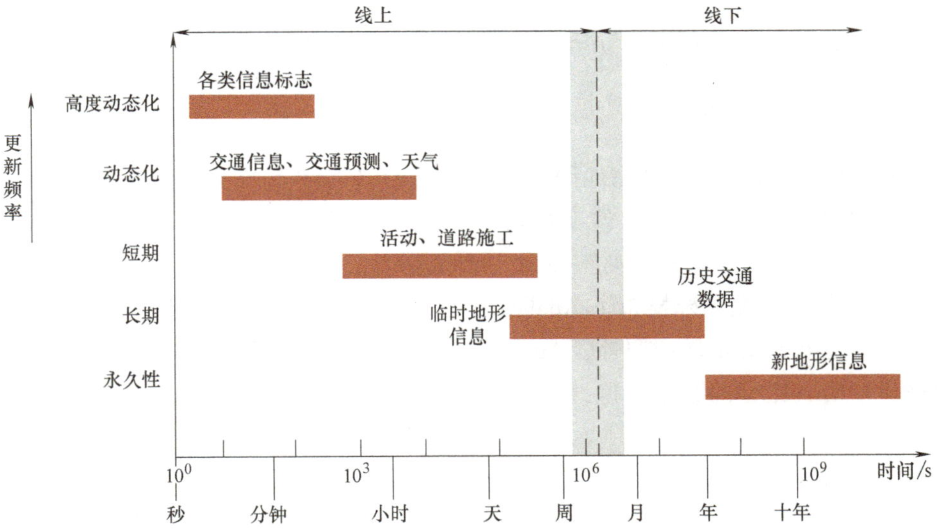

图 4-12 时效性图层

(1) 几何精度 它包括绝对几何精度和相对几何精度两种。

绝对几何精度是用于测量对象绝对位置与地图中标识的相同对象的位置之间的误差。导航地图的几何精度小于 10m，ADAS 地图的几何精度小于 1m，智能网联地图的几何精度小于 20cm。

相对几何精度是用于测量地图中附近物体之间相对位置的误差。智能网联地图在 100m 的距离中的相对位置误差要小于 20cm。

(2) 关系精度 它表示地图中捕获对象之间关系的精确程度。

(3) 属性值精度 该精度因特定应用程序的使用和属性以及程度而异。

4.2 百度高精地图

4.2.1 百度高精地图的制作

近些年，百度和宝马、奔驰、大众及福特等协作生产进行联合研发，侧面证明了车厂对百度高精地图的认可。经过多年的研究和车厂联合开发，百度地图的制作可以简化为以下流程：

1）外业采集，传送到内业借助 AI 算法，借助 AI 算法处理相关要素。

2）根据采集车采集回来的数据进行分类，校验准确性等。

3）人工验证阶段。算法只能保证 90%，为了保证百分之百，必须加入人工校验步骤，人工校验结束后可以发布。现在有三级别产品，包括高精地图、三维地图和语音识别地图，可以满足智能网联汽车的需要。

4）ADAS 地图广泛应用于货车行业和乘用车行业。货车运载四、五十吨货物，如果它能提前预知前方 1km 外的路况，就可以灵活地控制发动机，实现节省部分能耗。结合 ADAS 地图的货车能耗节省可达 30%。

4.2.2 百度开放高精地图服务

百度从 2013 年开始研究高精地图，具备完整的自主知识产权，拥有从采集设备到数据加工全流程自主技术研发能力的高精地图数据提供商。百度 Apollo 平台的高精地图具备“精细化程度高”“生产效率高”以及“覆盖广”三大优势。

2017 年 9 月，百度对外发布了 Apollo1.5 程序，对外开放了包括高精地图服务在内的五大能力。通过开放高精地图服务，Apollo 将帮助合作伙伴实现精准的自主定位，并为决策规划提供精确、充分的数据支持，从而让智能网联车辆掌握“全局视角”。

4.2.3 Apollo 高精地图

目前，Apollo 高精地图是业界精细化程度较高、生产率较高、覆盖面较广的高精地图。Apollo 高精地图的自动化程度已经达到了 90%，准确识别率达到了 95%以上，预计到 2020 年可以覆盖全国所有的重点道路。

高精地图有多种格式，为了方便数据共享，Apollo 高精地图采用了 OpenDRIVE 格式，这是一种行业制图标准。同时，Apollo 也对 OpenDRIVE 做出了改进，进而产生了 Apollo OpenDRIVE 标准，以便更适用于智能网联汽车。

1. Apollo 格式

百度高精地图数据格式采用 XML 文件格式的数据组织方式，根据百度智能网联业务需求拓展修改而成。

Apollo 高精地图文件的整体结构如图 4-13 所示。该高精地图基于国际通用的 OpenDrive 规范，并做了一定修改。一个空车运转（Opendrive）节点的背后，是一个标题

(header) 节点、路 (road) 节点与接合 (junction) 节点，每个类型的节点背后还有各自的细分。而道路线、道路连接处、道路对象都从属于 road 节点下。在 junction 节点下，有着较为复杂的数据处理方式：通过 connection road 将不同的两条道路连接起来，从而实现路口的数据呈现。介于路口的类型复杂，junction 也常常需要多种连接逻辑。OpenDrive 为高精地图提供了矢量式的存储方式，相比传统的堆叠式更省容量，在未来的云同步方面也拥有优势。

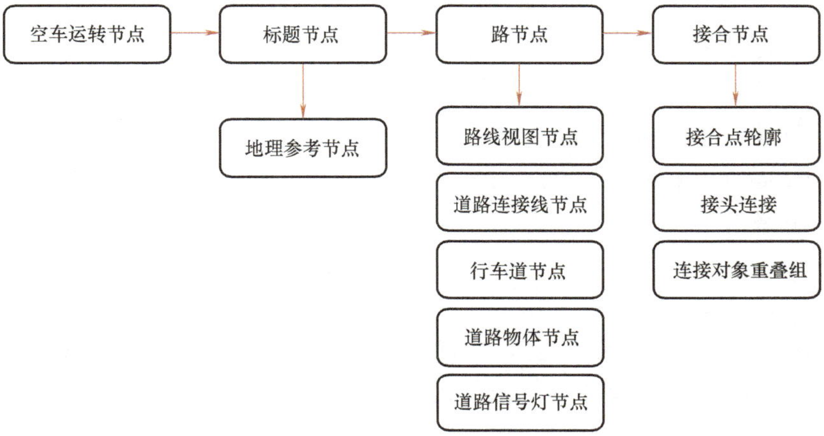

图 4-13 Apollo 高精地图文件结构

2. Apollo 坐标

百度高精地图坐标采用 WGS84 经纬度坐标表示。WGS84 是一种大地坐标系，也是目前广泛使用的 GPS 所采用的坐标系。

3. 车道

如图 4-14 所示，道路的参考线 (reference line) 存储在 ID 为 0 的车道中，其他车道只存储当前车道的一个边界。

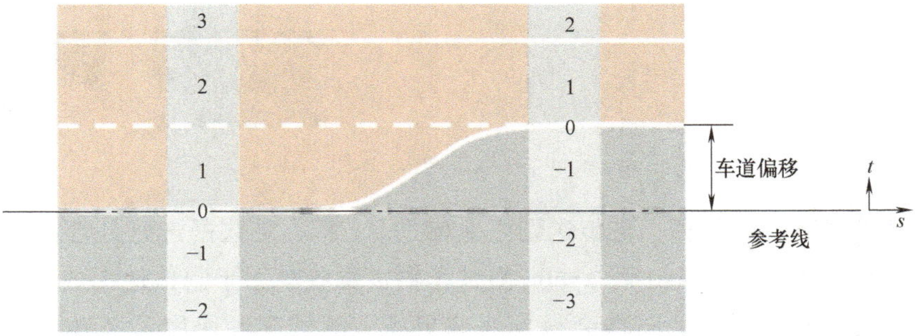

图 4-14 reference line 右侧的车道存储车道的右侧边界

车道 ID 的命名规则：

- lane section (车道组) 内是唯一的。
- ID 的数值是连续的。
- reference line 所在 lane 的 ID 为 0。
- reference line 左侧 lane 的 ID 向左侧依次递增 (+t 轴方向)。

· reference line 右侧 lane 的 ID 向右侧依次递减（$-t$ 轴方向）。

· reference line 必须定义在<center>节点内。

车道总数目没有限制，reference line 自身必须为 lane 0。

4. 路口区域

基本原理比较简单，如图 4-15 所示，路口区域用 junction 结构表达。在 junction 内，进路（incoming road）通过连接道路（connecting roads）与出路（out-going）道路相连。

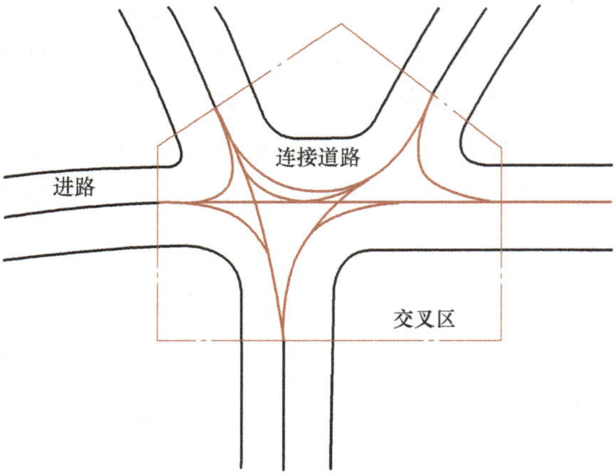

图 4-15　路口区域用 junction 结构表达

4.2.4　Apollo 高精地图的构建

如图 4-16 所示，Apollo 高精地图的构建由五个过程组成：数据源的采集、数据处理、目标检测、人工验证和地图产品的发布。

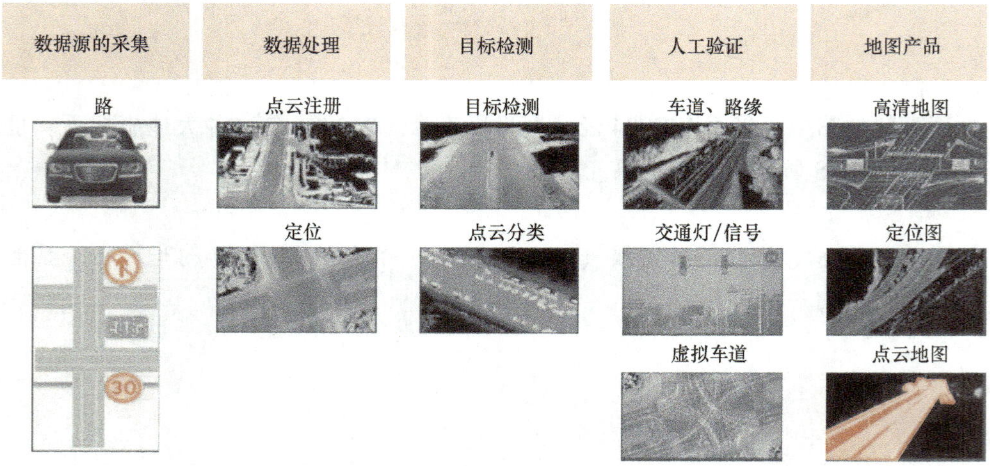

图 4-16　Apollo 高精地图五个过程示意图

首先通过采集车收集数据，再传送到内业借助 AI 算法对数据进行处理。数据采集是一项庞大的密集型任务，近 300 辆 Apollo 测试车辆负责收集用于制作地图的源数据，以便确保每次道路发生改变时，地图均会得到快速更新。测试车辆使用了多种传感器，如图 4-17 所示，包括 GPS/IMU、激光雷达及摄像头等。Apollo 定义了一个硬件框架，将这些传感器集成到单个自主系统中，通过支持多种类的传感器，Apollo 收集各类数据并将其融合，最终生成高精地图。

数据处理指的是 Apollo 对收集到的数据进行整理、分类和精简，以获得没有任何语义信息或注释的初始地图模板，如图 4-18 所示。

对于对象检测，Apollo 使用人工智能来检测静态对象并对其进行分类，其中包括车道

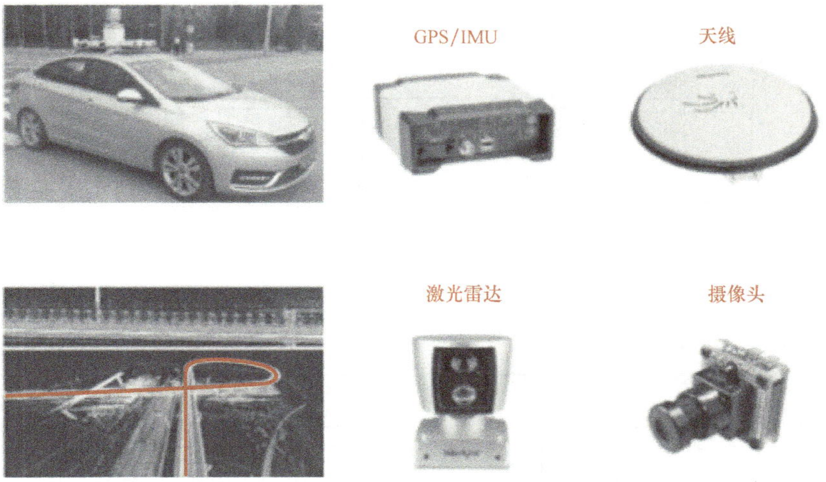

图 4-17　测试车辆使用的多种传感器

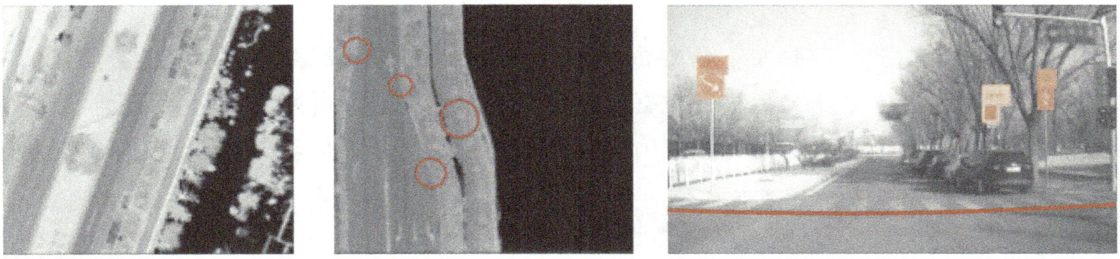
图 4-18　数据处理示意图

线、交通标志，甚至是电线杆。手动验证可确保自动地图创建过程正确进行并及时发现问题，Apollo 使手动验证团队能够高效标记和编辑地图。高精地图在经过数据采集、数据处理、对象检测及手动验证之后才能发布。

4.3　高精地图商业模式

4.3.1　转变模式

1. 转变交付模式，图商转型服务商

动态地图需要实时更新，这使得图商传统的销售离线许可的商业模式开始出现转变。如图 4-19 所示，为了满足高精地图的实时更新，需要多级发现采集体系，即采用自由专业采集体系、行业采集生态、社会采集生态多方融合的方式来完成。

自由专业采集体系是指图商自备的高精专业采集车、全景 ADAS 采集车上路采集，方法跟静态高精地图的产生一样。行业采集生态，是指如物流车、出租车等车辆上的 GPS、摄像头等传感器能传回实时的道路轨迹和路况信息，这也是现在导航地图中采集交通动态信息的方法之一。对于社会采集生态，众包模式，特别是 UGC 模式的重要性在未来将不断提高。

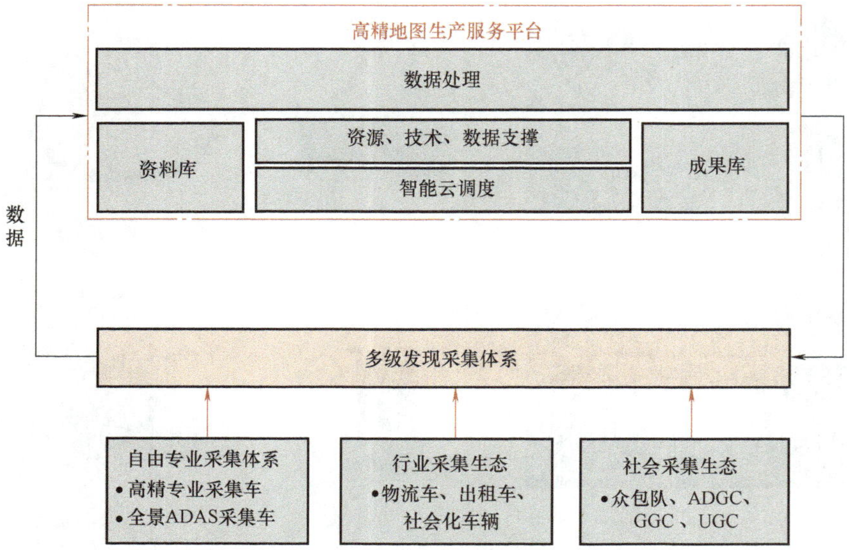

图 4-19 高精地图生成服务平台

在智能网联时代，每辆车上的激光雷达、摄像头等传感器都在实时采集道路信息，这些采集的信息上传至云平台后进行数据处理，通过激光点云识别技术、运用深度学习方法的图像识别技术以及大数据的处理能力实现自动化验证及人机交互式验证，从而实现动态高精地图的实时更新。

2. 转变合作模式，高精地图向 C 端延伸

除了向车厂或者智能网联出行服务商提供地理信息数据服务这种 B 端的业务，高精地图也会向 C 端延伸。因为地图是用户获取信息的核心入口之一，特别是在智能网联这种场景下，乘员通过车载地图搜索周边的商店、酒店及电影院等，选为目的地后让车辆自动行驶过去。甚至可以直接在地图上查看商店的评价，并下单支付，实现流量的多途径变现，从而将现在移动互联网的生态完美地移植到智能网联时代。

随着竞争和博弈的加剧，高精地图的行业生态可能会朝着以下情况发展：

1）如果 C 端收入丰厚，B 端收费下降甚至免费。如果 C 端业务的收入非常丰厚，那么用户量才是地图运营商最关心的，为了扩大用户量，肯定会降低 B 端的收费来扩大车厂前装的市场份额，甚至像手机导航 APP 一样最后变成免费。

2）车厂收购图商。高精地图处于智能网联的核心地位，且需要车辆实时与云平台同步。车厂为了不将数据传到第三方平台，同时为自身转型出行运营商奠定基础，可能会收购高精地图公司。例如奔驰、宝马、奥迪收购高精地图商 HERE，就是为了智能网联。

3）出行服务商自建高精地图。百度的高精地图是其整个智能网联开放平台的重要组成部分。而谷歌（Google）的高精地图目前只服务自己旗下的智能网联汽车，披露的信息也非常有限。还有其他一些出行服务商，如优步（Uber）等也在布局高精地图。

3. Mobileye 众包模式和谷歌集中模式的比较

目前主流的高精地图数据采集主要包括以 Mobileye 为代表的众包模式和以谷歌为代表的集中制图模式。

（1）Mobileye　它是众包模式制作高精地图的代表

Mobileye 要做的高精地图 Roadbook（路书）主要针对智能网联情景，该地图将重点放在路上的各种导流标志、方向标识及信号灯等，依靠这些建立的路标，从微观上在行驶过程中为车辆提供指引。这种收集方式可以改善由整到零的传统方式所带来的高成本、速度慢的缺点。为此，Mobileye 需要和整车厂合作，借助不同品牌大量的车辆上摄像头获取到的数据，以此作为地图的数据来源，从而能保证数据的更新率。随着车载传感设备的普及，地图制作的效率也会逐渐提升。众包模式相关厂商如表 4-1 所示。

表 4-1　众包模式相关厂商

厂商	高精地图数据采集方式
丰田	采用车载摄像头结合 GPS 获取道路数据，在云端通过自研的空间生成技术“com-sic”处理，最后生成地图
特斯拉	采用自身摄像头，基于三维稀疏、地面以为稠密的策略绘制高精地图
ABB+HERE	利用 LiDAR、摄像头及 GPS 等传感器和定位系统采集数据

（2）谷歌　它采用专业地图测绘车集中制图模式。

谷歌针对智能网联汽车，提出推出全新的高精地图，利用改造的丰田汽车，进行高精地图测绘，目前已经累积超过 120 万 mile 的智能网联里程。目前，该地图主要供自家的智能网联汽车使用。高精地图数据采集方式见表 4-2。

表 4-2　高精地图数据采集方式

厂商	高精地图数据采集方式
谷歌	主要用于采集 HAD 级别高精地图数据的采集车，其顶部通过装配 2 个激光雷达和 4 个摄像头的方式来满足所需要的 10cm 级别精度。两种方案搭配，能够完成标牌、障碍物及车道线等道路信息的三维模型的搭建
百度	自研地图数据采集车采用摄像头和 Velodyne 的 64 雷达，可以精确识别交通标志、地面标志、车道线、桥梁及灯柱护栏等
TOMTOM	TOMTOM 使用其测绘车的激光雷达设备捕捉了一种“深度地图”。这个系统会持续记录路边场景中变化的形状和距离，而并非试图识别出每个具体的物体。通过分析整段道路，系统即能够将智能网联汽车自身 LiDAR 传感器获取的数据与深度地图数据建立联系，计算出车辆位置

未来两种模式有望实现共存：以谷歌的高精地图为例，由于地图采集车造价过高，限制了地图数据大范围、高频率的采集更新，因此这部分数据仅作为高精地图基础数据，另外，高德计划利用阿里的菜鸟物流车、神州专车等半社会化商用车，以众包模式对高精地图实现数据补充。集中模式与众包模式的比较见表 4-3。

表 4-3　集中模式与众包模式的比较

类型	集中制图模式	众包模式
目标	强调地图的 3D 数据表现	适应当前智能网联阶段对地图的需求，通过版本迭代，循序渐进提升地图精度
特点	精度高、费用高、效率低	精度低、费用低、效率高

4.3.2 国内外高精地图研发企业

1. 国外高精地图研发企业

国外的高精地图研发企业主要有 HERE、TomTom 及 Waymo 等老牌图商，其中 Waymo 的高精地图目前仅用于自己的智能网联汽车，披露信息非常少。此外，由于美国的地图测绘政策限制较少，成为高精地图创业者的天堂，比较有名的初创公司有 DeepMap、CivilMaps、lvl 5 及 Carmera。初创企业往往有一个自己主打的算法技术，如 CivilMaps 能将 1T 的激光雷达点云数据压缩到 8MB，Carmera 融合摄像头和激光雷达的图像获得更好的传感效果等。但是云端的存储、运算、通信能力是初创企业普遍的短板。

如图 4-20 所示，HERE 的前身为美国地图公司 NAVTEQ，它于 2008 年被诺基亚以 81 亿美元的价格收购，并入旗下的 HERE 地图部门。2015 年 4 月，诺基亚宣布剥离 HERE 部门，吸引了宝马、奔驰、奥迪、谷歌、优步、脸书、百度、腾讯（联合四维图新）来竞标。最终由奔驰、宝马、奥迪临时组成的联合体全资收购 HERE，三家各占 1/3 的股权。HERE 的地图数据覆盖约 200 个国家，超过 4600 万 km。

在北美以及欧洲市场，HERE 地图为 80%有导航功能的轿车提供地图数据（2015 年数据），每年超过 1000 万辆新车安装了 HERE 服务，宝马、奔驰、丰田及日产均为其客户。

为了推进智能网联、高精地图联盟，HERE 先后引入了英特尔、博世、大陆、先锋的投资，涵盖了芯片、传感器等解决方案。它与英特尔合作联合开发一个高度可扩展的概念验证架构，支持高度和全面智能网联中的高清地图进行实时更新。双方还将探索物联网和机器学习领域的机会。与博世、大陆、先锋的合作，则使使用它们的车载传感器（激光雷达、毫米波雷达、摄像头等）实时更新地图成为可能。

HERE 的发展也从一个侧面折射出车企正在抱团迎接智能网联时代的转型。开始收购时，奥迪、宝马、奔驰为了收购而临时组成的松散联合体并不被外界看好，但是在收购后的三年时间里，HERE 的发展很不错，并且通过引入战略投资的方法深度绑定合作伙伴。车企的抱团也越发激烈，2018 年 3 月，奔驰和宝马宣布将两个公司的汽车共享、按需出行、网约车、泊车及充电这 5 大业务合并，成立合资公司，各占 50%股份，共同加速向出行服务商的转型。

2. 国内高精地图研发企业

和美国不同，我国有比较严格的地图测绘政策限制，目前拥有“导航电子地图资质”的企业有 14 家，分别是四维图新、高德、长地万方、凯立德、易图通、江苏省测绘工程院、国家基础地理信息中心、科菱航睿、光庭信息、浙江省第一测绘院、江苏省基础地理信息中心、灵图、立得空间信息和滴图科技。百度地图就是通过子公司长地万方开展导航电子地图测绘的。

国内的地图行业呈现三足鼎立的状况——百度地图、高德（阿里）和四维图新（腾讯），其背后是互联网巨头对地图入口的争夺。当然主机厂也不会将智能网联时代的附加红利拱手让给科技公司，如上汽一方面跟阿里成立了合资的斑马网络，开发车载操作系统，使用的是高德地图，另一方面又入股了高精地图初创公司中海庭，进一步表明上汽正式进入高精地图这一智能网联汽车核心技术领域的决心。

目前国内上述 14 家拥有“导航电子地图资质”的企业中，四维图新、高德、易图通等（见表 4-4）瓜分车载导航的前装市场，共占据 98%的市场份额。凯立德以 70%的市场占有率在后装市场一枝独秀，目前这些公司或已经被互联网巨头所收购，或被其入股。

表 4-4 具有甲级资质的图商代表

IT 公司	制图商	图商资质	收购事件
阿里	易图通	导航电子地图制作、地理信息系统工程和互联网地图服务甲级测绘资质	2010 年阿里以 3500 万美元收购其 60%股份
腾讯	科菱航睿	导航电子地图甲级测绘资质	2014 年腾讯以 6000 万收购
阿里	高德	导航电子地图测绘甲级资质，航空摄影甲级资质	2014 年阿里以 15 亿美元收购
腾讯	四维图新	导航电子地图甲级测绘资质	2014 年腾讯以 11.7 亿元持有四维图新 11.28%股份
百度	长地万方	导航电子地图甲级测绘资质	2013 年百度收购长地万方
小米	凯立德	导航电子地图制作甲级测绘资质	2014 年小米全资子公司以 8400 万入股凯立德

4.3.3 高精地图市场预测

我国车载地图市场分为前装和后装两部分。前装地图产品是指汽车出厂以前安装在整车上的地图产品，是原厂车本身的组成部分，集成良好，需要整车质保，质量要求高，价格相对也较高；后装地图产品是指汽车出厂以后，按照用户要求安装在整车上的车载地图产品，其特点是售价低，门槛低，履行差异化、个性化的路线。

随着车载电子前装化以及消费者对地图产品认知度的大幅提升，目前前装车载地图正逐渐向中低端车型渗透，挤压后装市场空间。根据相关数据显示，2015 年中国车载地图系统前装市场出货量达 371.2 万台，较 2014 年同比增长 47.8%。全球企业增长咨询公司弗若斯特沙利文咨询公司（Frost & Sullivan）的数据指出，从 2006 年到 2015 年，中国车载前装地图市场销量及装配率持续增长，从 2006 年 3.81% 的装配率一度增长至 2015 年的 17.6%，创下历史新高，如图 4-20 所示。由此可见，中国的前装车载地图市场发展迅猛且未来仍有广阔的空间。

国外高精地图单车价值约为 200 美金，随着智能网联汽车在 2020 年后的量产出现将迎来高速增长。由于国外高精地图发展相对更为成熟，相关市场估算更具参考价值，预计未来的十五年高精地图行业将迎来黄金发展期，到 2020 年高精地图市场价值有望达到 21 亿美元，2025 年市场价值将达到 94 亿美元。相比而言，国内高精地图商业模式尚未清晰，未来具体市场的大小难以预判，然而根据国内汽车市场约占全球车市 30%的份额，相信随着国内高精地图技术和商业模式逐渐成熟，国内高精地图市场也将不容小觑。

高精地图作为智能网联汽车领域的稀缺以及刚需资源，在整个领域扮演着核心角色，

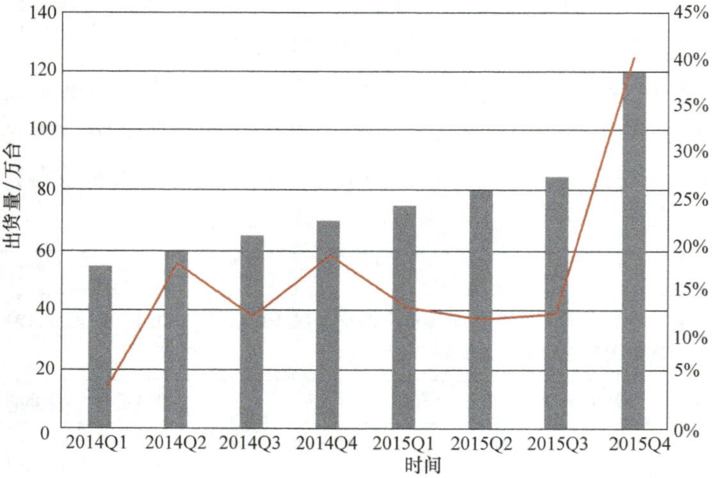

图 4-20　汽车地图系统前装市场增长迅速

可以帮助汽车预先感知路面复杂信息，结合智能路径规划，让汽车做出正确决策。由于高精地图涉及国家安全等多方面因素，目前拥有导航电子地图甲级资质的企业一共只有 14 家，且短时间内较难开放更多的牌照，阿里、腾讯、百度纷纷通过收购图商的方式拿到该资质。尤其是在传统前装地图领域，目前主要有四维图新（腾讯）、高德（阿里）和易图通（阿里）三家地图供应商，占据 99% 的前装地图市场份额。由于这三家地图供应商具有各自稳定的整车厂客户群体，整体前装市场格局很难发生较大改变。另外，高精地图的商业模式正逐步从图商向地理信息数据服务商转型，在此过程中还有很多问题需要克服，尤其是在后续地图服务费收取的问题上。

由于该商业模式还在探索中，很难给出准确的市场规模估计。假设仅通过向汽车制造商（或出行运营商）按年收取服务费，2017 年国内汽车保有量是 2.17 亿辆，按每辆车每年收 100 元服务费，市场规模超过 200 亿元。当然，这只是一个简单的假设，后面探索的道路还有很长。

4.4　高精地图的机遇与挑战

随着智能网联的发展，更多的汽车制造商、风投公司越来越认识到高精地图的重要性。奔驰、宝马和奥迪汽车公司投资 HERE 地图，福特、上汽投资了 Civil Maps 以及软银投资了 Mapbox 等一系列投资，说明了汽车行业和 IT 巨头们非常看重这些创新企业或者图商在未来的发展潜力。

同时，百度、阿里和腾讯公司通过收购、控股或入股的方式将几大数据商全部瓜分，在国内要抢占进入高精地图或导航电子地图资质的门槛，这些都给高精地图带来非常好的发展机遇。

在如此好的机遇下，高精地图的发展还面临以下挑战：

不同数据内容表达的精度是不同的，不同场景面临的精度要求也不同。例如道路宽度或道路车线精度为±10cm 时，在隧道里，就不一定要求±10cm 了，因为定位基本达不到。因此，不同的场景对精度的要求不同。这也与智能网联汽车的需求有密切关系。不同阶段的智能网联汽车，对高精地图的精度有不同的要求，如图 4-21 所示。由上可知，精度就是地图中一个可变的尺度，可高可低。

图 4-21　高精地图的精度要求

目前，无论是从图商还是车企角度来看，精度问题都没有非常准确的答案。

业界有一种说法，就是“相对精度做到 20cm”，这是许多车企和智能网联团队的需求，事实上，这个说法本身就有问题。因为在测绘界，“相对精度”是不会有一个绝对值的，它是一个量级百分比。例如，车线宽度的精度为±10cm，信息牌是±50cm，两者精度不同，但实际上它们的作用是一样的。这是因为车辆在道路上行驶时，从车辆本身看车线的精度，由于它离车线很近，可能就两三米远，这个时候±10cm 的误差影响很大。但是它离信息牌很远，可能有十几米，那么 50cm 的误差与车线的 10cm 误差，可能就是一样的。因此这种精度在表达时，如“相对精度 20cm”的表达就是不准确的。

第 5 章 Chapter 5

智能网联汽车路径规划

5.1 路径规划概述

5.1.1 路径规划的定义

路径规划通常是指全局的路径规划，也可称为全局导航规划。它是从出发点到目标点之间的纯几何路径规划，无关时间序列，无关车辆动力学。

避障规划又称为局部路径规划，又可称为动态路径规划或即时导航规划。它主要用于探测障碍物，并对障碍物的移动轨迹跟踪（MODAT）做出下一步可能位置的推算，最终绘制出一幅包含现存碰撞风险和潜在碰撞风险的障碍物地图，这个潜在的风险提示是 100ms 级，未来需要进一步提高，这对传感器、算法的效率和处理器的运算能力等都是极大的挑战。避障规划不仅考虑空间，还考虑时间序列，在复杂的市区运算量惊人，每秒浮点运算次数可能超过 30 万亿次，这是无人车难度最高的环节。未来还要加入 V2X 地图，避障规划会更复杂。但是加入 V2X 地图，基本可确保无人车不会发生任何形式的主动碰撞。

轨迹规划源自机器人研究，通常是指机械臂的路径规划。在无人车领域，轨迹规划的定义尚不统一。轨迹规划是在路径规划和避障规划的基础上，考虑时间序列和车辆动力学对车辆运行轨迹的规划，主要是车辆的纵向加速度和横向加速度的设定，并将设定交给执行系统，如转向、加速、制动。如果有主动悬架，则轨迹规划可能还要考虑地形因素。

路径规划是无人车最复杂的部分，算法多不胜数，让人眼花缭乱，同时也是百度、谷歌和苹果这些科技巨头要切入无人车领域的主要原因，因为这些科技巨头最擅长的是算法的优化整合。当然传统汽车制造商如福特和丰田，拥有对车辆动力学的绝对优势，在这些领域实力并不比科技巨头差，尤其是丰田，从开源 SLAM 到 KITTI，软件实力丝毫不亚于谷歌。

路径规划技术是智能网联汽车研究领域中的一个重要分支。智能网联路径规划示意图如图 5-1 所示。所谓智能网联汽车的最优路径规划问题，可以理解为依据某个或某些优化准则（如工作代价最小、行驶路线最短、行驶时间最短等），在其工作空间中找到一条从起始状态到目标状态的能避开障碍物的最优路径。

图 5-1　智能网联路径规划示意图

路径规划主要包含两个步骤：一是建立包含障碍区域与自由区域的环境地图；二是在环境地图中选择合适的路径搜索算法，快速实时地搜索可行驶路径。路径规划结果对车辆行驶起着导航作用，它引导车辆从当前位置行驶至目标位置，并且依据某种最优准则，在工作空间中能够寻找到一条可以避开障碍物的最优路径。

5.1.2 Apollo总结规划技术难点

1）车辆所处的环境复杂度高。障碍物的数量和种类多，传感器检测返回的数据繁杂，在高速公路上车辆能在1s内行驶30m，情况瞬息万变。

2）系统对规划模块的要求高。规划模块需要覆盖所有的ADAS场景，对模块计算的实时性和稳定性均有很高的要求。

3）一个全新的未知领域，能够从外界获得的信息有限。虽然有过去长期的积累，但是依然有很多难题需要解决。

5.1.3 路径规划技术分类

1）静态结构化环境下的路径规划：例如，图已绘制完成，在已有的图上进行路径规划，即已知地图进行全局规划。

2）动态已知环境下的路径规划：例如地图已知，但是地图中有一些可以移动的障碍物，这些障碍物在一定时间内的信息是未知的。

3）动态不确定环境下的路径规划：环境是未知的，要求机器人自己去生成一条路径，然后主动去探索环境。

5.1.4 路径规划算法分类

路径规划算法的两种分类方式如图5-2所示。

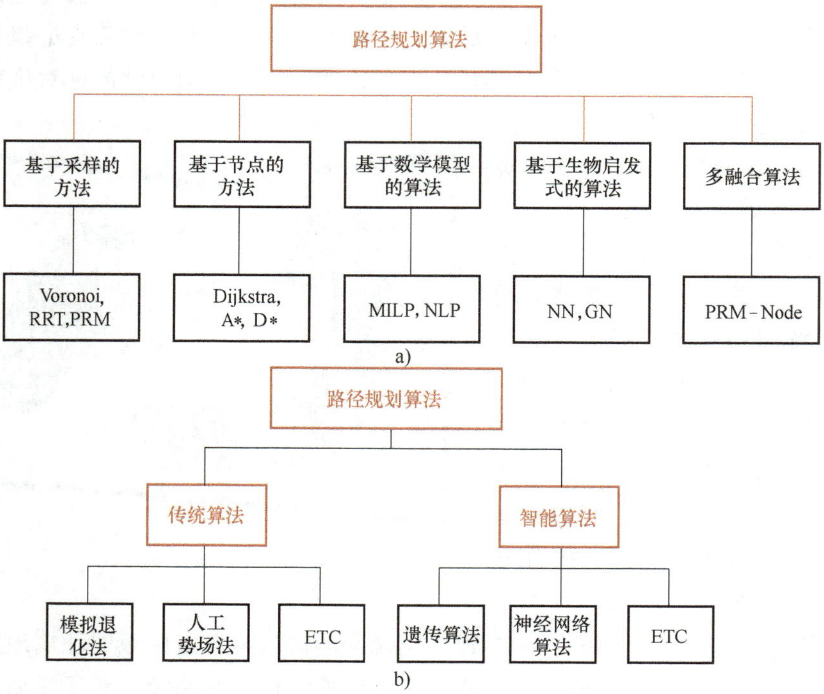

图5-2 路径规划算法的两种分类方式

5.2 A* 算法

A* 算法是一种在路网中求解最短路径的直接搜索寻优算法，其原理是引入估价函数，加快搜索速度，以提高局部择优算法搜索的精度，已成为当前较为流行的最短路径算法。

如图 5-3，从 A 点移动到 B 点，绕过障碍。

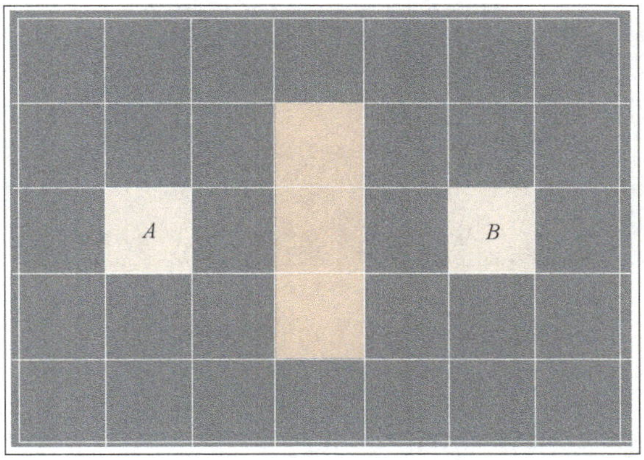

图 5-3　物体距离示意图

其方法就是划分空间，简化搜索区域。将空间划分为二维数组，数组中的每个元素代表空间中的一个栅格，可被标记为可行或不可行。未来的路径就是一系列可行栅格的集合。节点的概念涵盖了一系列可行栅格（或其他形状）。

步骤如下：

从初始点 A 开始，搜索其邻近节点，直到找到目标点。

(1) 步骤一　从初始点 A 开始，把一系列待考虑的节点放入 OpenList 里面，OpenList 中存放着一系列需要检查的节点（方格），如图 5-4 所示。首先检查起点周围的 8 个节点，给每个节点赋值 $F=G+H$，G 表示从初始点 A 到给定待检查节点的距离（可多种距离量度），H 表示从给定待检查节点到目标点 B 的距离（Heuristic 计算时忽略到达目标点会遇到的障碍）。

(2) 步骤二　找到 F 值最小的节点作为新的起点，将它从 OpenList 中删除，加入到 ClosedList 中的节点和不可行节点（即障碍），如果邻近节点已经在 OpenList 中，则比较从现节点到邻近节点的 G 值是否比原 G 值小，若是，则将现节点作为父节点；若不是，则不做改动。

(3) 步骤三　步骤二中的新节点未造成任何改动，继续在 OpenList 中寻找新的节点。重复步骤一和步骤二，如图 5-5 所示，直到找到目标点 B。

从目标点 B 回溯可以找到初始点 A，从而确定路径，如图 5-6 所示。$f(n)=g(n)+$

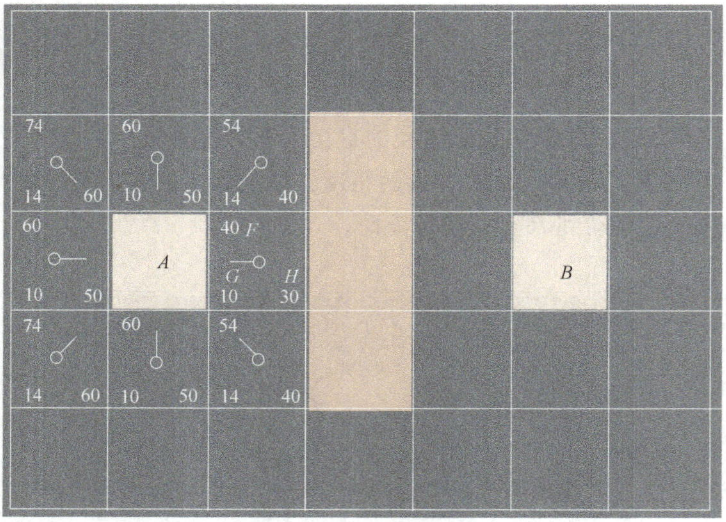

图 5-4 检查起点 *A* 周围的 8 个节点

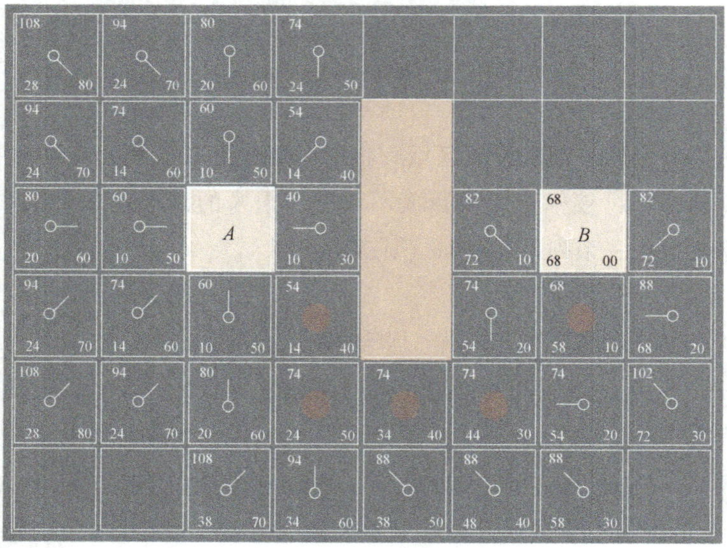

图 5-5 路径确定示意图

$h(n)$，其中 n 为在路径中的最后一个节点，$g(n)$ 是从初始点到 n 节点的代价，$h(n)$ 是用来估计从 n 节点到目标点代价的启发函数。评估函数由具体问题而定。为了寻找实际的最短路径，启发函数必须是可容许的，即启发函数永远不会对到达最近目标点的实际代价做出过高估计。

A*算法的特点： A*算法在理论上是时间最优的，但是也有缺点，它的空间增长是指数级别的。

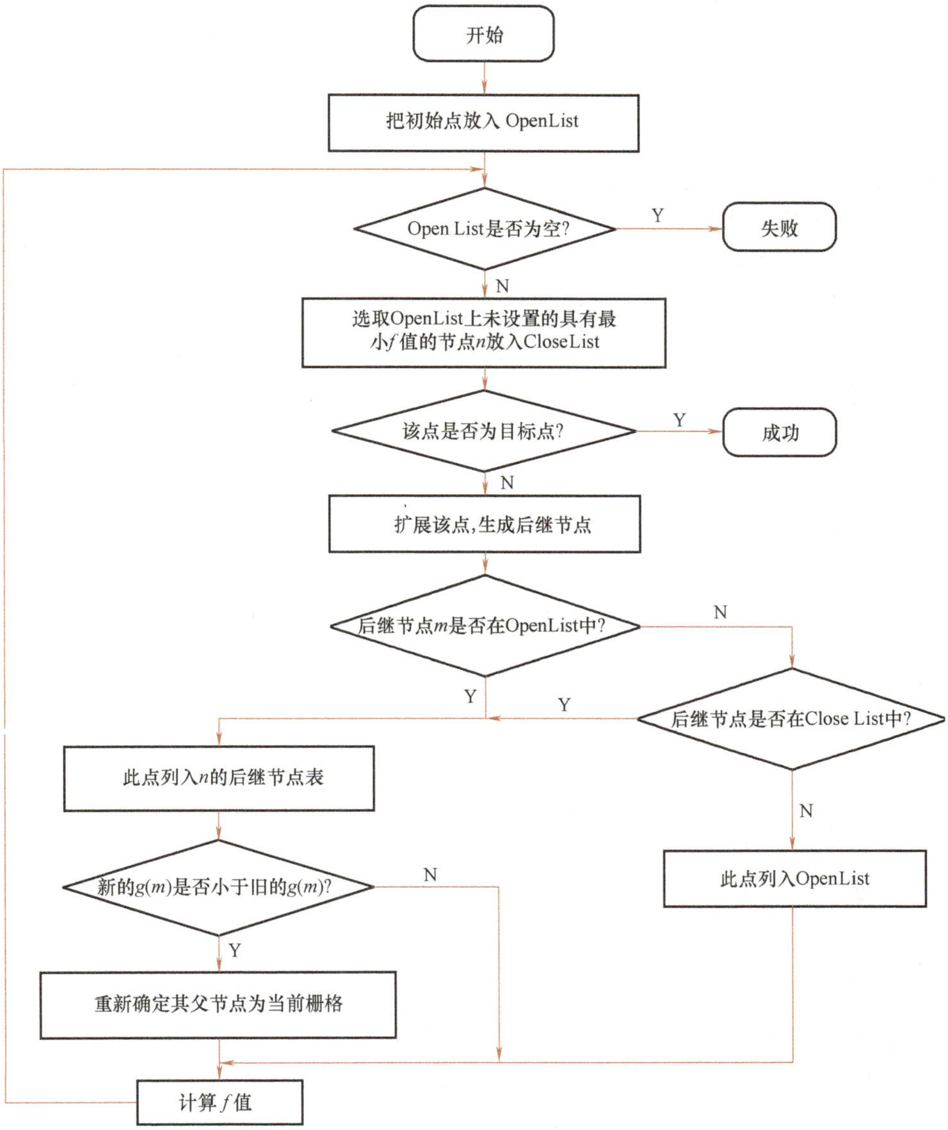

图 5-6　A* 算法流程图

5.3　Dijkstra 算法

Dijkstra 算法是一种典型的广度优先搜索算法。E. W. Dijkstra 于 1959 年提出了 Dijkstra 算法。它是一种按路径长度递增的次序产生最短路径的方法，是求解最短路径的经典算法之一。Dijkstra 算法是一种贪心算法。贪心算法的原则是在每一步都选择局部最优解，以期望产生一个全局最优解。它的突出优点在于不仅求出了起点到终点的最短路径及其长度，而且求出了起点到图中其他各节点的最短路径和长度，但由于它遍历计算的节点很多，所以效率低。

Dijkstra 算法的核心思想是：设置两个节点的集合 S_n 和 T_n，集合 S_n 中存放已找到最短路径的节点，集合 T_n 中存放当前还未找到最短路径的节点。初始状态下，集合 S_n 中只包含初始点，然后不断从集合 T_n 中选择到初始点路径长度最短的节点加入到集合 S_n 中。集合 S_n 中每加入一个新的节点，都需要修改从起始点到集合 T_n 中剩余节点的当前最短路径长度值。集合 T_n 中各节点新的当前最短路径长度值为原来最短路径长度中的较小者。不断重复此过程，直到集合 T_n 中所有节点全部加入集合 S_n 为止。

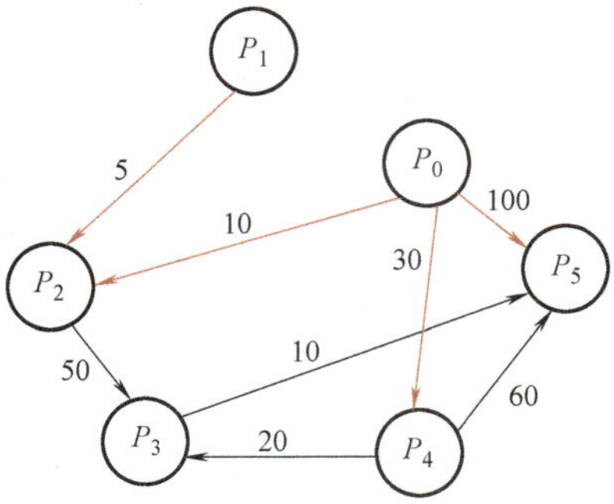

图 5-7　加权有向图

针对图 5-7 所示的加权有向图，表 5-1 中给出了用 Dijkstra 算法求解最短路径的过程。

表 5-1　Dijkstra 算法求解最短路径过程

序号	集合 S_n	集合 T_n	所选定节点	最短距离 Distance [1] [2] [3] [4] [5]
1	P_0	P_1,P_2,P_3,P_4,P_5	P_2	∞ ,10,∞ ,30,100
2	P_0,P_2	P_1,P_3,P_4,P_5	P_4	∞ ,0,60,30,100
3	P_0,P_2,P_4	P_1,P_3,P_5	P_3	∞ ,0,50,0,90
4	P_0,P_2,P_4,P_3	P_1,P_5	P_5	∞ ,0,0,0,90
5	P_0,P_2,P_4,P_3,P_5	P_1	P_1	∞ ,0,0,0,0
6	P_0,P_2,P_4,P_3,P_5,P_1			0,0,0,0,0,

Dijkstra 算法过程包含 3 个循环：第一个循环的时间复杂度为 $O(n)$，第二个和第三个循环为循环嵌套，因此总的时间复杂度为 $O(n^2)$。可以看出，Dijkstra 最短路径算法的执行时间和占用空间与图（或网）中节点数目有关。当节点数目 n 较大时，Dijkstra 算法的时间复杂度急剧增加。当图（或网）规模较大时，直接应用该算法就会存在速度慢或空间不够的问题。因此，在大的城市交通网络图中直接应用 Dijkstra 最短路径算法是很困难的。路径规划作为智能网联汽车导航系统的重要功能模块，其算法的优劣是非常重要的。评价该算法的主要性能指标是实时性和准确性。Dijkstra 算法作为经典的路径规划算法，在试验地图数据量较小的情况下会得到很好的规划结果，但在试验地图数据量较大的情况下很难满足路径规划的实时性要求。

由于 A* 算法加入了启发函数，用于引导其搜索方向，速度会比 Dijkstra 算法快不少。

5.4　人工势场法

人工势场法路径规划是由 Khatib 提出的一种虚拟力法。它的基本思想是将机器人在周围环境中的运动，设计成一种抽象的人造引力场中的运动，目标点对移动机器人产生“引力”，障碍物对移动机器人产生“斥力”，最后通过求合力来控制移动机器人的运动。

应用人工势场法规划出来的路径，一般来说是比较平滑且安全的，但是这种方法存在局部最优点问题。

为了解决这个问题，许多学者进行了研究，如 Rimon、Shahid 和 Khosla 等，他们期望通过建立统一的势能函数来解决这一问题。但这就要求障碍物最好是规则的，否则算法的计算量将很大，有时甚至是无法计算的。但是，从另一方面来看，由于人工势场法在数学描述上简洁、美观，这种方法仍然具有很大的吸引力。其内在的局限性主要体现在，当目标附近有障碍物时，移动机器人可能难以准确到达目的地。在以往的许多研究中，目标和障碍物都离得很远，当机器人逼近目标时，障碍物的斥力变得很小，甚至可以忽略，机器人将只受到吸引力的作用而直达目标。但在许多实际环境中，往往至少有不少于一个的障碍物与目标点离得很近，在这种情况下，当移动机器人逼近目标时，它也将向障碍物靠近，如果利用以往对引力场函数和斥力场函数的定义，斥力将比引力大得多，这样目标点将不是整个势场的全局最小点，因此移动机器人将不可能到达目标，这样就存在局部最优解的问题。如何设计“引力场”问题就成为该方法的关键。

5.4.1　引力场

常用的引力函数为

$$U_{\mathrm{att}}(q)=\frac{1}{2}\xi\rho^2(q,q_{\mathrm{goal}}) \tag{5-1}$$

这里的 ξ 是尺度因子，$\rho(q,\ q_{\mathrm{goal}})$ 表示物体当前状态与目标的距离。有了引力场，引力就是引力场对距离的导数，即

$$F_{\mathrm{att}}(q)=-\nabla U_{\mathrm{att}}(q)=\xi(q_{\mathrm{goal}}-q) \tag{5-2}$$

引力场模型如图 5-8 所示。

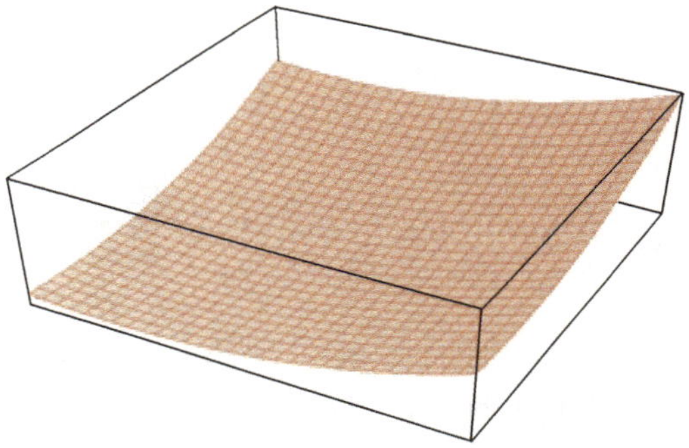

图 5-8　引力场模型

5.4.2　斥力场

传统的斥力场表达式为

$$U_{\mathrm{rep}}(q)=\begin{cases}\dfrac{1}{2}\eta\left(\dfrac{1}{\rho(q,q_{\mathrm{obs}})}-\dfrac{1}{\rho_0}\right)^2 & \rho(q,q_{\mathrm{obs}})\leqslant\rho_0\\ 0 & \rho(q,q_{\mathrm{obs}})>\rho_0\end{cases} \tag{5-3}$$

式中，η 为斥力尺度因子；$\rho(q,q_{\mathrm{obs}})$ 为物体和障碍物之间的距离；ρ_0 为每个障碍物的影响半径。换言之，离开一定的距离，障碍物就对物体没有了斥力影响。

斥力是斥力场的梯度，即

$$F_{\mathrm{rep}}(q)=-\nabla U_{\mathrm{rep}}(q)=\begin{cases}\eta\left(\dfrac{1}{\rho(q,q_{\mathrm{obs}})}-\dfrac{1}{\rho_0}\right)\dfrac{1}{\rho^2(q,q_{\mathrm{obs}})}\nabla\rho(q,q_{\mathrm{obs}}) & \rho(q,q_{\mathrm{obs}})\leqslant\rho_0\\ 0 & \rho(q,q_{\mathrm{obs}})>\rho_0\end{cases} \tag{5-4}$$

斥力场模型如图 5-9 所示。

总的场就是斥力场与引力场的叠加，也就是 $U(q)=U_{\mathrm{att}}(q)+U_{\mathrm{rep}}(q)$，总的力也是对

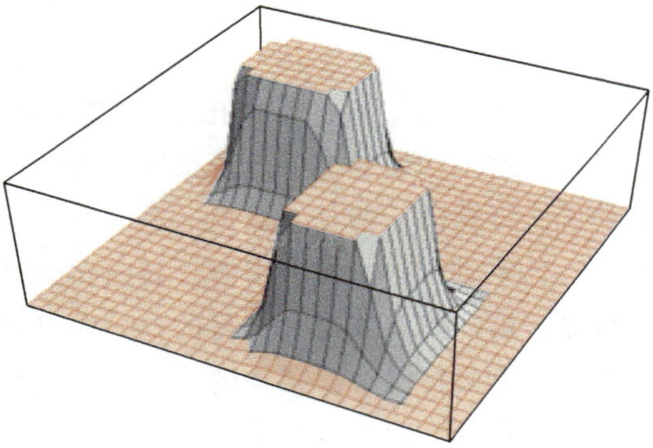

图 5-9　斥力场模型

应分力叠加，如图 5-10 所示。

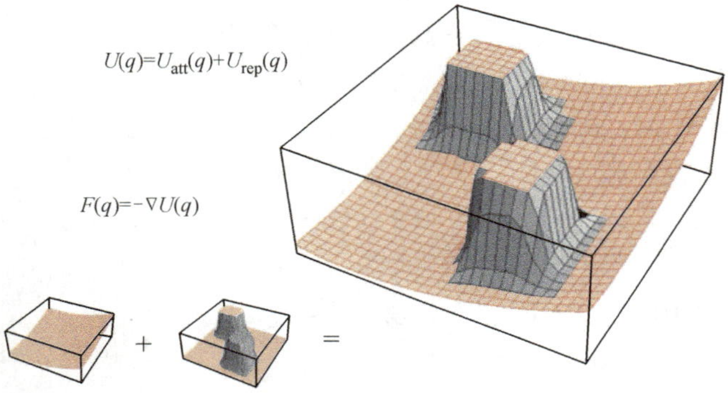

图 5-10　斥力场与引力场的叠加

斥力场的优点：简单实用，有良好的实时性；结构简单，便于底层的实时控制，在实时避障和平滑轨迹控制方面得到了广泛应用。

斥力场的缺点：当目标点距离较远时，引力将变得特别大，斥力相对较小，物体路径可能会碰到障碍物；当目标点附近有障碍物时，斥力将非常大，引力相对较小，物体很难到达目标点；在某个点，引力和斥力刚好相等，方向相反，物体容易陷入局部最优解或震荡。

5.5　快速搜索随机树

快速搜索随机树（Rapidly-exploring Random Trees，RRT），是一种多维空间中有效的规划方法，它本质上是一种随机生成的数据结构——树。RRT 算法是从起始点开始向外拓展的一个树状结构，而树状结构的拓展方向是通过在规划空间内随机采样节点确定的。它以一个初始点作为根节点，通过随机采样增加叶子节点的方式，生成一个随机扩展树（图 5-11），当随机树中的叶子节点包含了目标点或进入目标区域时，便可以在随机树中找到一条从初始点到目标点的路径。

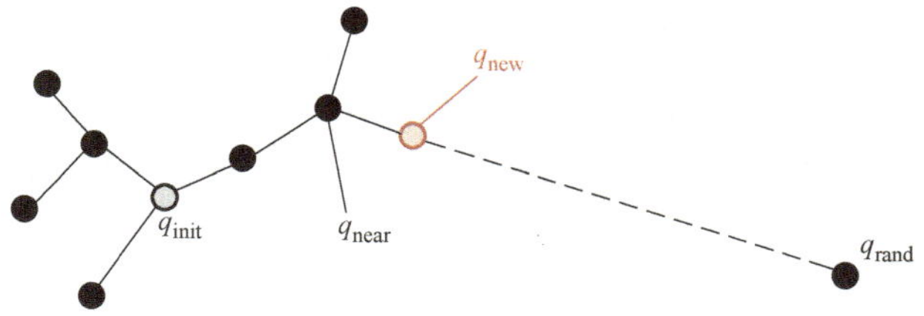

图 5-11　随机扩展树

(1) 节点扩展过程　快速搜索随机树的主体部分是节点的扩展过程。其扩展步骤是：

首先，在空间中随机采样一个节点 q_{rand}，然后在当前的树中找到距离该随机点最近的节点 q_{near}，以固定的步长从节点 q_{near} 向 q_{rand} 的方向拓展一步，得到新节点 q_{new}。接下来判断扩展边 q_{near} q_{new} 是否会和障碍物发生碰撞，如果不会，则新节点被添加到树中；如果会发生碰撞，则该节点会被舍弃。重复上述步骤，直至搜索到终点，则从起点到终点的一条路径就得到了。

(2) 快速搜索随机树的特点

1）优势：快。因为它是随机采样，不需要对空间中所有的点都进行搜索。不需要对障碍物空间进行精确建模。因为在碰撞检测时，只需要知道给定节点是否为障碍物就可以，而不需要知道障碍物的范围、形状、大小和精确的模型表示。在多维空间中更具优势。维数越高，节点状态就越多，对于传统路径规划方法，很容易导致维数灾难。而 RRT 为随机采样，只需要随机更多的维数，并不需要采样空间中的每个状态，因此维数的升高对 RRT 的效率并不会有太大的影响。

2）不足：最显著的一点就是，由于 RRT 采样的随机性，其得到的路径有很多冗余的节点，增加了路径的长度。当然，现在也有许多优化方法可以得到次优和最优的路径。

最常用也是最简单的优化方法是剪枝，即裁剪掉不必要的节点。如图 5-12 所示，a、b 两段可以用 c 来替换，由三角不等式可知，替换后的路径更短且中间的冗余节点可以被裁剪。

剪枝的方法非常实用，虽然已经有很多对 RRT 的改进方法，但在实时性上，这个简单的优化方法无疑是最快的，如图 5-13 所示。

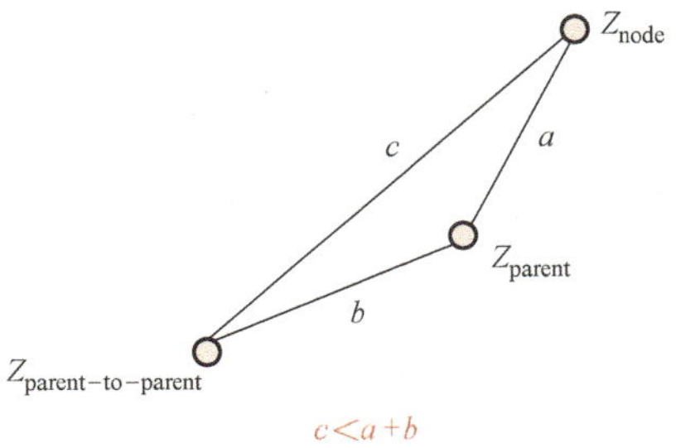

图 5-12　路径替换示意图

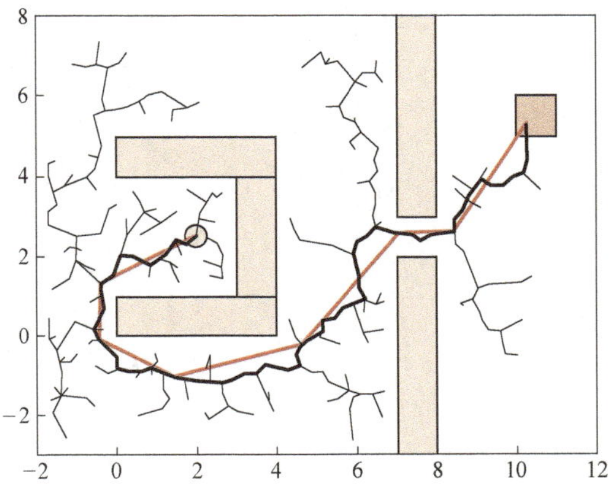

图 5-13　RRT 剪枝法

5.6 随机路径图法

5.6.1 随机路径图法概述

(1) 随机路径图法的定义 随机路径图法是基于图搜索的方法。随机路径图(Probabilistic Road Maps, PRM)就是在规划空间内随机选取 N 个节点，之后连接各节点，并去除与障碍物接触的连线，由此得到的一个随机路径图。

(2) 随机路径图法的特点

1) 优点：克服了以往一些路径规划方法易于陷入局部极小的缺点；可应用于多自由度机器人的路径规划中；计算量小。

2) 缺点：当采样点太少或者分布不合理时，PRM 法是不完备的，但是随着采用点的增加，也可以达到完备。因此 PRM 法是概率完备且不最优的。

(3) PRM 法路径规划步骤 用 PRM 法寻找给定地图中两点之间的路径，其规划步骤如下：

1) 学习阶段。在给定图的自由空间里随机撒点（自定义个数），构建一个路径网络图。

2) 查询阶段。查询从一个起点到一个终点的路径。

5.6.2 PRM 学习阶段

PRM 学习阶段包含两部分内容：构造无向路径网络图和扩充难于连线区域的点。

(1) 构造无向路径网络图 无向路径网络图可以表示为 $R=(N, E)$，其中“N”代表随机点集，E 代表所有可能的两点之间的路径集。

构造过程的伪代码如图 5-14 所示。

```
①  N ← ∅
②  E ← ∅
③  loop
④     c ← a randomly chosen free
        configuration
⑤     N_c ← a set of candidate neighbors
         of c chosen from N
⑥     N ← N ∪ {c}
⑦     for all n ∈ N_c, in order of
        increasing D(c,n) do
⑧       if ¬same_connected_component(c,n)
         ∧Δ(c,n) then
⑨              E ← E ∪ {(c,n)}
⑩              update R's connected
                components
```

图 5-14 构造过程的伪代码

具体考虑以下四个问题：

1）怎样随机撒点？（伪代码第④步）

① 必须是自由空间里的随机点。

② 每个点都要确保机器人与障碍物无碰撞。

2）怎么构造区域规划器、连接两点？（伪代码第⑧步）

① 保证区域规划器的确定性和快速性。

② 均衡单次调用的时间和总的调用次数。

③ 离散化局部路径，进行防撞检查。

3）通过何种规则来选取邻域点？（伪代码第⑤步）

① 领域点的距离在一定范围内。

② 领域点的个数有上限。

4）如何选择距离函数 D？（伪代码第⑦步）

定义 D（c，n）为 $D(c,n)=\max\limits_{x\in robot}\|x(n)-x(c)\|$ (5-5)

（2）扩充难于连线区域的点　该部分内容旨在找出那些在“困难”区域的点，并且扩充这一区域点的个数。通过给每个点引入权重系数 $w(c)$ 来决定哪些区域需要增加点。

启发式的权重选择法：

1）$w(c)$ 与一定半径范围内邻点的个数成反比。

2）$w(c)$ 与最近的没有和 c 相连点的距离成反比。

3）局部规划器与 c 点连接失败的概率成正比。

Lydia E 的文章中使用了第 3）种启发式算法，即

$$\left.\begin{aligned}r_f(c)&=\frac{f(c)}{n(c)+1}\\w(c)&=\frac{r_f(c)}{\sum_{a\in N}r_f(a)}\end{aligned}\right\}\tag{5-6}$$

上述第一个公式是计算局部区域规划器连接点 c 时失败的概率。其中 $n(c)$ 是试图连接点 c 的总次数；$f(c)$ 是失败的次数。

构造路径图所用的时间一般占学习阶段总时间的 2/3，而扩充点步骤一般占总时间的 1/3。

5.6.3　PRM 查询阶段

学习阶段已经构造了无向路径网络图 $R=(N,E)$，进入查询阶段后只需根据设定的起点 s 和终点 g，选择合适的路径，具体过程如下：

1）将 s 点和 g 点与路径网络中的两个点 x 和 y 分别连接。

2）寻找无向路径网络图中 x 与 y 连接的路径，这样就可以将起点和终点连接起来，构成全局路径。

3）得到全局路径后，可以使用平滑的方法寻找捷径，优化路径。

查询阶段主要的难点在于寻找 s 到 x 的路径和 g 到 y 的路径。可以采用局部规划器和

距离函数 D 结合的方法寻找。如果失败了，就采用 Random-Bounce 行走的方法寻找连接路径。随机路径示意图如图 5-15 所示。

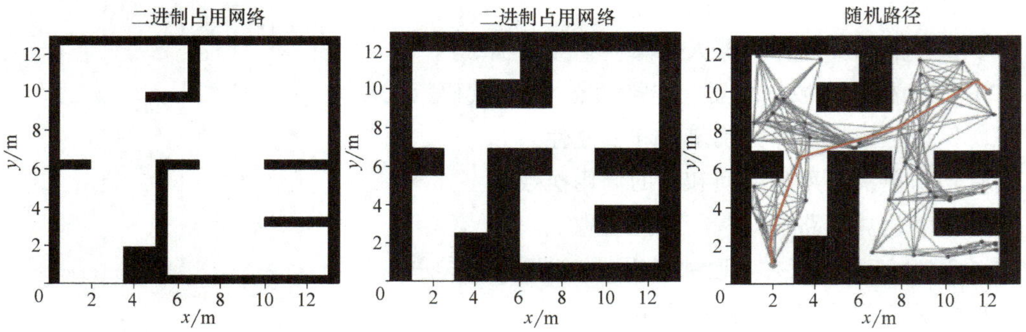

图 5-15　随机路径示意图

5.7　基于 Frenet 坐标系的动作规划方法

基于 Frenet 坐标系的动作规划方法是由 BMW 的 Moritz Werling 提出的，该方法在高速情况下的高级车道保持和智能网联方面都具有很强的实用性，是目前普遍采用的一种动作规划算法。

5.7.1　最优动作序列概述

对于横向控制而言，假定由于车辆因为先前躲避障碍物、变道或者其他制动原因而偏离了期望的车道线，那么此时最优的动作序列（或者说轨迹）是在车辆制动能力的限制下，相对最安全、舒适、简单且高效的轨迹。同样地，纵向的最优轨迹也可以这样定义：如果车速此时过快，或者太接近前方车辆，那么就必须减速，但是“舒适而又简单的”减速具体是指什么呢？这里可以使用 Jerk 这个物理量来描述，Jerk 即加速度的变化率，也即加加速度，通常来说，过高的加加速度会引起乘坐者的不适，因此，从乘坐的舒适性而言，应当优化 Jerk 这个量。同时，引入轨迹的制动周期 T，即一个制动的操作时间：$T=t_{end}-t_{start}$。

5.7.2　Frenet 坐标系

在 Frenet 坐标系中，使用道路的中心线作为参考线，使用参考线的切线向量 $\boldsymbol{t}$ 和法线向量 $\boldsymbol{n}$ 建立坐标系，如图 5-16b 所示，这个坐标系即为 Frenet 坐标系。它以车辆自身为原点，坐标轴相互垂直，分为 s 方向（即沿着参考线的方向，通常称为纵向）和 d 方向（即参考线当前的法向，称为横向）。相比于笛卡儿坐标系（图 5-16a），Frenet 坐标系明显简化了问题，因为在公路上行驶时，总是能够简单地找到道路的参考线（即道路的中心线），那么基于参考线的位置的表示就可以简单地使用纵向距离（即沿着道路方向的距离）和横向距离（即偏离参考线的距离）来描述，同样地，两个方向的速度（$\dot{s}$ 和 $\dot{d}$）

的计算也会变得相对简单。

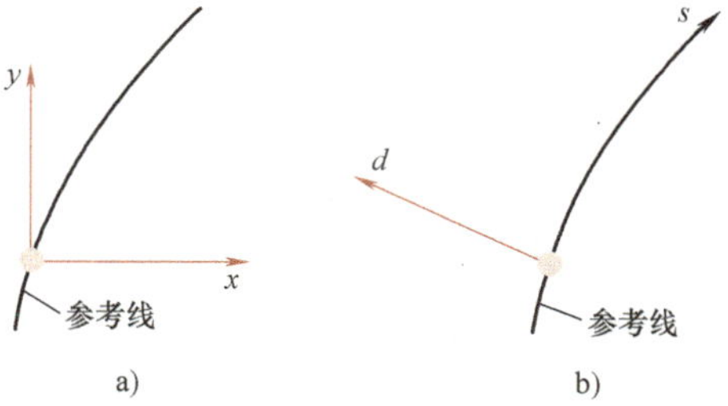

图 5-16　两个坐标系对比

a）笛卡儿坐标系　b）Frenet 坐标系

由上可知，动作规划问题中的配置空间共有三个维度：(s, d, t)。t 是规划出来的每个动作的时间点，轨迹和路径的本质区别就是轨迹考虑了时间这一维度。

Werling 提出的动作规划方法一个很关键的理念，是将动作规划这一高维度的优化问题，分割成横向和纵向两个方向上彼此独立的优化问题，如图 5-17 所示。

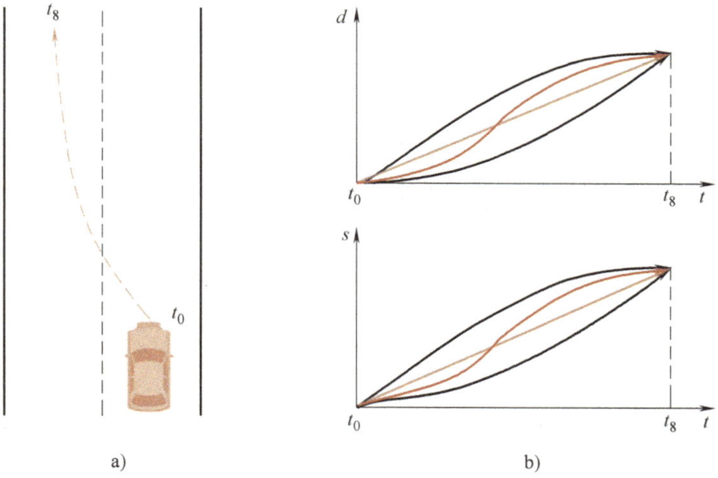

图 5-17　动作规划坐标图

假设上层（行为规划层）要求当前车辆在 t_8 越过虚线完成一次变道，即车辆需要在横向上完成一个 Δd 以及纵向上完成一个 Δs 的移动，则可以将 s 和 d 分别表示为关于 t 的函数，即 $s(t)$ 和 $d(t)$，那么 d 和 s 关于时间 t 的最优轨迹应该选择哪一条呢？通过这种转换，原来的动作规划问题就被分割成了两个独立的优化问题。对于横向和纵向的轨迹优化，选取损失函数 C，将使得 C 最小的轨迹作为最终规划的动作序列。而 Werling 方法中损失函数的定义，则与前面提到的加加速度 Jerk 相关。

5.7.3　Jerk 最小化和 5 次轨迹多项式求解

由于将轨迹优化问题分割成了 s 和 d 两个方向，Jerk 最小化可以分别从横向和纵向进行，令 p 为考量的配置（即 s 或 d），加加速度 J_t 关于配置 p 在时间段 $t_0 - t_1$ 内累计的 Jerk 的表达式为

$$J_t(p(t))=\int_{t_0}^{t_1}p(\tau)^2\mathrm{d}\tau \tag{5-7}$$

现在的任务是找出能够使得 $J_t(p(t))$ 最小的 $p(t)$，Takahashi 在其文章中已经证明，任何 Jerk 最优化问题中的解都可以使用一个 5 次多项式来表示，即

$$p(t)=\alpha_0+\alpha_1t+\alpha_2t^2+\alpha_3t^3+\alpha_4t^4+\alpha_5t^5 \tag{5-8}$$

要解这个多项式需要一些初始配置和目标配置，以横向路径规划为例，初始配置为 $D_0=[d_0, \dot{d}_0, \ddot{d}_0]$，即 t_0 时刻车辆的横向偏移、横向速度和横向加速度分别为 d_0、$\dot{d}_0$ 和 $\ddot{d}_0$，即可得方程组：

$$\begin{aligned}d(t_0)&=\alpha_{d0}+\alpha_{d1}t_0+\alpha_{d2}t_0^2+\alpha_{d3}t_0^3+\alpha_{d4}t_0^4+\alpha_{d5}t_0^5\\ \dot{d}(t_0)&=\alpha_{d1}+2\alpha_{d2}t_0+3\alpha_{d3}t_0^2+4\alpha_{d4}t_0^3+5\alpha_{d5}t_0^4\\ \ddot{d}(t_0)&=2\alpha_{d2}+6\alpha_{d3}t_0+12\alpha_{d4}t_0^2+20\alpha_{d5}t_0^3\end{aligned} \tag{5-9}$$

为了区分横向和纵向，使用 α_{di} 和 α_{si} 来分别表示 d 和 s 方向的多项式系数。同理，根据横向的目标配置 $D_1[d_1, \dot{d}_1, \ddot{d}_1]$ 可得方程组：

$$\begin{aligned}d(t_1)&=\alpha_{d0}+\alpha_{d1}t_1+\alpha_{d2}t_1^2+\alpha_{d3}t_1^3+\alpha_{d4}t_1^4+\alpha_{d5}t_1^5\\ \dot{d}(t_1)&=\alpha_{d1}+2\alpha_{d2}t_1+3\alpha_{d3}t_1^2+4\alpha_{d4}t_1^3+5\alpha_{d5}t_1^4\\ \ddot{d}(t_1)&=2\alpha_{d2}+6\alpha_{d3}t_1+12\alpha_{d4}t_1^2+20\alpha_{d5}t_1^3\end{aligned} \tag{5-10}$$

通过 $t_0=0$ 来简化这个六元方程组的求解，可直接求得 α_{d0}、α_{d1} 和 α_{d2}，分别为

$$\begin{aligned}\alpha_{d0}&=d(t_0)\\ \alpha_{d1}&=\dot{d}(t_0)\\ \alpha_{d2}&=\frac{\ddot{d}(t_0)}{2}\end{aligned} \tag{5-11}$$

令 $T=t_1-t_0$，剩余的三个系数 α_{d3}、α_{d4} 和 α_{d5} 可通过解以下矩阵方程得到：

$$\begin{pmatrix}T^3 & T^4 & T^5\\ 3T^2 & 4T^3 & 5T^4\\ 6T & 12T^2 & 20T^3\end{pmatrix}\times\begin{pmatrix}\alpha_{d3}\\ \alpha_{d4}\\ \alpha_{d5}\end{pmatrix}=\begin{pmatrix}d(t_1)-(d(t_0)+\dot{d}(t_0)T+\frac{1}{2}\ddot{d}(t_0)T^2)\\ \dot{d}(t_1)-(\dot{d}(t_0)+\ddot{d}(t_0)T)\\ \ddot{d}(t_1)-\ddot{d}(t_0)\end{pmatrix} \tag{5-12}$$

该方程的解可以在 Python 的 Numpy 中通过 np. linalg. solve 求得。至此，在给定任意的初始配置 $D_0=[d_0, \dot{d}_0, \ddot{d}_0]$、目标配置 $D_1=[d_1, \dot{d}_1, \ddot{d}_1]$ 及制动时间 T 的情况下，可以求得对应的 d 方向关于时间 t 的 5 次多项式的系数，同理，可以使用相同的方法来求解纵向（即 s 方向）的 5 次多项式系数。那么如何确定最优的轨迹呢？Werling 方法的思路是通过一组目标配置来求得轨迹的备选集合，然后在备选集合中基于 Jerk 最小化的原则选择最优轨迹。此处仍然以 d 方向的优化轨迹为例讲解。

可以取如下目标配置集合来计算出一组备选的多项式集合：

$$[d_1, \dot{d}_1, \ddot{d}_1, T]_{ij}=[d_i, 0, 0, T_j] \tag{5-13}$$

对于优化问题而言，实际上希望车辆最终沿着参考线（道路中心线）平行的方向行驶，因而令 $\dot{d}_i=\ddot{d}_i=0$，那么目标配置只涉及 d_i 和 T_j 两个变量的组合，而这两个变量在智能网联汽车的应用场景中实际上是受限的，可以通过定义（d_{min}，d_{max}）和（T_{min}，T_{max}）来约束目标配置的取值范围，通过 Δd 和 ΔT 来限制采样密度，从而在每一个制动周期获得一个有限的备选轨迹集合，如图 5-18 所示。

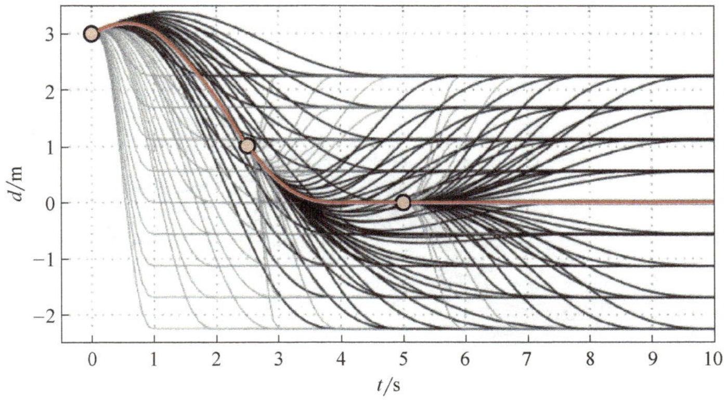

图 5-18　目标配置备选轨迹集合

要想在备选集合中选择最优轨迹，需要设计损失函数。对于不同的场景，损失函数也不相同。以横向轨迹为例，在较高速度的情况下，损失函数为

$$C_d=k_jJ_t(d(t))+k_tT+k_dd_1^2 \tag{5-14}$$

该损失函数包含三个惩罚项：

① $k_jJ_t(d(t))$——惩罚 Jerk 大的备选轨迹；

② k_tT——制动应当迅速，时间短；

③ $k_dd_1^2$——目标状态不应偏离道路中心线太远。

其中，k_j、k_t 和 k_d 这三个惩罚项的系数，它们的比值大小决定了损失函数更加注重哪一方面的优化，由此可以算出所有备选轨迹的损失，取损失最小的备选轨迹作为最终的横向轨迹。

值得注意的是，以上的损失函数仅适用于相对高速的场景。在极端低速的情况下，由于车辆的制动能力是不完整的，不再将 d 表示为关于时间 t 的 5 次多项式，损失函数也会略有不同，但是这种基于有限采样轨迹，通过优化损失函数搜索最优轨迹的方法仍然是一样的，这里不再赘述。

讨论完横向的轨迹优化问题，再来看看纵向的轨迹优化。在不同场景下，纵向轨迹优化的损失函数也各不相同，Werling 方法中将纵向轨迹的优化场景大致分成以下三类：①跟车；②汇流和停车；③车速保持。

这里详细介绍车速保持场景下的纵向轨迹优化。在高速公路等应用场景中，目标配置中不再需要考虑目标位置（即 s_1），因此在该场景下，目标配置仍然是（s_0，$\dot{s}_0$，$\ddot{s}_0$），目标配置变成了（$\dot{s}_1$，$\ddot{s}_1$）后，损失函数为

$$C_s=k_jJ_t(s(t))+k_tT+k_s(\dot{s}_1-\dot{s}_c)^2 \tag{5-15}$$

其中，$\dot{s}_c$ 是想要保持的纵向速度，第三个惩罚项的引入实际上是为了让目标配置中的纵向速度尽可能接近设定速度，该情景下的目标配置集为

$$[\dot{s}_1, \ddot{s}_1, T]_{ij} = [[\dot{s}_c + \Delta\dot{s}_i], 0, T_j] \tag{5-16}$$

即优化过程中的可变参数为 $\Delta\dot{s}_i$ 和 T_j，同样，也可以通过设置 ΔT 和 $\Delta\dot{s}_1$ 来设置轨迹采样的密度，从而获得一个有限的纵向轨迹集合，如图 5-19 所示。

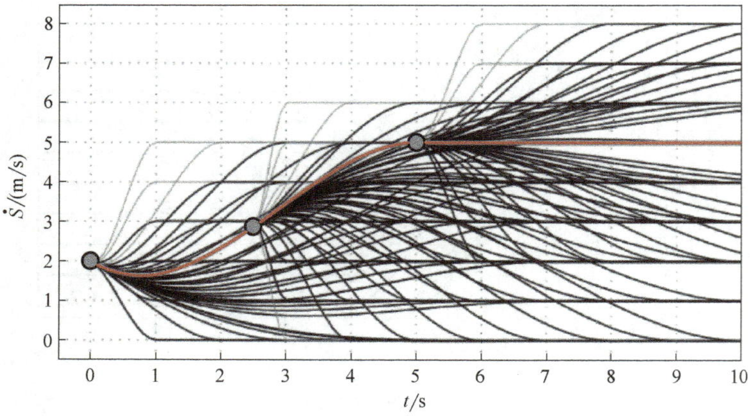

图 5-19 纵向轨迹集合

以上分别讨论了横向和纵向的最优轨迹搜索方法，在应用中，通常将两个方向的损失函数合并为一个，即

$$C_{total} = k_{lat} C_d + k_{lon} C_s \tag{5-17}$$

这样，就可以通过最小化 C_{total} 得到优化轨迹集合（不仅能得到“最优”的轨迹多项式参数，还可以得到“次优”“次次优”轨迹等）。

5.7.4 事故避免

显然，上面提及的轨迹优化损失函数中并没有包含关于障碍物躲避的相关惩罚，并且损失函数中也没有包含最大速度、最大加速度和最大曲率等制动限制，也就是说上述优化轨迹集合并没有考虑障碍物规避和制动限制等因素，没有将障碍物规避加入损失函数的一个重要原因在于碰撞惩罚项的引入将代入大量需要人工调整的参数（即权重），导致损失函数的设计变得复杂，Werling 方法将这些因素的考量独立出来，在完成优化轨迹以后进行。具体来说，就是在完成所有备选轨迹的损失计算以后进行一次轨迹检查，过滤掉不符合制动限制且可能碰撞障碍物的轨迹。具体检查内容如下：

1）s 方向上的速度是否超过设定的最大限速。

2）s 方向上的加速度是否超过设定的最大加速度。

3）轨迹的曲率是否超过最大曲率。

4）轨迹是否会引起碰撞（事故）。

通常来说，障碍物规避又和目标行为预测等有关联，本身即是一个复杂的课题，高级智能网联系统通常具备对目标行为的预测能力，从而确定轨迹是否会发生事故。

第6章 Chapter 6

智能网联汽车运动控制

6.1 运动控制系统概述

随着科学技术的发展以及高端技术的更新换代，汽车行业也进入高速发展的时代。最初汽车只是人们生活中的代步工具。随着汽车工业的飞速发展，人们逐渐意识到汽车带来的方便与快捷，汽车逐步发展成为日常生活中不可缺少的重要部分。智能网联汽车的设计开发指明了未来汽车电子化、信息化和智能化的发展方向。

传统汽车是一个闭环控制系统，包括人、车、路三个部分，其中人即驾驶人具有很大的可变性。智能网联汽车的诞生则彻底改变了这种不稳定的控制方式，它将具有可变性的驾驶人从传统的控制系统中剔除出去，可以在一定程度上提高道路安全性以及行车效率。现代智能网联汽车以汽车工业作为基础，依托飞速发展的科学技术和坚持不懈的技术创新，以人们生活的实际需要为目标，正朝着更加完善、可控性更强的方向发展。

智能网联汽车的控制系统分为纵向控制和横向控制。纵向控制包括对加速和制动的控制，以及对加速和制动控制的切换规则。在横向控制过程中，通常需要考虑车辆纵向速度、道路曲率以及未知干扰等诸多因素的影响。首先，考虑车辆的纵向速度对横向控制的影响，通过航向预估解决智能网联汽车在纵向速度发生变化时横向稳定性较差的问题，提高智能网联汽车对纵向速度的自适应能力。其次，考虑已知道路曲率和未知环境干扰时的横向控制，通过滑模变结构控制理论建立自动转向控制系统，采用前馈控制解决道路曲率对横向控制的影响，进一步添加反馈控制解决横向控制过程中由于未知干扰造成的航向偏差。最后，需要考虑环境信息与车辆约束的智能网联汽车路径跟踪。

下面将分别介绍智能网联汽车的加速控制和制动控制，并且阐述具体的切换规则，协调加速控制与制动控制。智能网联汽车采用加速和制动综合控制方法实现对预定速度的跟踪。根据预定速度和智能网联汽车实测速度的偏差，加速控制器和制动控制器根据各自的算法分别得到节气门控制量和制动控制量。切换规则根据节气门控制量、速度控制量和速度偏差选择加速控制或制动控制，未选择的控制系统回到初始位置，如按切换规则选择了加速控制，则制动控制执行机构将回到初始位置。此外，还会介绍转向控制。

6.2 线控节气门控制系统

节气门控制系统，是智能网联汽车最基本的控制系统，是实现智能网联汽车稳定、安全行驶最重要的部分，是反应智能网联汽车自动化及安全系数的关键技术之一。技术完善的智能网联汽车应具备以下功能：在面对复杂、未知的道路环境时，汽车在没有驾驶人的操作下，通过自身装载的雷达和各种传感器采集道路路况与四周环境等各方面的信息，在电控单元（ECU）的控制下能够平稳、安全地行驶，并到达所期望的目的地。正是有了节气门控制系统，智能网联汽车在行驶过程中才能随着周围路况与环境的变化，控制汽车节气门开度，调整汽车车速，保证汽车稳定、安全地行驶至目的地。

一般而言，增减节气门就是指通过加速踏板改变节气门的开度，从而控制可燃混合气的流量，改变发动机的转速和功率，以适应汽车行驶的需要。传统发动机节气门的操纵机构是通过拉索或者拉杆，一端连接加速踏板，另一端连接节气门连动板进行工作的。但这种传统节气门的应用范畴受到限制并缺乏精确性。电子节气门控制系统经过多年的发展，已经不是最初的电动机控制节气门，而逐渐发展成为根据加速踏板的位置，由 ECU 来决定节气门的开度以及喷油量、喷油时间间隔，早已实现了电子线控化，也就是线控节气门。

线控节气门的主要功能是把驾驶人踩下加速踏板的角度转换成与其成正比的电压信号，同时把加速踏板的各种特殊位置制成接触开关，把怠速、高负荷、加减速等发动机工况变成电脉冲信号输送给 ECU，以达到供油、喷油与变速等的优化自动控制。传统加速踏板与线控节气门控制系统的对比如图 6-1 所示。

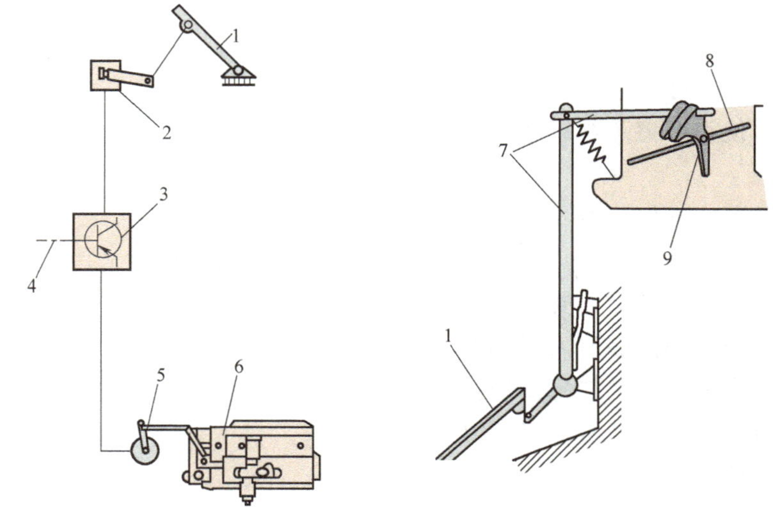

图 6-1　传统加速踏板与线控节气门控制系统对比

1—加速踏板　2—踏板位置传感器　3—ECU　4—数据总线　5—电动机

6—节气门执行机构　7—拉杆　8—节气门　9—连动板

线控节气门控制系统主要由加速踏板、踏板位移传感器、ECU、数据总线、电动机和节气门执行机构组成。

如图 6-2 所示，位移传感器安装在加速踏板内部，随时监测加速踏板的位置。当监测

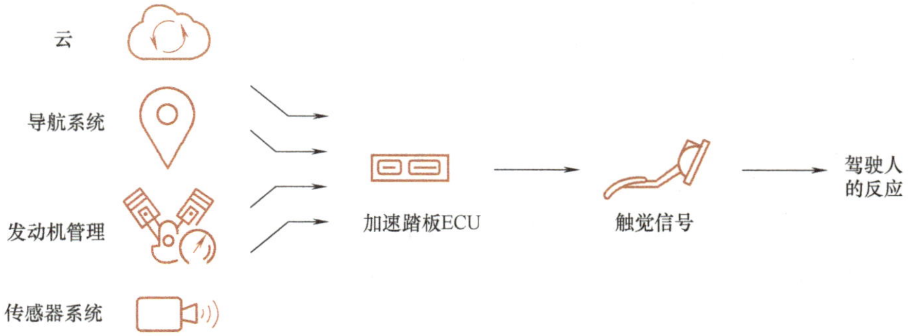

图 6-2　智能电子加速踏板

到加速踏板高度位置有变化时，会瞬间将此信息送往 ECU，ECU 对该信息和其他系统传来的数据信息进行运算处理，计算出一个控制信号，通过线路送到电动机继电器，电动机驱动节气门执行机构，数据总线负责系统 ECU 与其他 ECU 之间的通信。在自适应巡航中，改由 ESP（ESC）中的 ECU 来控制电动机，进而控制进气门的开度，最终控制车速。

线控节气门技术已成熟，应用广泛。对于传统燃油汽车，它基本是标准配置，而在混合动力汽车中也有线控节气门。

6.3 制动控制

传统制动系统主要由真空助力器、制动主缸、储液器、制动轮缸及制动器构成。当踩下制动踏板时，储液罐中的制动液进入主缸，然后进入轮缸。

如图 6-3 所示，制动轮缸两端的活塞推动制动蹄向外运动进而使得摩擦片与制动鼓发生摩擦，从而产生制动力。

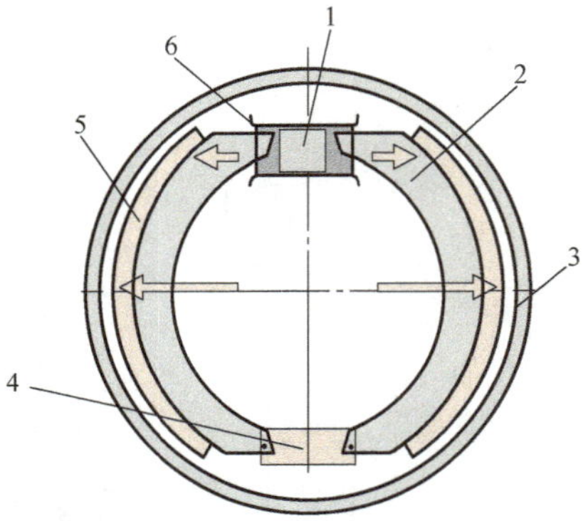

图 6-3　鼓式制动器示意图

1—制动轮缸　2—制动蹄　3—制动鼓
4—顶杆　5—摩擦片　6—活塞

当驾驶人踩下制动踏板时，机构会通过液压把驾驶人脚上的力量传递给车轮。但实际上要想让汽车停下来需要较大的制动力，要比人腿的力量大很多。因此制动系统必须能够放大腿部的力量，要做到这一点有两个办法：一是杠杆作用；二是利用帕斯卡定律，用液力放大。制动系统把力量传递给车轮，给车轮一个摩擦力，然后车轮也相应地给地面一个摩擦力。

杠杆作用：在杠杆的左边施加一个力 F，杠杆左边的长度（$2X$）是右边（X）的两倍。因此在杠杆右端可以得到左端两倍的力 $2F$，但是它的行程 Y 只有左端行程 $2Y$ 的一半。制动踏板就是个杠杆。考虑到踏板的倾斜度，一般踏板的设计行程不超过 18cm。

液体是无法被压缩的，密闭容器里的液体的压力有个特点，就是无论是液体内部还是压向容器壁的力，到处都一样大，即帕斯卡定理。

由于液体无法压缩，这种方式传递力矩的效率非常高。液压传力系统最大的好处是可以以任何长度，或者变成各种形状绕过其他部件来连接两个液压缸。另外液压管路可以分支，这样一个主缸就可以被分成多个副缸。液压的另一个作用就是放大力矩。如果轮缸的直径是主缸直径的 3 倍，那么给主缸上面施加任何一个力，就会在轮缸上放大 9 倍。主缸的活塞推动 9cm，轮缸的活塞推动距离只有 1cm。通常轿车的主缸直径是 22mm，前轮缸直径是 32mm，后轮缸直径是 28mm。图 6-4～图 6-7 所示为轮缸在工作时的不同工作状态。

材料的类型决定了摩擦因数，如橡皮与橡皮之间就比钢与钢之间更难滑动。摩擦力与物体接触面上的正压力成正比。如果摩擦因数为 0.1，一个物体重 100kg，另一个物体重 400kg，那么如果要在平地上推动它们就必须给 100kg 的物体施加一个 $10g$（g 为重力加速度）的力，给 400kg 的物体施加一个 40g 的力才能克服摩擦力前进。

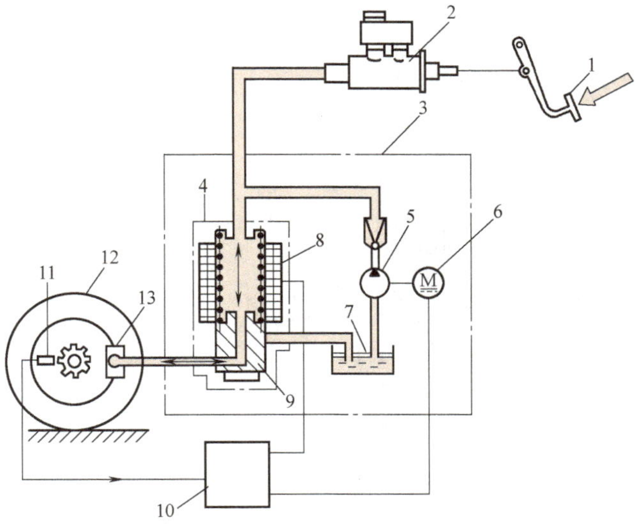

图 6-4　常规工作状态

1—加速踏板　2—制动主缸　3—液压部件　4—电磁阀　5—液压泵　6—电动机
7—储液器　8—线圈　9—柱塞　10—ECU　11—轮速传感器　12—车轮　13—制动轮缸

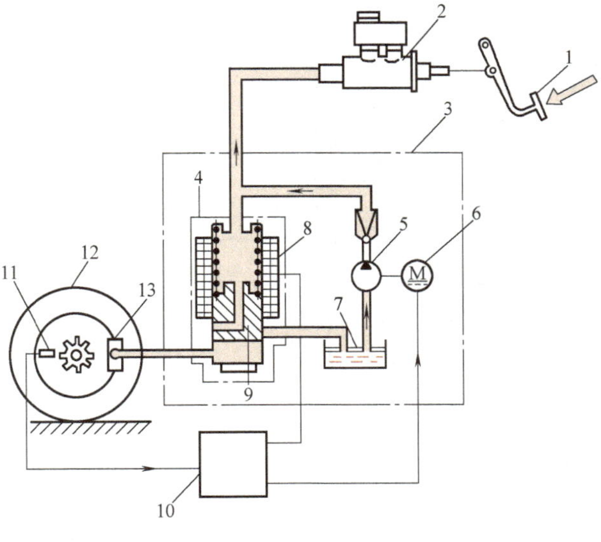

图 6-5　保压过程

（图注同图 6-4）

ESP 与 ABS 非常接近，与 ABS 最大的不同在于 ESP 可以在没有踩制动踏板的情况下向制动轮缸输出制动压力，ABS 只能在踩下制动踏板后从主缸向轮缸输出压力。压力生成器就是电动机和柱塞泵，与 ABS 相比多了 4 个柱塞泵、4 个电磁阀，也就是 VLV 和 USV。

如图 6-8 所示，ESP 增加了两个特殊功能，一个是 ACC 自适应巡航，即 ESP 可以部

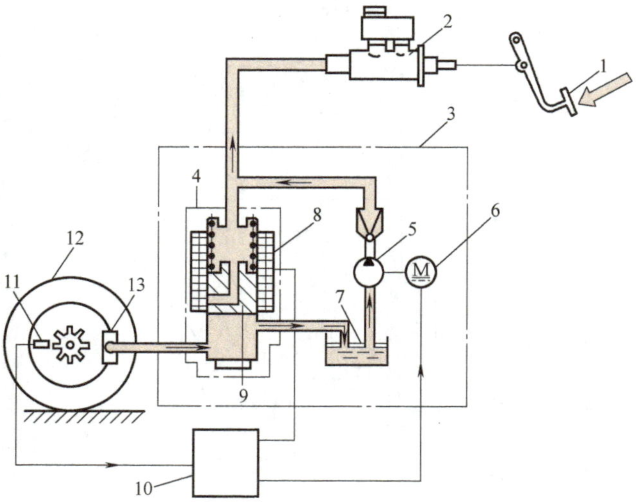

图 6-6 减压过程

（图注同图 6-4）

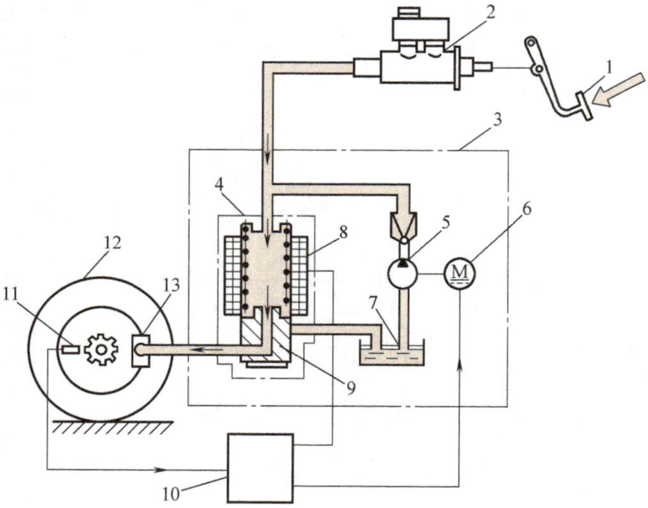

图 6-7 增压过程

（图注同图 6-4）

分控制电子节气门；另一个是 AEB（自动紧急制动），即 ESP 可以部分控制制动系统。有些人认为 ESP 既可以控制节气门又可以控制制动，是个很好的线控系统。但是国内厂家一般只开放 ACC 和 ESP 量产接口协议，制动力度最大为 0.5g，标准的制动力度在 0.8g 以上，0.5g 远不够用。ESP 控制制动系统只是在少数紧急情况下使用，可能 1 年用不了几次，每一次使用，柱塞泵都要承受高温高压，频繁使用，会导致柱塞泵发热严重，精密度下滑，导致 ESP 寿命急剧下滑，常规制动系统 1h 就可能使用数次，如果用 ESP 做常规制动系统，可能 1 个月就失效了。

如何做到常规的线控制动，这就得从真空助力器（图 6-9）说起。

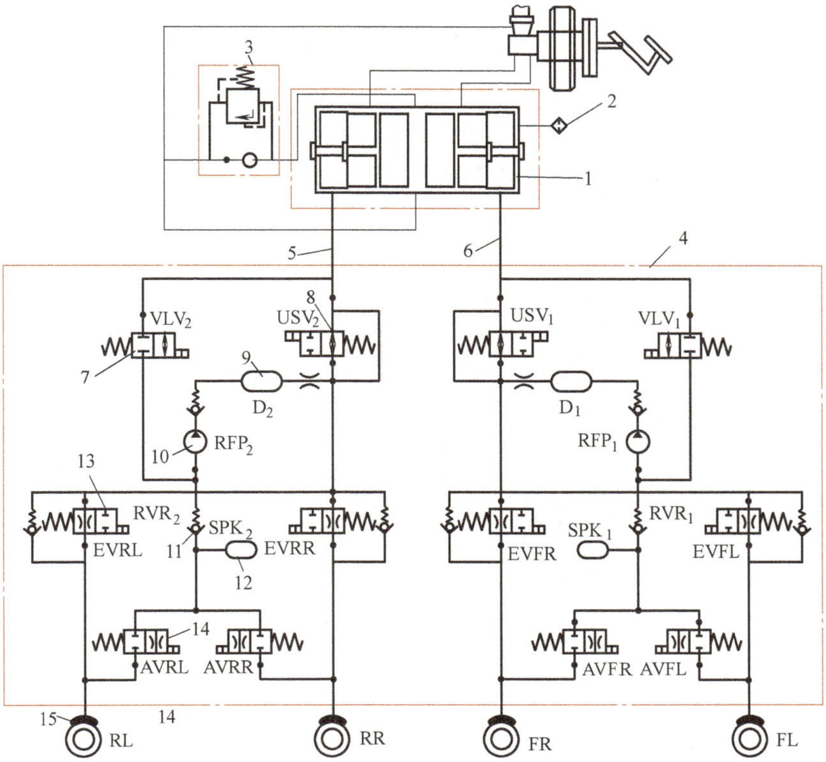

图 6-8　ESP 系统组成

1—制动主缸　2—压力传感器　3—预压泵　4—液压控制单元　5、6—液压油路　7—吸入阀　8—限压阀　9—阻尼器　10—回油泵　11—回流单回阀　12—蓄能器　13—增压阀　14—减压阀　15—制动轮缸

仅靠踏板的杠杆作用并不足以支撑主缸活塞较大的行程，因为制动液是黏性很高的液体，它与主缸缸壁之间的摩擦力很大，需要的推力也很大，为此使用了真空助力器。真空助力器一般位于制动踏板与制动主缸之间，为便于安装，通常与主缸合成一个组件，主缸的一部分深入到真空助力器壳体内。真空助力器是一个直径较大的腔体，内部有一个中部装有推杆的膜片（或活塞），将腔体隔成两部分，一部分与大气相通，另一部分通过管道与发动机进气管相连。它是利用发动机工作时吸入空气这一原理，造成助力器的一侧真空，相对于另一侧正常空气压力产生压力差，利用这个压力差来加强制动推力。

图 6-9　真空助力器

如果膜片两边有即使很小的压力差，由于膜片的面积很大，仍可以产生很大的推力推动膜片向压力小的一端运动。真空助力系统在制动时，控制进入助力器的真空，使膜片移动，并通过联运装置利用膜片上的推杆协助人力去踩动和推动制动踏板。需要注意的是，推力来自压力差，而非真空。电动汽车和混合动力汽车不能依赖内燃机取得真空，需要用电子真空助力器。由于传统真空助力器会减少一部分发动机效率，近来在部分燃油汽车上

也使用电子真空助力器，用电动机制造真空。

6.3.1 线控制动

线控制动（Brake-by-Wire，BBW）是最关键的，也是难度最高的。要了解线控制动，首先要了解汽车的制动原理。轻型车通常采用液压制动。汽车制动系统结构示意图如图 6-10 所示。

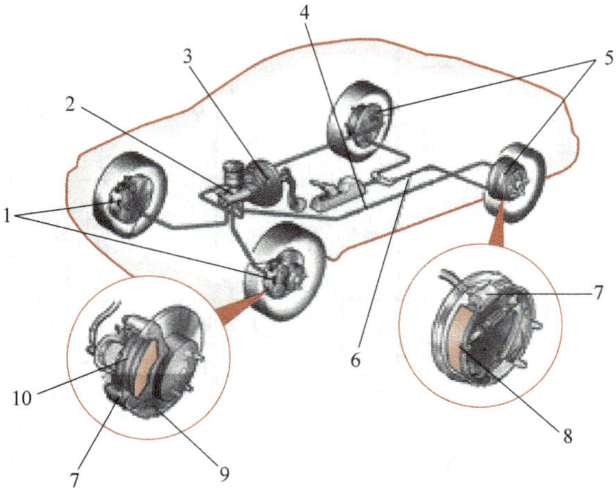

图 6-10 汽车制动系统结构示意图

1—盘式制动器 2—制动总泵 3—真空助力器 4—制动管路 5—鼓式制动器
6—驻车制动线 7—制动分泵 8—制动蹄 9—制动盘 10—制动块

线控制动从真空助力器延伸开来的，用电动机代替真空助力器推动主缸活塞。由于汽车底盘空间狭小，电动机的体积必须很小，同时要有一套高效的减速装置，将电动机的力矩转换为强大的直线推力，这其中的关键因素就是电动机主轴。

1999 年以前，由于电动机技术落后，人们只得放弃这种直接推动主缸的思路，转而使用高压蓄能器，如奔驰的 SBC 系统、丰田的 EBC 系统以及天合的 SCB 系统。这类系统利用电动机建立液压，然后将高压制动油储存在高压蓄能器中，在制动时释放。这类系统结构复杂，液压管路众多，成本高昂，可靠性不高。奔驰曾经大规模召回过 SBC 系统，丰田也曾经召回过 EBC 系统，奔驰现在已经几乎不用 SBC 系统了。

由于成本过高，从 2007 年起，EVP 电子真空泵开始在电动汽车或混合动力汽车上取代上述高压蓄能器设计，如图 6-11 所示。EVP 极为简单，就是将燃油汽车的真空助力器换成电子真空泵获得真空。但它几乎没有任何能量回收；其次，制动时会发出刺耳的噪声，最重要的是必须靠人力先踩下制动踏板，也就是说它并非线控制动，而是机械制动。但是 EVP 的优点也很明显，一是成本很低；二是设计十分简单，燃油汽车的底盘几乎不做丝毫改动就可以用来做混合动力汽车。

随着电动机技术的发展，日立旗下的东机工在 2009 年首次推出电液线控制动系统 E-ACT。除丰田外，大部分日系混动或纯电动汽车都采用这种设计，最典型的就是日产 Leaf。用直流无刷超高速电动机配合滚珠丝杠直接推动主缸活塞实现电液线控制动，这套方案对滚珠丝杠的加工精度要求很高。传统的液压制动系统反应时间为 400~600ms，电液线控制动为

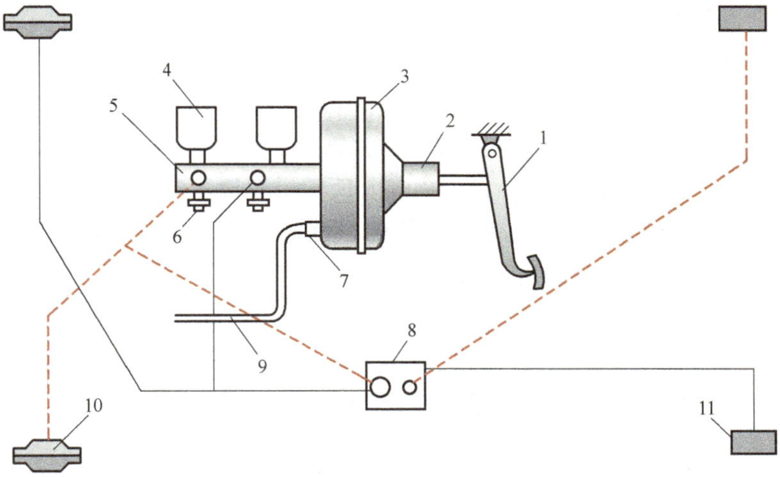

图 6-11　红旗 CA7220 型轿车真空助力伺服制动系统示意图

1—制动踏板　2—控制阀　3—真空伺服气室　4—储液罐　5—制动主缸
6—制动信号灯液压开关　7—真空单向阀　8—感载比例阀　9—真空供能管路　10—左前轮缸　11—左右轮缸

120~150ms，安全性能大幅度提高。百公里时速制动大约最少可缩短 9m 的距离。同时用在电动汽车上，可以回收几乎 99%的制动摩擦能量。电液线控制动系统是目前公认最好的制动方式，为了保证系统的可靠性，一般都需要加入 ESP（ESC）作为系统备份。

1999 年大众在开发纯电动汽车的过程中也想采用电动机直接推动主缸的设计，但是当时德国的电机工业没有能力满足大众的需求。既然电动机的能量达不到，那就继续用高压蓄能器配合，但是推动主缸的是电动机，大众称之为 eBKV，并于 2009 年在大众 E-UP 上首次使用。

博世从 E-UP 中获得灵感，经过多番努力，最终在 2013 年去掉了高压蓄能器，单用电动机推动主缸，这就是 iBooster。图 6-12 所示为大众公司最新电动汽车 MEB[㊀]平台。

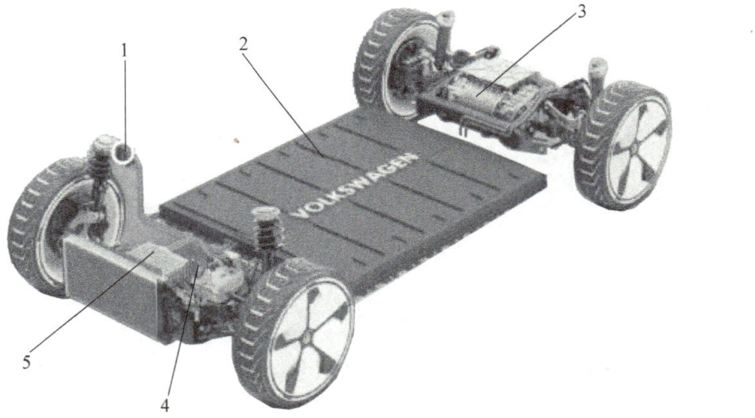

图 6-12　大众 MEB 平台

1—充电插头　2—蓄电池　3—传动系统　4—感应充电板　5—电子电力

㊀ MEB，Modular Eletrisch Baukasten，模块化电气化工具。

新能源汽车有别于传统汽车，可将制动时车辆的动能通过车载电机回收，目前许多新能源产品都有能量回收系统。但各个厂家的技术都有差异。大部分新能源产品沿用传统制动系统，和汽油车一样，使用盘式制动器制动。然后再配合电机能量回收技术，以期回收能量。即便如此，电机和盘式制动器同时工作，制动能量回收最高也只有20%。

博世开发的iBooster系统如图6-13~图6-15所示，解决了以上提到的能量回收效率低下的问题。当踩下制动踏板时，iBooster系统传感器智能判断驾驶人通过踏板表达的减速度（制动快慢）的需求。当减速度需求小于约0.3g（这个条件涵盖正常驾驶的绝大多数工况）时，由电机回收几乎全部的制动能量再循环利用。而减速度大于0.3g时，就会同时起动电机与制动器制动，确保制动性能安全可靠。这意味着近九成的制动情况下，制动动作是由iBooster控制电机对电能作了一个“收”的动作，让车速慢下来。而这个过程中，传统物理意义上的制动系统并不介入。

图6-13　博世iBooster系统

1—电机　2—ECU　3—两级齿轮机构　4—增压体（带机架）　5—输入杆
6—踏板行程传感器　7—回位弹簧　8—串联主缸

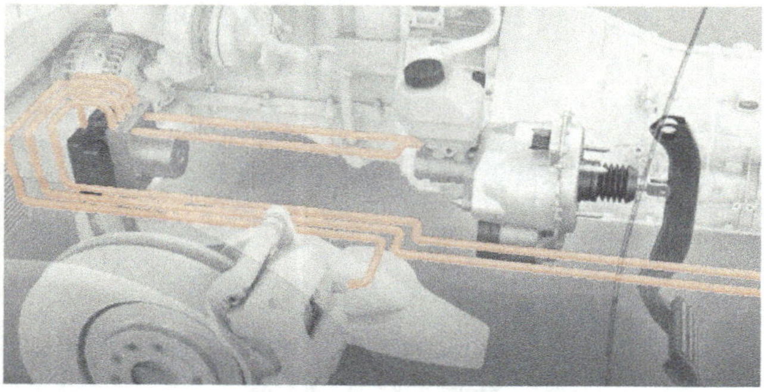

图6-14　博世iBooster系统工作示意图

除了最重要的节能特点外，iBooster还有以下优势：

1）iBooster系统在高海拔状况下，依旧表现优异。

2）拥有更灵敏的紧急制动响应速度。

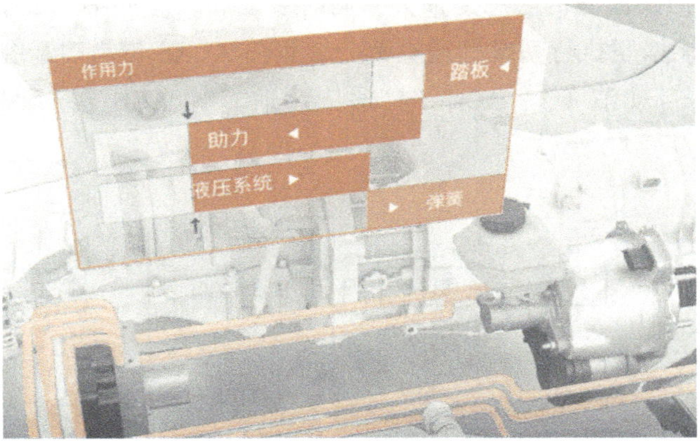

图 6-15　博世 iBooster 系统作用力示意图

3）制动脚感也更舒适。

博世的 iBooster 于 2013 年初推出，并且应用于大众（包括奥迪品牌，大众持有 iBooster 的部分专利）全系列电动与混动汽车上，其他客户还有特斯拉和凯迪拉克 CT6。

大陆和天合（TRW）则在此基础上将 ESC 也集成进来，大陆的 MK C1 早在 2011 年就已经推出，并在 2017 年版的阿尔法·罗密欧 Giulia 上使用。TRW 于 2012 年推出 IBC，在通用的 K2XX 平台上将全线使用。

这些线控制动都不是纯粹的线控制动，仍然需要液压系统放大制动能量。液压系统结构复杂。为了简化制动系统，纯粹的线控制动（EMB）近年来是个火热的研究领域。EMB 取消了液压系统，直接用电机驱动机械活塞制动，具有以下优点：安全优势极为突出，大幅度缩短制动距离，反应时间约为 90ms，比 iBooster 的 120ms 更短；由于没有液压系统，EMB 不会有液体泄漏，对电动汽车来说尤其重要，因为液体泄漏可能导致短路或元件失效，进而导致灾难。同时成本和维护费用也有所降低。

6.3.2　现有线控制动的缺点

1）没有备份系统，对可靠性要求极高。特别是电源系统，要保证绝对稳定；此外，还有系统中每个节点的串行通信都必须具备容错能力；同时系统需要至少两个 CPU 来保证可靠性。

2）制动力不足。EMB 系统必须在轮毂中，轮毂的体积决定了电机的大小，进而决定了电机功率不可能太大，普通轿车需要 1~2kW 的制动功率，这是目前小体积电机无法达到的高度，必须大幅度提高输入电压，即便如此也非常困难。

3）工作环境恶劣，特别是温度高。制动片附近的温度非常高，而电机体积又决定只能使用永磁电机，永磁在高温下会消磁。同时 EMB 有部分半导体元件需要工作在制动片附近，没有半导体元件可以承受如此高的温度，受体积限制，无法添加冷却系统。同时簧下元件，振动剧烈，永磁体无论是烧结还是粘结都很难承受强烈振动。需要高强度防护壳，这点恐怕难以做到。

4）难以模块化设计，开发成本极高。面对制动性能要求的不断提高，传统的液压或者空气制动系统在加入大量的电子控制系统，如 ABS、ESP 后，结构和管路布置越发复杂，液压（空气）回路泄漏的隐患也加大，同时装配和维修的难度也随之提高。

制动控制是智能网联执行系统的重要部分，目前 ADAS 与制动系统高度关联的功能模块包括 ESP、AP（自动泊车）、ACC（自适应巡航）及 AEB（自动紧急制动）等，如图 6-16 所示。

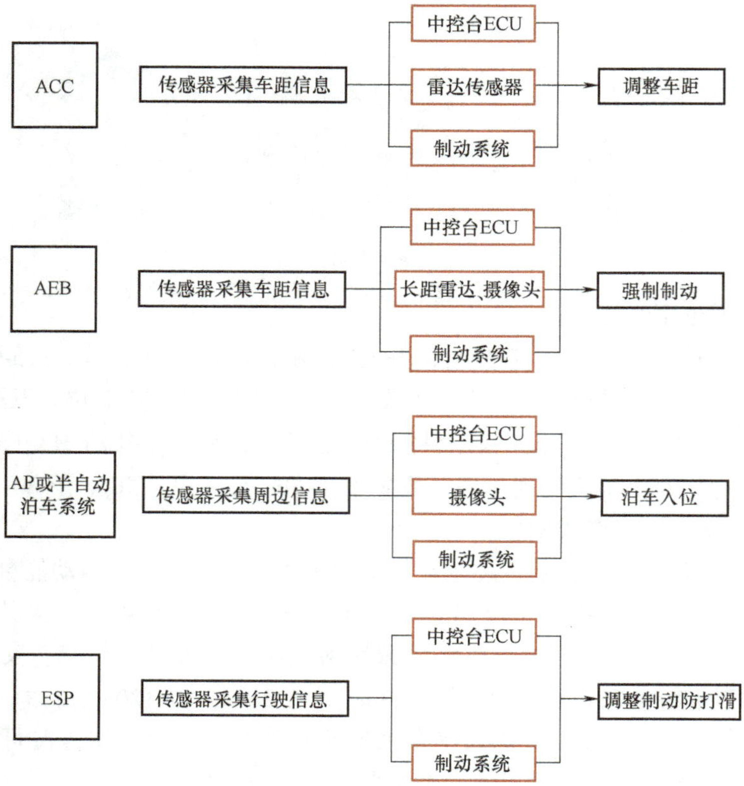

图 6-16　线控制动系统与各个模块的高度关联

6.3.3　线控液压制动器

线控液压制动器（Electro-Hydraulic Brake，EHB），是在传统液压制动器的基础上发展而来的。EHB 用综合的制动模块来取代传统制动器中的压力调节器和 ABS 模块等。这个综合制动模块包含电机、泵及蓄电池等部件，可以产生并储存制动压力，并可分别对 4 个轮胎的制动力矩进行单独调节。相比传统的液压制动器，EHB 有了显著的进步，其结构紧凑，改善了制动效能，控制方便可靠，制动噪声显著减小，不需要真空装置，有效减轻了制动踏板的打脚且能提供更好的踏板感觉。由于模块化程度的提高，在车辆设计过程中又提高了设计的灵活性，减少了制动系统的零部件数量，节省了车内制动系统的布置空间。但是 EHB 还有其局限性，整个系统仍然需要液压部件，暂时还离不开制动液。

6.3.4　电子机械制动

如果把 EHB 称为“湿”式线控制动系统，则电子机械制动就是“干”式线控制动系统。

电子机械制动（Electro-Mechanical Brake，EMB），如图 6-17 所示。它和 EHB 的最大区别就在于它不再需要制动液和液压部件，制动力矩完全是通过安装在 4 个轮胎上的由电机驱动的执行机构产生。因此相应地取消了制动主缸、液压管路等，可以简化制动系统的结构，便于布置、装配和维修，更为显著的是，随着制动液的取消，对于环境的污染也大大降低了。

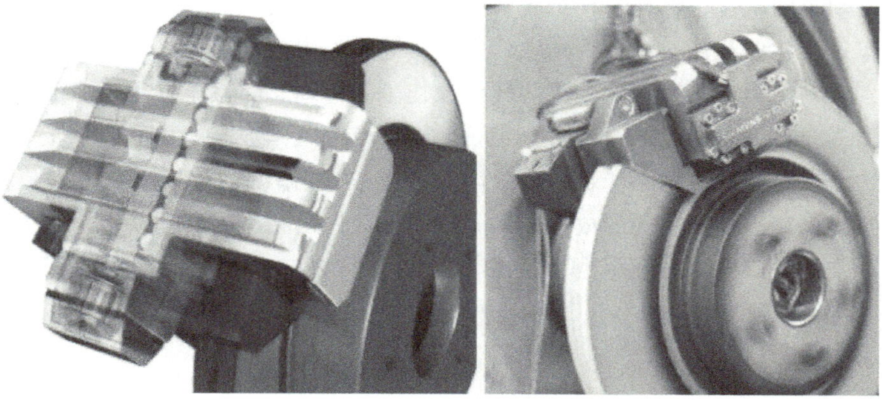

图 6-17　西门子 VDO 的 EMB 示意图

因此，结构相对简单、功能集成可靠的电子机械制动系统越来越受到青睐，可以预见 EMB 将最终取代传统的液压（空气）制动器，成为未来车辆的发展方向。

6.4　线控转向控制

6.4.1　线控转向控制的结构

汽车线控转向（Steering-by-Wire，SBW）系统由转向盘总成、转向执行总成和主控制器（ECU）3 个主要部分以及自动防故障系统、电源等辅助系统组成，如图 6-18 所示。

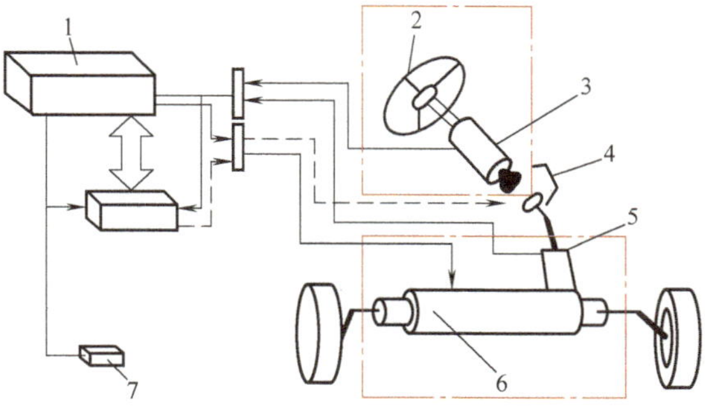

图 6-18　汽车 SBW 系统结构示意图

1—主控制器（ECU）　2—转向盘总成　3—转向回正力矩电动机
4—故障离合器　5—转向器　6—转向执行机构　7—传感器

转向盘总成的主要功能是将驾驶人的转向意图（通过测量转向盘转角）转换成数字信号，并传递给主控制器；同时接收主控制器送来的力矩信号，产生转向盘回正力矩，以提供给驾驶人相应的路感信息。转向执行总成的功能是接收主控制器的命令，通过转向电动机控制器控制转向车轮转动，实现驾驶人的转向意图。主控制器的功能是对采集的信号进行分析处理，判别汽车的运动状态，向转向盘回正力矩电动机和转向电动机发送指令，控制 2 个电动机的工作，保证各种工况下都具有理想的车辆响应，以减少驾驶人对汽车转向特性随车速变化的补偿，减轻驾驶人的负担。同时，主控制器还可以对驾驶人的操作指令进行识别，判定当前状态下驾驶人的转向操作是否合理。当汽车处于非稳定状态或驾驶人发出错误指令时，SBW 系统会将驾驶人错误的转向操作屏蔽，而自动进行稳定控制，使汽车尽快地恢复到稳定状态。自动防故障系统是 SBW 系统的重要模块，它包括一系列的监控和实施算法，针对不同的故障形式和故障等级做出相应的处理，以求最大限度地保持汽车的正常行驶。电源系统承担着主控制器、两个执行电动机以及其他车用电器的供电任务。

6.4.2 线控转向系统的原理

线控转向技术由于取消了转向盘与转向轮之间的机械连接，即转向盘与转向轮之间通过控制信号连接，彻底摆脱了传统转向系统所固有的约束限制，不但可以自由设计汽车转向系统的力传递特性和角传递特性，而且改变了转向盘的路感反馈特性，可以提高汽车的操纵稳定性、安全性和舒适性，给汽车转向特性带来无限的设计空间，是汽车转向系统的一次重大革新。

线控转向已经得到实际应用，目前的电子助力转向（EPS）非常接近线控转向了。如图 6-19 所示，EPS 与线控转向之间的主要差异就是线控转向取消了转向盘与车轮之间的

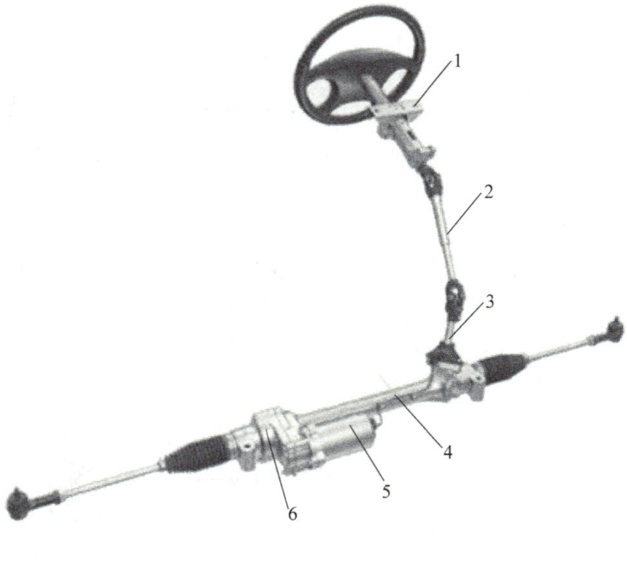

图 6-19　传统 EPS 系统组成

1—管柱　2—中间轴　3—转矩传感器　4—转向器　5—电动机　6—减速齿轮

机械连接，用传感器获得转向盘的转角数据，然后由 ECU 将其折算为具体的驱动力数据，用电动机推动转向器转动车轮。而 EPS 则根据驾驶人的转角来增加转向力。线控转向的缺点是需要模拟转向盘的力回馈，因为转向盘没有和机械部分连接，驾驶人感觉不到路面传来的阻力，会失去路感，不过在智能网联汽车上，无须考虑这个。线控转向还保留机械装置，保证即使电子系统全部失效，依然可以正常转向，如图 6-20 所示。

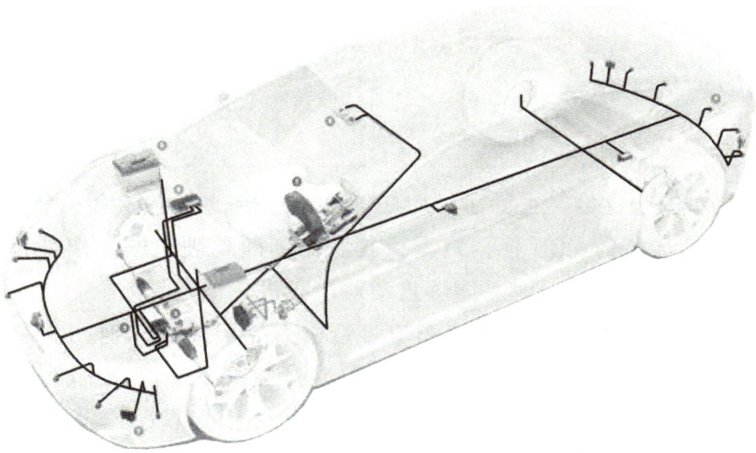

图 6-20　博世面向智能网联的线控转向系统架构

SBW 的发展与 EPS 一脉相承，其所用到的关键部件在 EPS 中一样有应用，其系统相对于 EPS 需要有冗余功能。

目前 SBW 系统有两种方式，如图 6-21 所示。

1）取消转向盘与转向执行机构的机械连接，通过多个电动机和控制器增加系统的冗余度。

2）在转向盘与转向执行机构之间增加一个电磁离合器作为失效备份，以增加系统的冗余度。

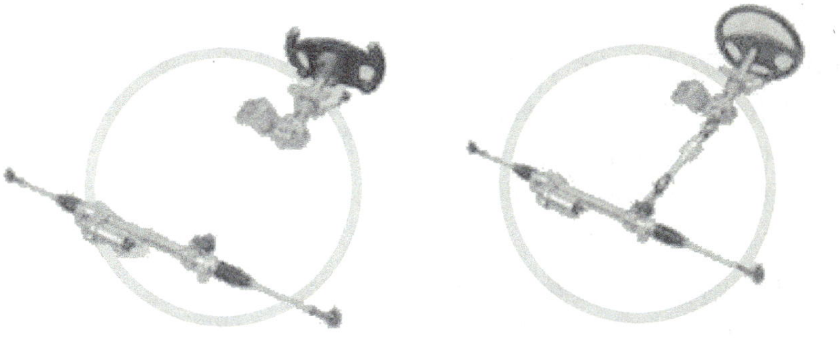

a)　　b)

图 6-21　SBW 系统的两种方式

如图 6-22 所示，博世在 EPS 电动机的基础上进行了修改，使电动机有两个绕组，同时配备两套电子功率器件控制系统，这样在一个绕组出问题时另外一个绕组可以工作，保证电动机仍旧可以工作，进而达到冗余系统的要求。

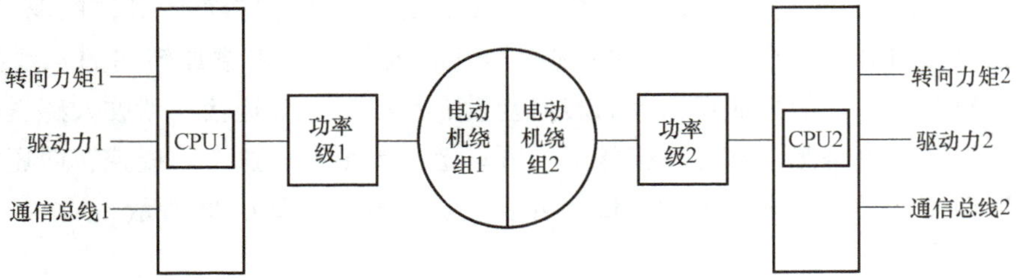

图 6-22　博世 SBW 的电动机冗余备份系统

6.4.3　线控转向系统的特点

(1) 提高汽车安全性能　去除了转向柱等机械连接，完全避免了撞车事故中转向柱对驾驶人的伤害；智能化的 ECU 根据汽车行驶状态判断驾驶人的操作是否合理，并做出相应调整；当汽车处于极限工况时，能够自动对汽车进行稳定控制。

(2) 改善驾驶特性及操纵性　基于车速、牵引力控制以及其他相关参数的转向比率（转向盘转角与车轮转角的比值）不断变化。低速行驶时，转向比率低，可以减少转弯或停车时转向盘转动的角度；高速行驶时，转向比率变大，可以获得更好的直线行驶条件。

(3) 改善驾驶人的路感　由于转向盘和转向轮之间无机械连接，驾驶人“路感”通过模拟生成。可以从信号中提取最能够反映汽车实际行驶状态和路面状况的信息，作为转向盘回正力矩的控制变量，使转向盘仅向驾驶人提供有用信息，从而为驾驶人提供更为真实的“路感”。

(4) 增强汽车舒适性　由于消除了机械结构连接，地面的不平整和转向轮的不平衡不会传递到转向轴上，从而减缓了驾驶人的疲劳；驾驶人的腿部活动空间和汽车底盘的空间明显增大。

6.4.4　线控转向系统关键技术

1. 容错控制技术

为了满足汽车的可靠性与安全性要求，汽车线控转向系统必须采用容错控制技术。容错控制设计方法有硬件冗余方法和解析冗余方法两类。硬件冗余方法主要是通过对重要部件及易发生故障部件提供备份，以提高系统的容错性能；解析冗余方法主要是通过设计控制器的软件来提高整个系统的冗余度，从而改善系统的容错性能。

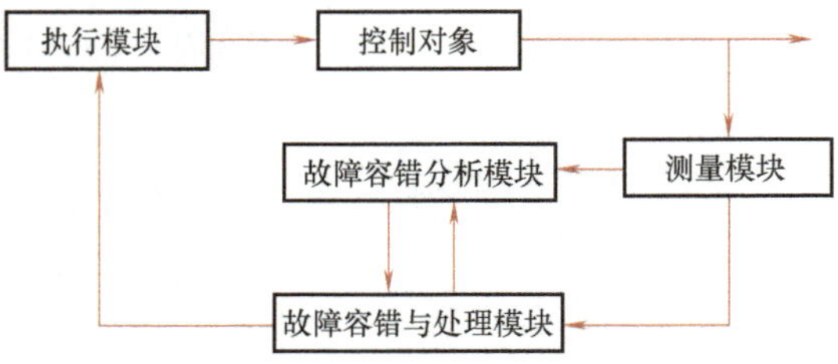

图 6-23　汽车容错控制系统组成示意图

汽车容错控制系统由测量模块、故障容错分析模块、执行模块和故障容错与处理模块组成，如图 6-23 所示。故障容错分析模块的作用是及时发现控制系统的故障，分离出发生故障的部位，判别故障的种类，估计故障的大小和时间，进行评估与决策；故障容错与处理模块根据故障检测与诊断信息，可知控制对象的结构与参数的变化情况，采取具体的容错控制措施。故障容错分析模块和故障容错与处理模块是汽车容错控制系统的主要组成部分。

基于容错控制技术的汽车线控转向系统，在不影响系统控制功能的情况下，容错控制技术提高了转向系统的可靠性，保证车辆的正常行驶及安全性。

2. 传感器技术

现代汽车技术发展特征之一就是越来越多的部件采用电子控制。汽车电子控制系统的控制效果依赖于传感器的信息采集和反馈的精度，传感器科技含量直接影响整个汽车电子控制系统的性能。汽车线控转向系统需要的相关传感器有角位移传感器、转矩传感器、车速传感器、侧向加速度传感器和横摆角速度传感器等。

3. 总线技术

线控技术的全面应用意味着汽车由机械到电子系统的转变。线控技术要求网络的实时性好、可靠性高，而且一些线控部分要求功能实现冗余，以保证在出现一定的故障时仍可实现这个装置的基本功能。这就要求用于线控的网络数据传输速度高、时间特性好及可靠性高。

4. 电源技术

汽车电源负责为汽车线控转向系统中的 ECU 和 4 个电动机供电。2 个转矩反馈电动机的功率为 50~80W，2 个转向电动机的功率为 500~800W，可知电源负荷相当重。因此要保证整个汽车线控转向系统稳定工作，汽车电源的性能至关重要。

6.4.5　线控转向技术发展现状

线控转向技术需要在 EPS 技术上发展，因此此项技术的参与者绝大多数都是传统的 Tier 1 EPS 系统供应商。EPS 的核心部件包括电动机、ECU、转矩传感器及角度传感器等，基本都为各大主机厂内部供应，有深厚的积累，新厂商切入此领域比较困难。图 6-24 所示为 2016 年全球转向系统供应商所占市场份额。图 6-25 所示为 2015 年国内转向系统供应商市场份额的分布。

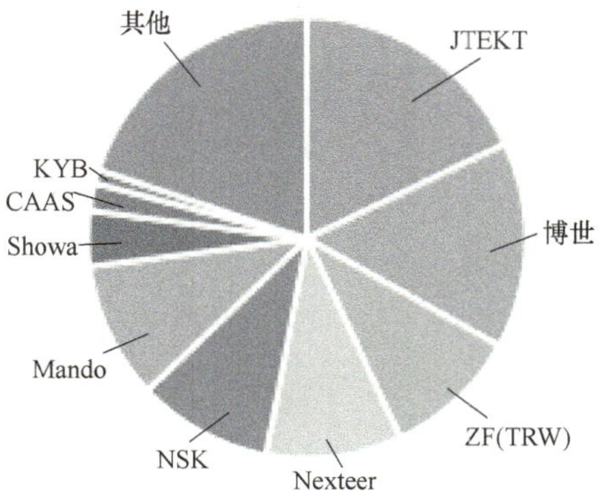

图 6-24　全球转向系统供应商所占市场份额（2016 年）

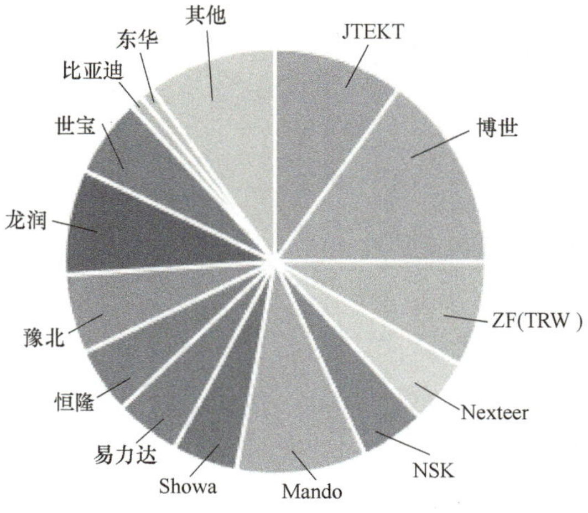

图 6-25　国内转向系统供应商所占市场份额（2015 年）

表 6-1 所示为国内现有 SBW 产品的供应商名单，线控转向技术基本掌握在国外零部件巨头手中，且没有完全成熟，技术多基于之前的 EPS，进入壁垒非常高。

表 6-1　国内现有 SBW 产品的供应商名单

供应商名称	产品现状
博世	Servolectric 产品，样车展示
ZF(TRW)	未量产，有产品介绍
JTEKT	未量产，有 SBW 产品介绍
Kayaba	2013 量产，客户 Infiniti Q50，有召回
Nexteer	Quiet Wheet 产品，专利
Hitachi	未量产，有专利
NTN	未量产，有专利
Thyssenkrupp AG	未量产，有专利申请
NSK	未量产，有专利申请，但公开不支持
Dura	原型机，有专利申请
Danfoss	未量产，有专利申请
Mando	未量产，有专利申请
Schaeffler	收购帕拉万，拥有 Space Drive 产品
联创电子	有研究，原型机
浙江万达	原型机，实验中
恒隆	有研究

智能网联正在积极地发展，许多车企也在担心智能网联的产业重构会让企业落后于时代。从执行端来看，线控节气门、线控换档及线控空气悬架虽然技术已然成熟，但最为关键的转向和制动系统目前还没有一套可以适用于 L4 驾驶的稳定的量产产品。

对于适用于 L4 的 BBW 系统，虽然博世宣称 Ibooster+ESC 是可以满足 L4 的标准，但其还是共用一套液压管路，严格意义上将还不满足冗余度的要求。至于 EMB 技术，还不知何时能够实际装车量产，对于执行端实际技术还有很长的路要走。

第7章 / Chapter 7

高级驾驶辅助系统 ADAS 技术

7.1 ADAS 的产生

7.1.1 ADAS 技术简介

先进驾驶辅助系统（Advanced Driver Assistance System，ADAS），是利用安装于车上的各种传感器，实时收集车内外的环境数据，并进行静、动态物体的辨识、侦测与追踪等技术处理，从而能够让驾驶人在最短的时间内察觉可能发生的危险，以引起注意和提高安全性的主动安全技术。

ADAS 主要由负责环境辨识的环境感知系统、负责计算分析的中央决策系统和负责执行控制的底层控制系统三部分组成。其中，负责感知的传感器主要包括摄像头、毫米波雷达、超声波雷达等；负责分析的主要是芯片和算法，算法是由 ADAS 向智能网联进步的突破口，核心是基于视觉的计算机图形识别技术；执行控制主要由有制动、转向等功能的硬件负责。

早期的 ADAS 技术主要以被动式报警为主，当车辆检测到潜在危险时，会发出警报提醒驾车人注意异常的车辆或道路情况。对于最新的 ADAS 技术来说，主动式干预也很常见。

7.1.2 ADAS 产生及发展背景

1. 政策推进智能驾驶产业化进程

国内外政策导向明确，全力推动智能驾驶产业化进程，相关法规及标准见表 7-1（按时间顺序）。当前，各国政府逐渐认同智能驾驶能够提高交通安全的观点，并通过鼓励安装、强制要求的方式提高智能驾驶在主动安全领域的配置渗透率。我国 C-NCAP 研究方向已经开始向主动安全倾斜，若将安全法规纳入主动安全范畴，将推动 AEB/ACC 等辅助驾驶系统快速普及。

表 7-1　国内外智能驾驶相关法规及标准（按时间顺序）

国家/地区	具体规定
美国	2006 年起，强制安装 TPMS
加拿大	2011 年起，新增乘用车强制安装 ESC
美国	2012 年起，要求 10 000lb（1lb = 0.45359237kg）以下所有乘用车配备 ESC
澳大利亚	2012 年起，强制要求新车安装 AEB
澳大利亚	2013 年 11 月后，所有新车强制安装 ESC
欧洲	2013 年 11 月起，商务车强制安装 AEB
韩国	2013 年起，强制安装 TPMS
欧洲	2014 年 11 月后，新登记车辆强制安装 ESC
欧洲	2014 年起，只有安装 AEB 才能获得五星认证
欧洲	2014 年 11 月起，强制安装 TPMS

（续）

国家/地区	具体规定
欧洲	2014 年，将 ADAS 评分权重由 10%调整为 20%
中国	2015 年，首次在碰撞新规加分中列入 ESC
美国	2015 年 1 月起，AEB 加入推荐高级安全列表
日本	2016 年起，强制要求新车安装 AEB
中国	GB 7258—2017《新机动车安全运行技术条件》规定，车长大于 11m 的公路客车和旅游客车应装备符合标准规定的 LKA 和 AEB
欧洲	2017 年，四星以上新车必须配备 ADAS
美国	2018 年 5 月 1 日起，强制安装倒车影像
美国	2018 年起，只有安装 AEB 才能获得五星认证

注：ESC——电子车身稳定系统；AEB——紧急制动系统；TPMS——胎压监测系统；LKA——车道保持辅助系统。

2. 智能驾驶是消费者对安全的内在需求

根据有关统计数据，近 84%的交通事故归因于驾驶人的驾驶失误，人已成为交通安全中最大的不确定性因素。智能驾驶系统作为人类驾驶的辅助与替代，利用算法实现人类经验难以比拟的判断速度与精度，能够有效减少驾驶失误，降低交通事故率。新一代消费者对于汽车的方方面面都有所了解，对安全的需求有所加强，重视驾驶辅助系统，推动了智能驾驶的发展。2019 年 7 月 4 日，J. D. Power（君迪）发布了 2019 中国新车购买意向研究结果，与往年相比，消费者在购买新车时关注点的转变如图 7-1 所示。

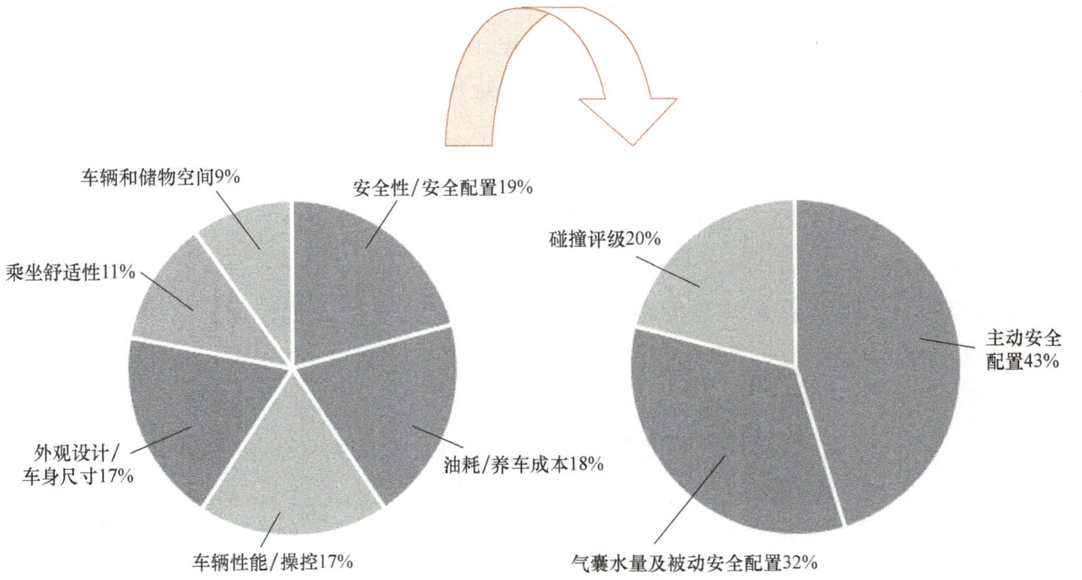

图 7-1 消费者新车购买关注点的转变

7.1.3 ADAS 技术的重要性及发展阶段

根据相关统计，2013 年造成人员伤亡的道路交通事故（A1 及 A2 类）共计 273449

件。其中A1类交通事故肇事原因，以驾驶人未注意车前状态占20.4%名列第一；占据第二位置的是驾驶人未依规定让车，占12.9%；酒醉（后）驾驶失控占12.5%，居第三。这三类肇事原因均可归类为人为疏失，足见如果车辆在行车途中遇见危险状况时，能适时对驾驶人提醒或直接介入以避免车祸发生，可大量减少因车祸导致的人员伤亡。ADAS可以做到防患于未然，把安全隐患降到最低。

总的来说，ADAS就是通过信息辅助加上控制辅助，来帮助驾驶人完成车辆的控制。因此属于ADAS范畴的技术其实有很多，如常见的主动紧急制动、自适应巡航、车道保持及盲区监测等，都可以归类到ADAS之中。做好了ADAS，在某种程度上来说就是做好了一部分智能网联技术，因此规划好ADAS的发展方向及标准，对于未来智能网联技术的应用可以起到事半功倍的效果。

7.2 ADAS的功能

7.2.1 ADAS控制系统的组成

ADAS控制系统主要包含信息采集、信息分析和指令执行3个程序。

1. 信息采集

不同的ADAS控制系统需要使用不同类型的车用传感器，包含毫米波雷达、超声波雷达、激光雷达、CCD、CMOS影像传感器及轮速传感器等，用来收集整车的工作状态及其参数变化情况，并将不断变化的机械运动变成电子参数（电压、电阻及电流）。例如，车道偏离预警系统使用CMOS影像传感器，夜视系统使用红外线传感器，适应性定速控制通常使用雷达，而停车辅助系统则会使用超声波等。

ADAS需先通过不同类型的车用传感器就可让汽车掌握外界车况，进而进行后续的警示或反应动作。

2. 信息分析

电控单元（ECU）首先针对传感器所收集到的信息进行分析处理，然后向执行装置下达动作指令。

3. 指令执行

诸如加速、制动、灯光及声响等系统都是属于执行器的范畴，它们会依据ECU输出的信号，执行各种反应动作，让汽车安全行驶于道路上。

当前ADAS的主要功能并不是完全控制汽车，而是为驾驶人提供车辆工作情况，对与车外环境变化等相关信息并进行分析，预先警告可能发生的危险状况，让驾驶人提早采取相应措施，避免交通意外发生。至于成为智能网联汽车的技术基础，当然也是ADAS积极追求的方向。不过这需要在不断累积使用经验与盲点克服后，同时加入更多主动侦测系统，甚至是物联网功能，才有机会进一步实现的目标，毕竟智能网联汽车所需具备的技术层面更高、更复杂。

7.2.2　汽车盲点监测系统

盲区监测针对的是车辆三面后视镜在左、右及内后视镜中遮挡部分进行的车辆检测，避免驾驶人因为视觉盲区而造成误判变道。汽车盲点监测（BSD）系统运用雷达和传感器侦测车辆两侧后方的盲点区，在盲点区侦测到车辆靠近时会向驾驶人提供警示，以帮助驾驶人将意外的几率降至最低。BSD 系统示意图如图 7-2 所示。

图 7-2　BSD 系统示意图

1. 基础技术

毫米波雷达传感器或摄像头负责监视车辆后方和侧方的道路空间，并在外后视镜上显示一个视觉信号，以提示盲点区域是否有运动的汽车存在。一些车型还会在驾驶人不顾盲点区域有车辆存在而想变换车道（通过打转向灯）时向其提供附加的触觉警告，亦即振动其座椅。尽管不同汽车生产商用于警告驾驶人的设计方案各不相同，但外后视镜近旁的指示器是必须有的。

2. 盲点监测的功能

在驾驶人将汽车倒出停车位的过程中，该系统会检测后方是否有车辆经过并警告。

盲点监测系统的侧方传感器可帮助驾驶人找到平行泊车的停车位。该传感器同时还作用于自动泊车系统，按下中控台按钮，车辆会自动进入。当汽车经过停在路边的车辆时，传感器会自动测量两车之间的距离，若检测到两车之间的距离超过本车车身长度一定数值，则系统将判定此处有停车位，系统随后指导驾驶人驶入停车位。

后方和侧方的传感器还可用作后方停车传感器，并不是所有的后方传感器都用于盲点监测系统。若车辆有后方停车辅助，就无须再配备盲点监测系统。

一些汽车在仪表板处配备有一个信号指示灯，当盲点监测系统处于闲置状态时该信号指示灯仍保持常亮状态。虽然部分业内人士认为该指示灯是多余的，不过当考虑到安全性因素时，驾驶人在必要时刻仍需要知道相关系统的开启或关闭状态。

盲点监测系统也并不是完全可靠的，有时它会发出假警报，特别是当车辆穿越隧道时，系统会将隧道墙壁误认为是车辆。

本田曾开发出一种独特的盲点监测系统，需要驾驶人进行判断。在本田雅阁车型中，Lane Watch 系统是一种安装在车辆后方的摄像头系统，它基于车辆后视镜进行工作。打开右转向灯后，图像会出现在中控台显示屏中，该图像中存在三条水平线。若图像位于中线与近距线之间，则无须变换车道；若图像位于中线与远距线之间，则需要自行做出判断是否进行车道变换。

7.2.3　疲劳监测系统

疲劳监测系统示意图如图 7-3 所示。该系统大多利用摄像头侦测驾驶人的脸部，或侦测驾驶人眼睛开闭频率情况，判断其专注力程度、是否有打瞌睡的倾向，以辨别安全等级，提供适合的警告或是协助动作。如果驾驶人的脸部表情变化减少，甚至出现闭眼的情况，车辆就会透过声响与警告灯信号来警示驾驶人注意，以减少意外事故的发生。

7.2.4 车道偏离预警系统

车道偏离预警（LDW）系统示意图如图 7-4 所示，该系统由摄像头、传感器及控制器组成，其原理是运用安装在车身前方、侧方或后视镜上的摄像头，采样目前行驶车道的标识线，再通过图像处理取得当前汽车所在车道的位置，这时只要汽车偏离车道，控制器就会发出警报信号，从感测到发出警报只需约 0.5s 的时间，以实时提醒驾驶人，避免意外的发生。

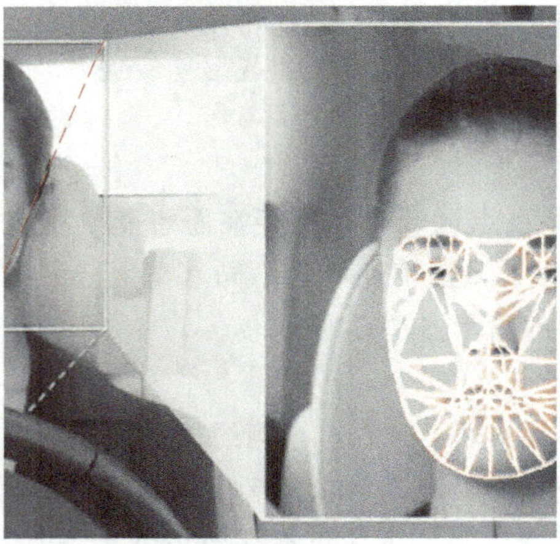

图 7-3 疲劳监测系统示意图

图 7-4 车道偏离预警系统示意图

7.2.5 前向碰撞预警系统

前向碰撞预警（FCW）系统示意图如图 7-5 所示。该系统由安装在车头的摄像头或雷达，侦测自车和前方车辆的距离及速度，初期会发出警告声来提醒驾驶人注意车距。若车距依然持续缩短，车辆便会自动慢速制动，并轻拉安全带 2~3 次，以警告驾驶人。若系统判定追撞无法避免时，启动自动紧急制动，同时立刻拉紧安全带固定驾驶人，降低意外发生后的伤害。

图 7-5 前向碰撞预警系统示意图

7.2.6 自适应巡航控制系统

自适应巡航控制（ACC）系统示意图如图 7-6 所示。自适应巡航控制系统是一种智能化的自动控制系统，它是在早已存在的巡航控制技术的基础上发展而来的。在车辆行驶过程中，安装在车辆前部的车距传感器（雷达）持续扫描车辆前方道路，同时轮速传感器

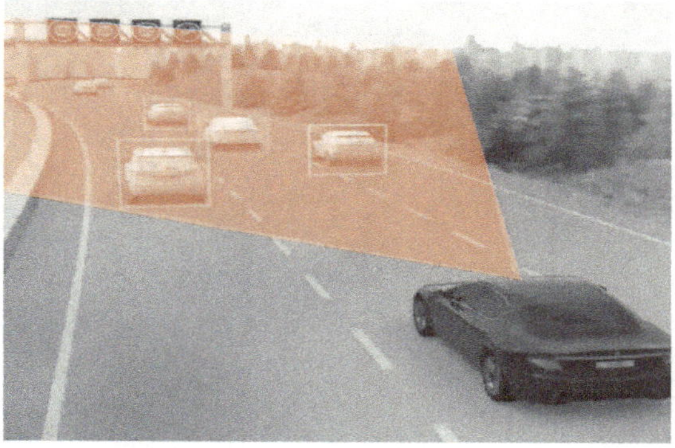

图 7-6　自适应巡航控制系统示意图

采集车速信号。当与前车之间的距离过小时，ACC 控制单元可以通过与防抱死制动系统、发动机控制系统协调动作，使车轮适当制动，并使发动机的输出功率下降，以使车辆与前方车辆始终保持安全距离。目前在许多车型上都已安装此系统。

1. 基础技术

在 ACC 系统中，传感器的作用是显而易见的。在车辆行驶过程中，安装在车辆前部的车距传感器（雷达）必须持续扫描车辆前方道路。目前常用的传感器有雷达（长距毫米波雷达和激光雷达等）、红外测距传感器及视频传感器等。

在 ACC 系统中，传感器就相当于驾驶人的“眼睛”。对于它来说，关键是要识别在本车道的前车，并排除旁边车道车辆的影响。如果是在城市道路行驶，还必须识别行人等其他可能在道路上出现的目标对象。

传感器接收信号后，就传递给汽车的 ACC 系统，该系统会查询一系列规章制度，以决定汽车应如何行驶，这些规章制度就是 ACC 中的控制策略。

安全车距模型（即汽车跟前车保持多少距离合适）是 ACC 系统的主要控制策略之一。安全车距不能过大，否则会导致后方车辆的抗议；也不能过小，否则会有追尾风险。它是最小停车距离与当前车速的函数。安全车距，其实并不是一个固定的长度，而是所谓的 TTC（Time to Collision），即假设保持当前相对速度，两车发生追尾所需要的时间。

在 ACC 系统告知汽车该如何行驶之后，执行机构即进行实际操作。执行机构相当于汽车的“手脚”，它包括节气门、制动系统及档位。通过这些机构的动作，对汽车进行操控。

2. ACC 系统的特点

ACC 系统，相比于其他的汽车电子控制技术，还略显不成熟。其难点在于对路况的适应性。但在一定程度上，ACC 系统可以减轻驾驶人的驾驶疲劳。ACC 系统加上车道偏离辅助系统，可以让驾驶人在较好的城市路况中极大地解放双脚甚至双手。ACC 作为智能驾驶技术，将会是未来汽车的发展方向，然而机器始终是机器，并不能完全代替人类，再智能的驾驶也只是辅助驾驶，不能完全依赖和信任。

7.2.7　自动泊车系统

自动泊车系统（Automatic Parking System）示意图如图 7-7 所示。顾名思义，它就是不用人工干预，自动停车入位的系统。自动泊车系统通过安装在车身上的摄像头、超声波传感器以及红外传感器，探测停车位置，绘制停车地图，并实时动态规划泊车路径，将汽车指引或者直接操控转向盘驶入停车位置。该系统包括环境数据采集系统、控制系统和执行系统，环境数据采集系统包括图像采集系统和车载距离探测系统。

图 7-7　自动泊车系统示意图

自动泊车系统的原理是：遍布车辆周围的雷达探头测量自身与周围物体之间的距离和角度，然后通过车载计算机计算出操作流程配合车速调整转向盘的转动，驾驶人只需要控制车速即可。自动泊车系统可采集图像数据及周围物体距车身的距离数据，并通过数据线传输给中央处理器；中央处理器可将采集到的数据分析处理后，得出汽车的当前位置、目标位置以及周围的环境参数，依据上述参数做出自动泊车策略，并将其转换成电信号；车辆策略控制系统接收电信号后，依据指令做出汽车的行驶如角度、方向及动力支援等方面的操控。

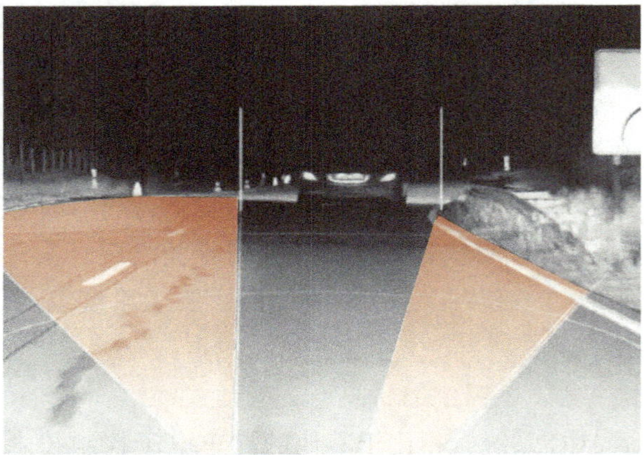

图 7-8　适路性车灯系统示意图

7.2.8　适路性车灯系统

适路性车灯系统示意图如图 7-8 所示。该系统可依照不同的路况、环境、车速及天气状况，自动调整车灯的照明范围及角度，让车灯照射范围可以更深远一些，同时又不会影响到道路上其他人的视线，以提供驾驶人与对向来车更安全及舒适的照明，从过去的 AFS 主动转向式前照灯，到现在结合传感器的多个 LED 智能型前照灯，均属于此系统的范畴。

7.2.9　夜视系统

图 7-9　夜视系统示意图

夜视系统（NVS）示意图如图 7-9 所示。该系统可帮助驾驶人在视线不明的夜晚或恶劣天气时，自动识别动物或大型异物，同时警告驾驶人前方路况，以避免意外的发生。辨别方式为以红外线感知热量的不同，区分人、动物、车辆以及环境的差异，经过处理转变成图像，将原本看不清楚的物体清楚呈现在驾驶人眼前，以降低行车风险。

7.3　ADAS 产业链

7.3.1　ADAS 产业链概述

根据 ADAS 执行任务时所需要的整个过程：感知、判断、执行，就不难得出其大致的产业链了。

1. 感知

汽车不像人类有五官，汽车感知环境数据的方式是依靠各类传感器。而传感器搭载数量越多，汽车所能收集的信息就越多。

目前 ADAS 主要采用的传感器有摄像头、雷达和超声波等，可以探测光、热、压力或其他用于监测汽车状态的变量，通常位于车辆的前、后保险杠、后视镜、变速杆内部或者风窗玻璃上。

大部分 ADAS 采用摄像头+雷达的组合方式，以实现雷达测距与摄像头图像识别功能的互补。主动式与被动式红外夜视系统是两种主流的技术路线。主动式通过 CCD 接收物体反射的对应敏感频谱成像，而被动式则通过红外焦平面探测器接收物体的红外辐射成像。两者各有优势，将在较长时间内共存。

2. 判断

前面说到传感器让汽车可以像人类一样有感知，而能够让汽车做出判断的核心则是算法。根据传感器等的输入数据，ECU 可以取代驾驶人主动发出控制指令。

算法是 ADAS 可靠性、准确度的决定性因素，主要包括摄像头/雷达测距、行人识别以及道路交通标志识别等。针对前装应用的可靠性要求高，需要进行大量的场景测试与标定。其中雷达标定的门槛最高。

3. 执行

ADAS 通过传感器获取数据，在主芯片完成判断后，初级应用通过声音、图像、振动对驾驶人进行警示。与电子控制功能结合后，逐渐进化到对车辆的自动控制。

ADAS 产业链示意图如图 7-10 所示。

7.3.2　ADAS 产业链上的关键

在产业链中，传感器技术（摄像头与雷达）、芯片与算法是关键。

其中，摄像头核心部件 CMOS 感光芯片主要掌握在以索尼、三星为代表的日韩企业中。雷达分为超声波雷达、毫米波雷达和激光雷达，超声波雷达技术门槛较低，供应商较多；激光雷达成本高昂，未商业化；毫米波雷达成本介于两者之间，技术门槛较高，主要掌握在博世等行业领先公司手中。

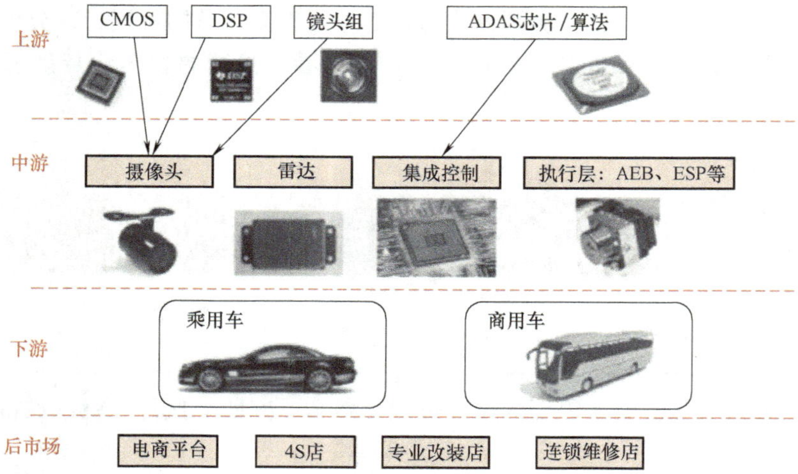

图 7-10　ADAS 产业链示意图

而芯片和算法在 ADAS 中至关重要，行业集中度高，主要有 Mobileye、亚德诺半导体技术有限公司（ADI）等公司，下面分别进行介绍。

1. Mobileye/ST——EyeQ5

Mobileye 是以色列一家生产协助驾驶人在驾驶过程中保障乘员安全和减少交通事故的视觉系统的公司，它占领了汽车安全驾驶系统全球 70% 以上的市场份额。据公司网站的资料，包括通用、宝马、现代和沃尔沃等在内的汽车品牌都与 Mobileye 有合作关系。2017 年，Mobileye 被英特尔以 150 亿美元的价格收购。

Mobileye 一直强调其对安全性的关注，无法确保安全，社会就不太可能接受无人驾驶汽车。同时，Mobileye 拥有很多的优势，如计算机图片的标注历史数据、算法的积累，甚至自己研发了自己的芯片。目前最新的是与意法半导体集团 ST 联手合作研发用于智能网联的 EyeQ5 芯片。可以说，在这个领域探索十几年的 Moblieye 拥有相当深厚的历史背景，这些经验并不是其他公司短时间可以超越的。

2. ADI——Black fin 处理器（BF60X 系列）

ADI Black fin 视觉驾驶辅助系统是基于 Blackfin 系列处理器，其中核心器件是 DSP（Digital Signal Processor，即数字信号处理器）。该系统具有车道偏离预警、交通信号识别、智能前照灯控制、物体检测/分类及行人检测等功能。低端系统基于 BF592，实现 LDW 功能；中端系统基于 BF53x/BF54x/BF561，实现 LDW、HBLB（智能远光灯控制）及 TSR（Traffic Sign Recognition，即道路交通标志识别系统）等功能；高端系统基于 BF60x，实 LDW、HBLB、TSR、FCW 及 PD（车辆探测）等功能。集成的视觉预处理器能够显著减轻处理器的负担，从而降低对处理器的性能要求。

3. 德州仪器（TI）——TDA SoC 系列

一直以来，TI 都为汽车市场提供许多的一流产品，针对 3D 全景环视应用，TDA SoC 系列也应运而生，目前已经有 TDA2x、TDA3x 和 TDA2Eco。

（1）TDA2x　TDA2x 可实现各种前置摄像机应用的同步运行，其中包括远光灯辅助、车道保持辅助、高级巡航控制、交通信号识别、行人/对象检测以及防碰撞等。此外，

TDA2x 还支持智能 2D 及 3D 环绕视图以及后方碰撞警告等泊车辅助应用，并可运行为前置摄像头开发的行人/对象算法。TDA2x 还可作为融合雷达与摄像头传感器数据的处理器，帮助做出更稳健的 ADAS 决定。

（2）TDA3x　TDA3x 系列可支持车线维持辅助、自适应巡航控制、交通标志识别、行人与物体检测、前方防碰撞预警和倒车防碰撞预警等多种 ADAS 算法。这些算法对于前置摄像头、全车环视、融合、雷达与智能后置摄像头等众多 ADAS 应用的有效使用至关重要。此外，TDA3x 处理器系列还能帮助客户开发针对行人和车辆、前方碰撞预警以及车线维持辅助的自主紧急制动（AEB）等符合 NCAP 程序的 ADAS 应用。

（3）TDA2Eco　TDA2Eco 处理器，是 TI 针对汽车行业推出的第三款产品，该产品针对 3D 全景环视应用而开发，可便捷替代初、中级全景环视解决方案中所使用的 TDA2 器件，从而降低功耗、优化性能和物料清单（BOM）。

4. 瑞萨——R-Car 系列

“R-Car”是瑞萨车载 SoC（系统级芯片）系列的一种昵称，它是在综合 SoC 平台上开发的车载信息系统。R-Car 系列为音频和视频、先进的 3D 图形以及图像识别等驾驶辅助功能提供了增强的多媒体处理功能。

（1）R-Car H3　R-Car H3 是业界首款采用 16 纳米工艺的汽车 SoC，具有卓越的处理能力，符合 ISO 26262（ASIL-B）汽车功能安全标准，是 ADAS 和车载信息娱乐系统等应用的汽车计算平台。

R-Car H3 是基于 ARM Cortex-A57/A53 核构建，采用 ARM 的最新 64 位 CPU 核架构，实现了 40000 DMIPS（Dhrystone 百万条指令/s）的处理性能。此外，R-Car H3 采用 PowerVR GX6650 作为 3D 图形引擎，可为驾驶人提供及时可靠的信息显示，PowerVR GX6650 作为英国 Imagination Technologies 公司的最新图形处理芯片架构，使 R-Car H3 的计算性能提升至 R-Car H2 的三倍。

除了 CPU 和 GPU 以外，片上并行可编程引擎 IMP-X5 也提供了先进的图像识别技术。IMP-X5 是瑞萨电子独有的识别引擎，专门为与 CPU 配合处理而进行了优化。它的识别性能是第二代 R-Car 系列内置的 IMP-X4 的 4 倍。

（2）R-Car E2　R-Car E2 配有 2+1 的处理器组合，包含双 ARM Cortex-A7 处理器内核，同时为低功耗做了专门的优化，并且具有很高的处理性能。R-Car E2 包含一个单核 SH-4A 处理器，该 SH-4A 处理器具有可靠的汽车应用出货记录。这套处理器组合的性能大约是上一代 R-Car E1 的 4 倍，这样的性能拥有更大的余量。R-Car E2 芯片针对低能耗进行了优化，消除了对散热片和风扇的需求，从而降低了系统成本。R-Car E2 也针对入门级应用的系统成本进行了优化，通过提高外部 DDR 内存总线频率，只需要一个外部 16 位 DDR 模块就可以达到足够的性能。

（3）R-Car V2H　R-Car V2H 中的 1 个芯片可同时处理 4 个摄像头拍摄的影像。配备将摄像头影像转换成从车辆上方俯瞰的画面等功能。演示时使用的是像素数为 1280×720 的数码摄像头，当时的耗电量为 5~6W。开发品配备了视野转换用内核“IMR”、图像识别用内核“IMP-X4”及三维影像处理用内核。

其中，影像数据与开发品的通信接口为“Ethernet AVB”。CPU 内核采用 ARM 的 Cortex-A15，最大工作频率为 1GHz，处理性能为 7000 DMIPS。封装采用 647 端子的 FCBGA。

5. 恩智浦半导体（NXP）——Blue Box

NXP 的 Blue Box 是一个体积近似蓝光播放器的产品，拥有多个并行/串行/局域网 LAN 接口的装置。可以把 Blue Box 看作一台计算机，用来处理汽车的雷达、摄像头及视觉传感等传感器发来的数据。

Blue Box 装备了一个 NXP S32V 汽车视觉处理器和一个 LS2088A 内嵌式计算机处理器。S32V 属于安全控制器范畴，能够分析驾驶环境，评估风险因素，然后指示汽车的行为，而 LS2088 则是为其保驾护航的高性能计算平台。

S32V 芯片包含不同的图形处理引擎，具有高性能图形处理加速器与 ARM 内核，高级 APEX 图形处理和传感器融合。它的功能包括传感器/执行器管理和故障检验。其中故障检验除能够对内存、硬件配置和程序流实时检测外，还具备错误管理能力。

LS2088A 内嵌式处理器由 8 个 64 位 ARM Cortex-A72 内核组成，配合频率 2GHz 的特制加速器、高性能通信接口和 DDR4 内存控制器，延时极低。

除了 S32V 和 LS2088A 这两个核心处理器之外，Blue Box 还搭载了其他为实现不同传感器节点功能的芯片，它们能够处理从 V2X、雷达、视觉系统、激光雷达以及车辆状态获取的信息。

根据 NXP 官方提供的信息，Blue Box 能够在 40W 功率下实现 90000 DMIPS 的计算速度。相比其他竞争对手提供的 ADAS/智能网联解决方案，Blue Box 减少了对风扇、液冷及不稳定热能管理系统等电器元件的使用。

Blue Box 作为新一代 ADAS 平台，将之前彼此隔离的单个传感器节点和处理器进行了功能上的结合。虽然都在讨论各种算法、如何管理数据、本地化及 3D 地图，但归根结底还是需要强大的数据处理和整合能力，从这个角度考虑，Blue Box 就已经是一款不错的产品了。

6. Xilinx 赛灵思——Zynq 系列

比亚迪汽车公司在 2019 量产的全新一代商用及乘用车中采用了赛灵思公司（Xilinx, Inc.）Zynq SoC L0/L1 前置摄像头 ADAS 解决方案，从而成为我国汽车市场首家采用赛灵思 Zynq ADAS 解决方案并量产的汽车制造商。

经过十年安全合规验证的赛灵思 ADAS 解决方案，在性能、成本以及功耗等方面，均为比亚迪带来了优势。其中包括为新一代车型新增了同级少有的 LDW、FCW、PDW 等越级配置，从而使其用户拥有了更高级别的安全出行保障。另外，根据比亚迪研发部门的数据，与原来的 ADAS 方案相比，赛灵思的 ADAS 方案可以帮助比亚迪节约 60%以上的成本，而功耗仅约 2W。

赛灵思 L0/L1 ADAS 解决方案完全为中国本地自主设计，比亚迪拥有自主知识产权。赛灵思在汽车领域拥有深厚技术背景，在 12 年多的时间里，已向汽车制造商和一级供应商累计供货车级芯片逾 1.6 亿片，其中 5500 万片为 ADAS 芯片。赛灵思器件正被一级汽车供应商们广泛应用于为其 ADAS 及自动驾驶车辆的摄像头和传感器系统提供处理能力。

7.4　中国对 ADAS 的研究与发展现状

7.4.1　中国首份 ADAS 研究报告

在当今车坛，新能源汽车和智能网联无疑是被讨论最多的两个话题，尤其是在智能网联领域，由于入门门槛相对新能源汽车更低，一些相关新企业如雨后春笋般涌现出来。当然，要想智能网联技术大范围的推广，ADAS 是不可缺少的。现在各大汽车制造商都会有属于 ADAS 范畴的技术应用在自家产品上，眼花缭乱的名称和五花八门的功能让初次了解它们的消费者迷惑。

智能网联汽车及相关技术代表着当前汽车技术发展和应用的趋势。作为智能网联汽车技术发展的必经之路，ADAS 相关标准的制定成为标准体系建设的工作重点。为了响应中国政府针对智能网联汽车的一系列战略规划，加快推动智能网联汽车技术在国内的发展，日产汽车携手中国汽车技术研究中心标准所于 2016 年启动了《研究报告》的调研撰写工作。该报告结合国内外行业发展现状和中国道路交通深入研究（CIDAS）数据，以及 ADAS 的技术原理和典型工况相关性，对 ADAS 技术的安全效果进行系统评估；并通过专家问卷和行业调研，从技术成熟度、成本、消费者接受度及产品量产计划等方面分析 ADAS 技术的应用状态，综合提出 ADAS 标准研究制定路线图建议方案，为相关政府部门和行业机构制定政策、开展相关研究和规划工作提供参考。

从报告的内容来看，它不仅对 ADAS 的定义和使用环境做出了明确的规定，还分析了如今在我国汽车市场上 ADAS 的发展和使用情况。不仅如此，对于中国消费者所喜欢使用的一些 ADAS 功能也按照评分进行了排序。这份针对我国实际道路情况所书写的报告，对于我国今后在 ADAS 方面制定统一的规范给出了指导性意见。

7.4.2　中国 ADAS 发展现状

国内市场由于汽车工业起步晚、起点低，对于代表先进汽车技术的驾驶辅助系统开发力度不足，目前国家尚未出台推动驾驶辅助系统技术发展的相关计划。而国内汽车生产厂商受资金与研发实力的限制，在 ADAS 研发方面的投入较少。政策方面，目前中国也没有进一步完善 ADAS 相关技术的强制性安装法规，但针对在国内市场安装的日间行车灯和胎压监测系统，国家已经出台了强制性技术法规，并予以实施。

结合技术自身的发展和中国道路交通环境及消费者的特定需求，可以总结得到 ADAS 技术在中国市场的发展趋势：

1）从技术发展角度出发，由于消费者对汽车安全性的重视度只会越来越高，相信 ADAS 在未来很长一段时间内将保持持续发展的趋势。同时，ADAS 正在从单个技术独立发展转变为整合式主动安全系统的开发，多项技术可以共用传感器、控制系统等平台，一旦车辆装备了基础的 ESP、ACC 等技术，便可以方便地以较低的成本添加其他安全驾驶辅助技术，从而将进一步推动 ADAS 技术在汽车上的应用。

2）一些相对较为低端且实用性强的ADAS技术，如胎压监测系统、ESP等已经充分得到了市场的认可，在强烈的需求驱动下，其在低端市场的普及率将稳步提升。

3）中国消费者对于避险辅助类、视野改善类技术表现出明显的关注度与需求度，相信可以成为下一阶段该领域内的主要增长点。

4）一些对道路要求较高的技术，如变道辅助、车道偏离预警和ACC等，以及与中国消费者驾驶习惯不符的技术，如驾驶员疲劳检测和禁酒闭锁系统等，则可能会面临较长一段时间的缓慢发展。

第8章 Chapter 8

5G环境V2X车联网技术

8.1 5G技术

8.1.1 5G的定义

5G是指第五代移动通信网络，也称为第五代移动通信技术，是4G之后的延伸，其峰值理论传输速度可达数十Gbit/s，远远高于网络的传输速度。

移动通信自20世纪80年代诞生以来，经过三十多年的爆发式增长，已成为人类社会的基础信息网络。通信技术发展进程见表8-1。移动通信的发展不仅深刻改变了人们的生活方式，而且已成为推动国民经济发展、提升社会信息化水平的重要引擎。面向2020年及未来的第五代移动通信网络（5G）已成为全球研发热点。

表8-1 通信技术发展进程

移动通信技术	1G	2G	3G	4G	5G
时间	20世纪80年代	1990年	2003年	2009年	2020年之后
技术特征	频分多址 （FDMA）	时分多址 （TDMA）	码分多址 （CDMA）	正交频分多址 （OFDMA）技术	NFV云平台
应用	基础语音通信	文本、语音通信	实现多媒体应用	移动互联网应用	万物互联
业务	语音通信	语音通信、 文本通信	音乐、图片、视频	直播、移动购物、 移动社交	车联网、无人机、 远程控制
用户体验速率	2.4kbit/s	64kbit/s	用户峰值速率 达到2Mbit/s～ 数十Mbit/s	用户峰值速率 可达100Mbit/s～ 1Gbit/s	用户体验速率 应达到20Gbit/s

8.1.2 5G与4G技术对比

5G网络最明显的优点可能就是网速了，从理论上讲，5G的网络速度将是4G的百倍甚至更多，未来5G的峰值甚至可达到20Gbit/s，下载一部超高画质电影可在1s内完成，当然这也取决于下载设备，实现起来还需一定时间。

除了网速更快，5G网络还有一个优点，就是网络的时延更低（在1ms以内），这样可以让网络更加稳定，不会经常出现丢失数据的情况，上传速度也能有质的提升，并且网络设备终端数据加大后，彼此间的网速也不会有太大影响，同时网络的安全性也进一步提高。

8.1.3 5G产业链

5G全产业链时钟示意图如图8-1所示。5G通信行业产业链条主要包括以下5个重要环节：

1）网络规划设计（前期技术研究及网络建设规划）。

2）无线主设备（核心网、基站天线、射频器件、光器件/光模块、小基站等，无线配套、网络覆盖与优化环节）。

3）传输设备（无线设备后需要有线传输链接，紧跟其后的包括光纤光缆、系统集成、IT 支持及增值服务等）。

4）终端设备（芯片及终端配套）。

5）运营商。

除了以上 5 个重要环节，还包括下列两项：PCB/CCL 产业链（用于基站射频、基带处理单元、IDC 和核心网路由器等）；介质波导滤波器（基站射频）。

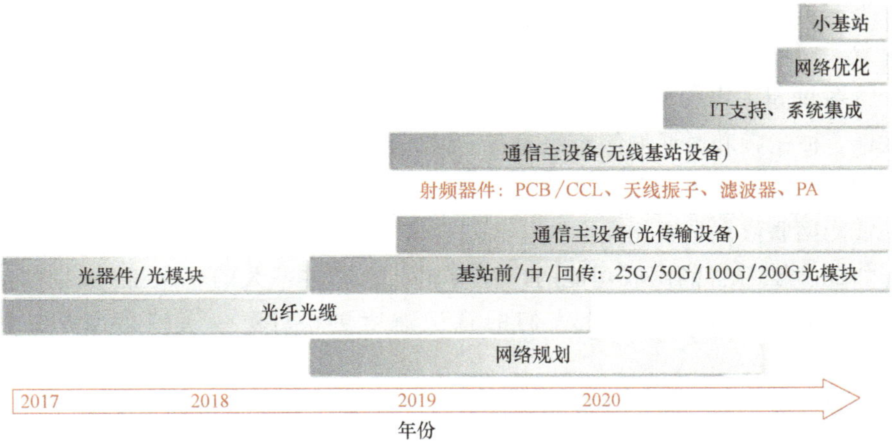

图 8-1　5G 全产业链时钟示意图

8.1.4　5G 环境下的智能网联

无线数据网络在过去的 30 年里稳步发展，一些改变生活的技术紧随其后。20 世纪 80 年代初，第一代模拟移动通信系统诞生，在当时手机虽然罕见，但人们终于可以在路上互相交谈了。

20 世纪 90 年代初，第二代和 2.5G 移动系统使人们能够发送文本，但直到 2000 年，人们才能够通过 3G 接入宽带互联网。手机从一个打电话的设备发展成为一个多面沟通、娱乐、购物的工具。

4G 的到来提供了足够的带宽和速度，可以实现信息和位置共享。这种演变催生了共享经济，出现了如优步（Uber）和 Lyft 等公司。然而，它还不足以支持类似人类反应速度的技术，因而 5G 应运而生。

5G 是 3G 后通信基础又一革命性突破，对车联网来说，5G 解决了数据传输速度和容量问题。5G 网络满足智能网联网络技术要求，尤其是低时延和高可靠性，将是完全智能网联落地的最后推手。4G 阶段的 LTE-V 仅可以支持部分智能网联，完全智能网联必须依赖超低时延、高可靠性的 5G 网络。5G 网络技术特性满足智能驾驶网络技术要求，尤其是在低时延、高可靠性方面，无论是 DSRC（专用短距离通信技术）还是目前基于 4G 的 LTE-V，都无法与之比拟。

随着 5G 时代的临近，5G 超低时延的优势将提升车联网数据采集的及时性，保障车与人、车与车、车与路实时信息互通，消除智能网联安全风险，从而推进实现完全智能网联。图 8-2 所示为 2015~2020 年智能网联汽车的发展趋势，可以看出汽车行业正经历着智能网联功能的指数级增长，并且这一趋势将继续保持。5G 网络连接让智能网联汽车趋于更快、更智能、更安全。

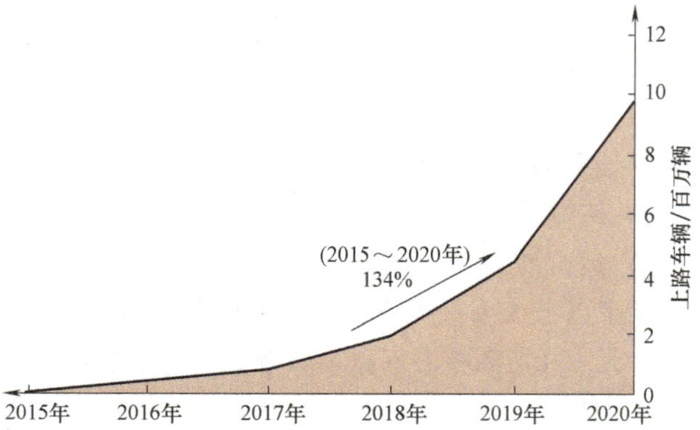

图 8-2　2015~2020 年智能网联汽车发展趋势

实现智能网联汽车的势头正快速蹿升。特斯拉和丰田等公司目前正在匹兹堡、波士顿和凤凰城等地的道路上测试智能网联汽车。先前发生的一起由智能网联优步（Uber）车辆引发的致命事故，让很多人质疑，公众对智能网联汽车产生了严重的担忧：智能网联汽车是否能安全到让人们有信心与它们共享道路。

尽管如此，随着智能网联功能的广泛应用，也许在不久的将来 L5 级别智能网联汽车会出现在道路上，而且可能比人们的意识速度更快。更令人惊讶的是，它们也更安全。

众多专家认为，要想完全释放智能网联汽车技术，就必须大规模采用 5G 无线技术，以目前的 4G 网络速度还无法支持的智能网联汽车的应用。

目前的 4G 网络速度不足以让智能网联汽车具备如此快速的反应能力，智能网联只是 5G 带来的众多令人难以置信的技术之一。虚拟现实和人工智能是可以期待的另外两个例子。

智能网联汽车内置的数百个传感器可以使其更快、更智能。这些传感器产生了前所未有的海量数据，远远超过任何其他物联网应用。处理和分析这些数据需要比现有 4G 技术更快的网络。智能网联汽车系统需要惊人的数据处理能力和速度，这就需要模仿人类的反应时间。

尽可能早地向大众展示众多的应用案例。向汽车公司展示车辆上的 5G 技术，让它们了解数据在车辆中的传输方式，汽车的工作方式、安全性、带宽。用户体验都将发生改变，驾驶人无须再全神贯注，思考汽车要去哪里，在做什么。随着驾驶人得到解放，汽车对带宽的要求将呈指数级增长。

全球领先的半导体公司如英特尔和高通正朝着一场研发特定用途集成电路芯片（ASIC）的革命迈进，研究将 5G 带宽与数字无线电和天线架构相结合的难题。简而言之，这些公司正在开发芯片，将智能网联汽车转变为移动数据中心，让智能网联能够做出实时、复杂的决策。

市场观察人士表示，如果全面采用 5G，互联网速度将比 4G 快 100 倍，它将实现 V2X（下文将详细介绍）。此外，该技术的低延迟将使这些车辆在道路上更加安全、可靠，比目前人为驾驶的车辆更安全。

8.2　V2X 车联网技术

8.2.1　V2X 的定义及内涵

V2X（Vehicle to Everything），并非一般意义上的汽车联网，而是通过车上的 GPS 定位、RFID 识别、传感器、摄像头和图像处理等电子组件，按照约定的通信协议和数据交互标准，进行无线通信和交换的大系统网络。以此使车辆与一切可能影响车辆的实体实现信息交互，其目的是减少事故发生，减缓交通拥堵，降低环境污染以及提供其他信息服务。

如图 8-3 所示，车联网（V2X）的名字很直观，就是把车连到网或者把车连成网，包括汽车与互联网（V2N）、汽车与汽车（V2V）、汽车与基础设施（V2I）以及汽车与行人（V2P）。

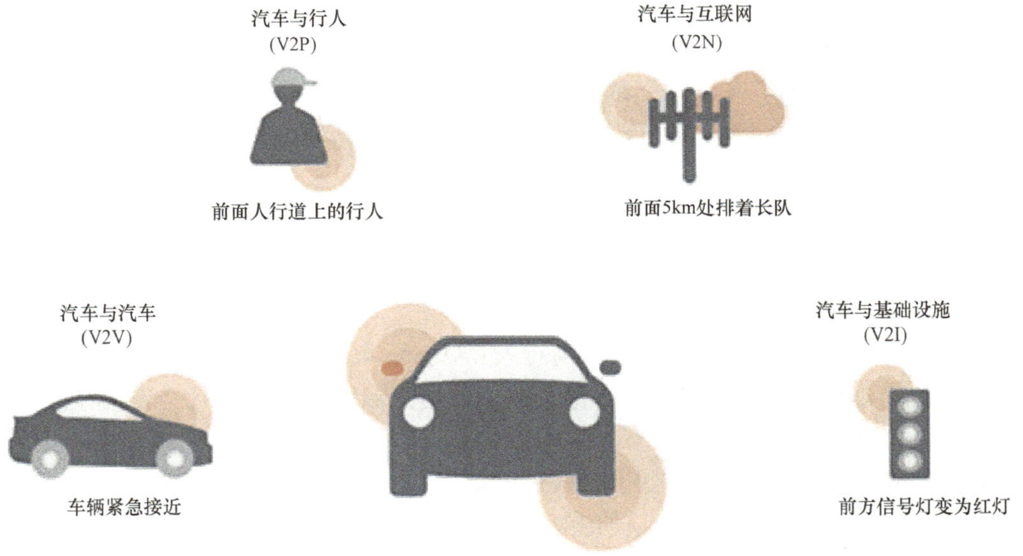

图 8-3　V2X 技术

V2V（Vehicle to Vehicle），即车与车相连的示意图，如图 8-4 所示。V2V 通信技术是一种不受限于固定式基站的通信技术，为移动中的车辆提供直接的端到端的无线通信。即通过 V2V 通信技术，车辆终端彼此可以直接交换无线信息，无须通过基站转发。利用它可以监测道路上行驶的其他车辆的速度、位置等对其他驾驶人“隐藏”的数据，同时能够自动预测出在该车行驶道路前方是否会发生有可能发生的碰撞。

通俗地讲，它与人们所用的手机相反，手机依赖于固定的基站提供信号，以实现与其他手机互通。在高铁上，会因为频繁地更换基站的服务区而导致信号时好时坏。但智能网联汽车对此十分忌惮，试想车辆在没有基站提供服务时，感应不到拐角处的其他车辆，可能引发车祸。

V2I（Vehicle To Infrastructure）即车与基础设施相连，I 在这里包含了交通信号灯、

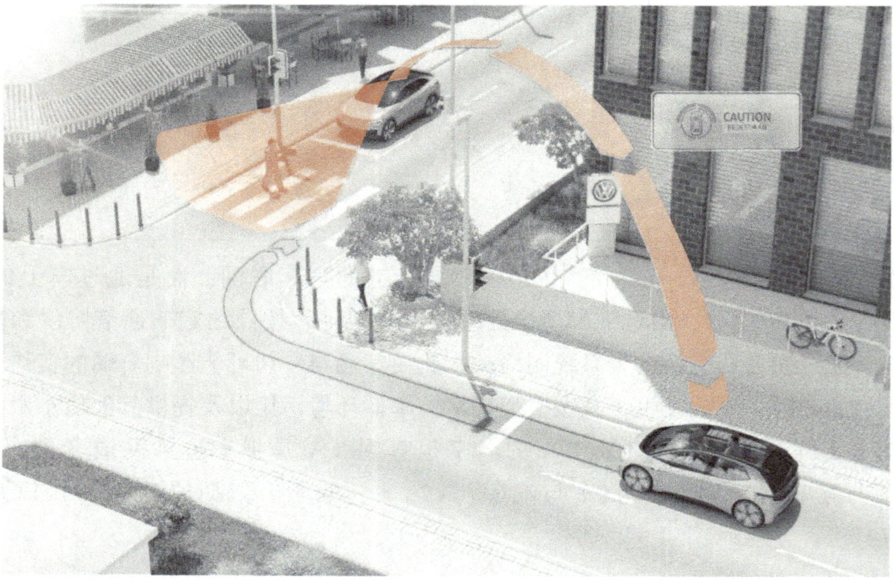

图 8-4　车与车相连示意图

公交站、电线杆、大楼、立交桥、隧道及路障等交通设施。V2I 通信功能采用车载智能交通运输系统的 760MHz 频段，可以在不影响车载传感器的情况下实现基础设施与车辆之间的相互通信。

简单点解释，就好比为盲人配备一根导盲杖，导盲杖的碰触就可以看成是车辆与基础设施之间的信息交互，它可以避免盲人碰到墙，同样的道理，车辆可以以此收集周围环境的信息。

V2P（Vehicle to Pedestrian），即车与行人互联，示意图如图 8-5 所示。车辆可以实现智能网联，但人不可能瞬时移动。这就关乎人身安全、交通秩序以及社会安定等方面，因而 V2P 是智能网联中最重要的一个环节。

实现车辆感知行人的方法有很多，除了比较直观的摄像头和各种传感器外，信息互联也是一种最有效的方法。例如行人使用的终端，如手机、可穿戴设备等，都可以实现人与车辆的互联，从而帮助车辆避开行人。

总而言之，V2X 就是对车载传感器的完善，甚至可以说车载传感器只是其辅助手段。它就像是给人们配备了智能手机，可以无死角、穿越任何障碍物获取信息，还可以和其他“手机”形成互联，实现信息互通。同时还可以通过计算来进行智能操作，完美履行“驾驶人”的义务。

图 8-5　车与行人的互联示意图

与车载传感器相比，它不会受到天气状况的影响。例如遭遇沙尘天气或者大雨、大雾天气时，车载摄像头的作用会被削弱，但 V2X 依然可以保持正常工作。

8.2.2　V2X 通信技术两大阵营

V2X 早期主要是基于 DSRC（Dedicated Short Range Communication，即专用短程通信技术）。DSRC 在美国经过多年开发测试，后期随着蜂窝移动通信技术的发展才出现了 C-V2X（Cellular V2X，即以蜂窝通信技术为基础的 V2X）技术。

1. DSRC

DSRC 是一种高效的无线通信技术，可提供高速数据传输和中短距离通信服务，它主要依靠路边的 WiFi 发射器。

1999 年，美国联邦通信委员会（Federal Communications Commission，FCC）决定将 5.9GHz（5.850~5.925GHz）频段分配给汽车通信使用，并鼓励快速开发、采用 DSRC 技术和应用，目的是为了提升公共安全和改善交通拥堵状况。在物理层和 MAC 等技术底层，DSRC 主要使用 IEEE 802.11p 标准，上层则采用 IEEE 1609 系列标准。其中，802.11p 将带宽从 20MHz 改为 10MHz，输出为 27Mbit/s。这种方式使得数据持续时间和保护间隔时间增加了一倍，提高了信号的稳定性，适用于各种天气环境下的高速车辆通信。其实人们对于这项技术并不陌生，它是现代生活中不可缺少的专用短程通信技术。对于驾驶人不算陌生的 ETC 专用通道，它就是实现车辆身份识别、电子扣费、不停车、免取卡、建立无人值守车辆通道的关键。

DSRC 的特点是对短程（数十米的距离）高速行驶的车辆进行识别和连接。从以上应用也可看出，其技术比较成熟、稳定，当前被广泛认可。

2. C-V2X

C-V2X 以 LTE-V 技术为基础，通过 LTE-V-D 和 LTE-V-Cell 两大技术支持在 V2I、V2V 及 V2P 中广泛应用。由于 LTE-V 技术类似于基站发射 4G 信号，比上文提及的靠 WiFi 发射器的 DSRC 技术更稳定，使通信更便利。第一版标准已于 2017 年 9 月制定，形成了以华为、高通等通信产业链企业、电信运营商和汽车企业为主的产业阵营，目前仍处于标准制定的关键阶段。

C-V2X 技术正持续获得广泛的生态系统支持，并有望成为汽车安全与未来智能网联领域的重要技术之一。继福特、奥迪、PSA 和上汽宣布支持高通第一个 C-V2X 商业解决方案——高通 9150 C-V2X 芯片组及参考平台以来，越来越多的一级供应商将 C-V2X 解决方案用于测试并作为下一步商业实施计划的基础。

3. DSRC 与 C-V2X 的比较

相比于 802.11p 的 DSRC，C-V2X 的优势比较明显，具体如下。

1）基于蜂窝网络，与目前的 4G 和未来的 5G 网络可以复用，部署成本低。

2）网络覆盖广，网络运营盈利模式清晰。

3）3GPP 标准制定，全球通用，使用单一 LTE 芯片组，模块成本大幅降低。

4）C-V2X 作为 5G 的重要组成部分持续演进。

从我国拥有全球最大的 LTE 网络现状和 C-V2X 演进的技术优势来看，C-V2X 应该是国内 V2X 技术标准的首选。

然而 C-V2X 的基础技术 LTE 同样存在一定局限性。①目前的蜂窝网络无法提供足够的数据带宽以及满足要求的低延迟，而 D2D[⊖] 仅能在紧急情况下运行，设备发现协议极慢，因此难以支持时间要求严格的应用场景；②LTE 采用增强型多媒体广播多播（Evolved Multimedia Broadcast Multicast Service，eMBMS）等技术进行单点到多点的接口管理，但主要支持静态场景，对于大量车辆拥堵的情况可能无法提供所需的效能；③LTE 涉及移动网络运营商之间的移交和应用服务供应商之间的合作，针对 V2X 应用如何构建新的合作模式尚不明确；④LTE 或邻近通信服务的安全机制并不适用于 V2V 通信，因为其仅提供安全信息的加密，但对信息真实性无法保障。

8.2.3 V2X 技术发展举措

V2X 通信技术能够实现更加安全、高效、便捷的驾驶体验，同时也是未来汽车高度智能网联的基础支撑，是汽车产业融入万物互联时代的重要途径。当前，实现 V2X 的 DSRC 与 C-V2X 两种技术路线引发了各界的激烈讨论，由于各有优劣，最佳路线尚无定论，而 V2X 系统的大规模应用也仍需时间。我国作为智能汽车和智能交通发展较晚的国家，应当从国际 V2X 技术的发展历程中充分吸取经验，更好地进行顶层的统筹规划和基础建设工作。

1）V2X 技术最终将向 5G 发展。DSRC 技术经过近 20 年的研发已经较为成熟，凭借其低延迟和高安全性的特点使得 V2V 系统的部署成为可能。然而其通信范围受限、基础设施依赖性强、缺乏技术演进路线等问题促使业界将目光投向了蜂窝技术的应用。而 C-V2X 技术目前尚处于起步阶段，初始标准刚刚完成，还不能满足严格的车辆通信安全要求，仅适用于非安全相关的应用。但是未来 5G 技术将充分考虑车辆应用需求，有潜力提供高吞吐量、宽带载波支撑、超低延迟和高可靠性的通信服务，从而真正满足智能网联汽车的核心诉求。因此，国家在制定相关法规政策以及推动项目建设时，应当充分考虑当前技术与未来 5G 通信的过渡衔接，避免战略误判和低效投入。从这个角度看，发展与 5G 技术兼容性更佳的 C-V2X 技术将更加符合长远利益。

2）V2X 系统的推广应该积极利用现有通信资源。无论采用 DSRC 还是 C-V2X 方案，V2X 系统的应用均需要对现有车载设备、网络基础设施和交通管理设施等进行升级改造。目前 DSRC 在我国主要应用于基于 5.8GHz 频段的电子不停车收费（Electronic Toll Collection，ETC）系统，其路侧单元主要集中在高速公路收费站、机场停车场及城市停车场等，设施数量较少，功能相对单一，难以达到未来中高级智能网联的通信需求。相比而言，蜂窝移动通信资源更为丰富，据工业和信息化部（简称工信部）《2017 年通信业统计公报》统计，2017 年年底国内移动通信基站数量已达 619 万个，其中包括 328 万个 4G 基站，到 2020 年将实现全国行政村 4G 覆盖率超过 98%。因此从网络覆盖率、基础设施改造成本及用户使用成本等各个角度综合考虑，采用 C-V2X 方案将更有利于推动 V2X 系统的大规模普及应用。

3）V2X 标准法规的制定需要充分地考虑国家安全。V2X 系统是未来智慧城市和智能

⊖ D2D，Device-to-Device，设备到设备通信。

交通的核心组成部分之一，其技术标准决定了未来交通的安全性和产业的主导权。美国率先启动了 V2X 系统技术标准和应用法规的制定工作，极有可能将 DSRC 作为法定技术，这是建立在其多年研究基础上的结果。美国 DSRC 的相关协议标准以及频谱划分已经引领了世界的技术趋势，通用、德尔福等公司均具有雄厚的 DSRC 技术积累，因此美国希望通过推广 DSRC 技术掌握 V2X 产业甚至智能汽车以及智能交通产业的话语权。而中国目前并未确立 DSRC 技术的主导地位，在国内通信企业掌握 4G 技术并且积极参与 5G 标准制定的情况下，更应当充分利用自身优势，积极参与 C-V2X 技术和产品的基础研发及应用建设，实现产业的自主发展，确保汽车和信息两大产业安全受控。

4）V2X 系统的完善需要汽车产业与通信产业的通力合作。目前国内 V2X 技术的主要推动方是各大通信企业，它们出于拓展业务、构建生态等考虑积极参与汽车产业，而很多国内汽车企业对于 V2X 的发展趋势、应用场景和实际需求都不明确，相关开发和测试进展相对缓慢。相比之下，国外往往是整车企业和零部件供应商根据驾驶功能进行需求定义，再由专业团队进行开发，进而与电信运营商进行测试运营方面的合作。国内汽车产业应当提高该领域的战略认识，依托于智能网联汽车产业创新联盟、国家智能网联汽车试点示范区等组织和项目，尽快形成统一的需求定义以及技术路线，从而更好地与通信产业分工协作，打造一流的车联网解决方案。

8.2.4　V2X 技术和智能网联

V2X 最早的应用是在 2006 年，由通用汽车公司在一辆凯迪拉克上做了展示。从那之后，其他的汽车制造商和汽车配套产品供应商都纷纷开始研究这项技术。

简单来说，在智能网联汽车领域，V2X 更容易实现完全自动，搭配了该系统的车型，在智能网联模式下，能够通过对实时交通信息的分析，自动选择路况最佳的行驶路线，从而大大缓解交通拥堵。除此之外，通过使用车载传感器和摄像系统，还可以感知周围环境，做出迅速调整，从而实现“零交通事故”。

未来 V2X 技术将成为智能网联技术的核心。通过网络云端 AI 可获取传统嵌入式 AI 视觉范围之外的信息，而单车传感器受制于视觉范围，则只能获取其视线范围内的信息，对于智能网联远远不够。为了保证智能网联安全性，接入车联网系统，在单车智能系统达到极限以后，网络云端 AI 给汽车智能网联增加了一层保障，可以提前预判其他车辆的行驶地点和时间，获取视觉范围之外的信息，达到智能网联精准判断。

8.2.5　各企业研发 V2X 技术的进展

1. 西门子与两公司开展合作，通过配置 V2X 技术提升道路安全性

西门子与 Brandmotion 和 Commsignia 两公司开展合作，为拉斯维加斯提供统包车辆对基础设施通信（V2I）及车间通信（V2V）系统，该系统将部署在塔霍湖赌场中心大道（Lake Tahoe Casino Center Boulevard），作为试点项目的重要组成部分，旨在中心城区创建更为安全的互联道路环境。

V2X 技术设备已被安装于博纳维尔大道与克拉克大道（Bonneville and Clark Avenues）间的通道中，如今，已部署的西门子 V2I 技术包括路边及车辆基础设施、创新型软件应

用、数字式智能城市平台，可提供车辆及行人等与十字路口、通道、交通信号等交通基础设施实时的通信交流，在强化情境意识的同时提升道路安全性，并减少交通伤害事故。

2. Savari 与高通技术公司合作，提供 C-V2X 解决方案

美国通信系统解决方案供应商 Savari 公司正在与高通技术公司合作，旨在提供一个综合的基于蜂窝（技术）的车辆到一切（C-V2X）的解决方案。在此次合作中，Savari 为 C-V2X 模块提供关键的软件部件，其中包括为高通 9150 C-V2X 芯片组提供关键性的 V2X 软件。

该解决方案的目的是提供 C-V2X 通信功能，包括 V2V、V2I 及 V2P 功能，旨在提升车辆安全性并为 L4 及 L5 级别智能网联汽车提供支持。

3. 麦凯恩与高通在 2018 年 CES 上展示 C-V2X 技术

麦凯恩与高通在 2018 国际消费类电子产品展览会 CES 上展出其互联汽车技术，作为其 C-V2X 技术演示的重要环节。麦凯恩与高通的技术演示向观众展示了 C-V2X 直接通信是如何实现车辆与交通控制基础设施间的重要数据交换的，从而提升安全性、优化交通流，为智能网联奠定基础。

麦凯恩的先进交通系统可提供实时交通数据，旨在利用路侧单元（Roadside Unit，RSU），用于实现 V2I 通信。麦凯恩展示了旗下的紧凑式 Backpack 座舱，在 FLeX Controller 上运行 Omni eX 十字路口控制软件（Intersection Control Software）。麦凯恩系统提供的高精度数据（High-resolution Data）可为车辆提供可视化的定时器（Countdown Timer），显示信号变化并提供关键性安全警示的时间，包括提醒附近可能有行人、有急救车在靠近，实现急救车辆的优先通行。

4. 大陆与日产等五大公司携手在日本测试 C-V2X 技术

由大陆、爱立信、日产、NTT、OKI（冲电气工业株式会式）以及高通组成的财团宣布，计划首次在日本开展基于蜂窝网络的车辆对一切通信（C-V2X）测试。

此次试验旨在展示 C-V2X 直接通信技术可扩大通信范围、提升通信的可靠性以及加快通信的响应速度。此次测试结果将有助于开发车联网生态系统，为利益相关者提供信息资源，这类利益相关者包括与智能交通系统相关的组织及政府机构，上述组织和机构正在为未来大范围部署互联智能网联汽车做准备。此外，此次测试结果还将为该行业向 5G 空口技术（5G NR）转变提供信息资源。5G NR 被 3GPP 定义为全球新的蜂窝技术标准。

5. PSA 集团与高通宣布 C-V2X 技术测试取得进展

PSA 集团与高通宣布在 C-V2X 通信技术测试方面取得进展。该测试的目的之一是验证 C-V2X 技术是在汽车中部署 5G 网络技术，是实现车辆间直接通信的第一步。

PSA 集团和高通在 PSA 汽车中搭载 C-V2X 技术，并采用高通 9150 C-V2X 芯片组以及参考平台。特定用例展示了 C-V2X 技术如何对 ADAS 提供支持，以及车辆如何无缝地与其他车辆通信、警示其他车辆潜在的道路危险或者糟糕的驾驶环境，如车流缓慢或者车辆禁行等。

6. 5GAA 与奥迪、福特、高通开展 C-V2X 技术展示

5G 汽车联盟（5GAA）与奥迪、福特及高通宣布，开展了全球首例跨车企多车型的 C-V2X 直接通信技术操作演示。

该技术演示展现采用 C-V2X 实时直接通信技术，采用全球统一的 5.9 GHz ITS 频谱，用于 V2X 碰撞规避测试，提升道路安全性，且不存在任何对蜂窝式网络运营商旗下的网络关系、授权证书或覆盖范围的从属性。5GAA、奥迪、福特及高通的技术展示旨在拓宽车用级生态系统，加速 C-V2X 的推广应用，预计最快在 2020 年完成该技术的部署。

7. 高通与松下、福特、Kapsch 及法可赛合作 5G 及 C-V2X 技术

高通与福特宣布，双方致力于在科罗拉多州部署蜂窝式车辆对一切通信（C-V2X）技术。这是首次在美国部署 C-V2X 技术，旨在整合该州的互联汽车技术。

松下、高通及福特携手部署该项技术，并于 2019 年夏季在选定道路上评估了 C-V2X 的功能。松下还将与 Kapsch TrafficCom 合作科罗拉多交通部的 V2X 研发项目，后者将提供路侧单元，与法可赛公司（Ficosa）合作，共同提供 C-V2X 车载单元；高速运输管理局（Transit Authority）现役车队采用了福特车辆，其配备了 C-V2X 设备，利用法可赛的 Car-Com 平台技术，旨在实现车间通信及车辆对基础设施通信；松下的互联汽车数据平台将采集、传播 C-V2X 数据，增强道路运营方的态势感知能力，直接向车辆发送安全关键性信息。

8. 大陆与沃达丰合作 C-V2X 技术，研发多项技术提升道路安全

沃达丰（Vodafone）与大陆联手，双方宣布将开展创新驱动合作，旨在利用智能车辆的互联技术提升德国道路安全。此外，两家公司正在共同研发创新产品方案，为所有道路使用者提供保护。

目前，双方正在沃达丰的 5G 移动实验室内打造应用情境，该项目的两大重心为行人的数字屏障及交通拥堵警示系统。双方将开展 5G、蜂窝式车辆对一切通信（cellular V2X）以及移动边缘计算。

9. 促进 5G 网络推广，宝马与戴姆勒敦促欧盟采用 C-V2X 技术

宝马公司、戴姆勒集团、德国电信（Deutsche Telekom）和爱立信集团（Ericsson）已敦促欧盟委员会支持 C-V2X 网联汽车技术（即以蜂窝网络为基础的车联网技术），从而加快 5G 移动网络在欧盟区的推广。

上述企业均表示，C-V2X 技术可让车辆通过蜂窝网络连接其他网联设备，相较基于 WiFi 的 ITS-G5 技术使用起来效果更好，并认为 C-V2X 技术将使欧盟汽车制造商在全球市场更有竞争力。

10. PSA 集团无锡展示网联车 V2X 通信技术，以提高道路安全和交通效率

PSA 集团在中国无锡公开展示其最新的车辆通信技术。

PSA 集团的旗下车辆都配备了 LTE-V2X 设备，可与路边的基础设施进行通信，并且接收交通信号灯、超出视距范围的车辆及行人等实时交通信息。其汽车展示如何利用此类信息帮助评估，如应怎样优化车速以改善通过交叉路口的体验；也可接收路边智能摄像头发送的信息，实现对道路潜在危险的早期预警，同时可以了解驾驶过程中发生的事件。此外，PSA 集团的汽车还能实现车与车、车与人的直接通信，使驾驶人在汽车需要紧急制动或是行人突然穿越马路时，接收预警信息。

11. 恩智浦合作日立推出基于专用短程通信技术的 V2X 解决方案

汽车半导体供应商恩智浦半导体（NXP Semiconductors）公司宣布与日本汽车市场

V2X 软件平台领导者日立解决方案有限公司（Hitachi Solutions，Ltd.）合作，一起研发面向日本市场（日本智能交通系统）的新 V2X 解决方案。

该解决方案采用恩智浦研发的 V2X 调制解调器和处理器以及日立解决方案完整的 V2X 软件堆栈，为面向日本市场的汽车制造商研发自己的 V2X 解决方案（无论是车载单元（OBU）还是完整的远程信息处理模块（Telematics Modules）VX2 解决方案）提供一个有利的开端。此外，该解决方案能够实现频率为 5.9GHz 和 760MHz 的 V2X 操作，这也意味着可以通过单一、可重复使用的设计解决欧洲和美国等其他市场的需求，实现节省汽车研发成本的目的。

12. 高通合作北汽、长安、吉利等演示 LTE-V2X 直接通信互联互通应用

高通宣布，将进一步深化与中国日益壮大的汽车生态系统合作，携手领先的汽车制造商和供应商，共同推动基于第三代合作伙伴项目（3GPP）14 版（Release 14）规范的 LTE 车辆到一切（V2X）直接通信技术的商业化。

高通将携手奥迪、北汽、长安、吉利和长城等汽车制造商以及金溢科技、星云互联和 Savari 公司等中国汽车工程学会智能交通系统（ITS）软件堆栈供应商，并合作在上海举办的中国汽车工程学会年会暨展览会举行首次大规模多功能的 LTE-V2X 直接通信互操作展示。

13. 沃达丰与捷豹路虎、华为在伦敦开展 C-V2X 通信测试，支持远程及近程通信

沃达丰与捷豹路虎、华为在伦敦开展了一场 C-V2X 车载通信系统的实地演示。三家公司展示的 C-V2X 系统符合当前 3GPP Release 14 蜂窝式网络标准，这是三家公司首次在欧洲地区利用实时移动网络进行通信，这次测试同时采用短程通信及远程通信，旨在展现 C-V2X 通信系统的功能性。

捷豹 F-PACE 和路虎发现测试车辆均配置了 C-V2X 装置，该类设备内置了一款华为芯片组，可同时支持 PC5（短程）和 Uu（远程）移动通信。测试车辆可利用沃达丰英国的远程通信网络及 PC5 短程通信网络实现车辆间的通信，还能够与支持 PC-4 的华为路侧装置联通，以获得限速警示。

14. 三星与韩国交通安全公团合作，为网联汽车和智能网联车辆建立 5G V2X 测试区

韩国三星电子（Samsung Electronics）公司将与韩国交通安全公团（KOTSA）合作，在韩国智能网联技术测试场 K-City 建立 4G 长期演进技术（LTE）、5G 和车辆到一切（V2X）电信网络及相关的 IT 基础设施。

K-City 包含 5 个真实的仿真场景：城市地区、农村地区、当地社区、高速公路和停车场，占地 360000m^2。使用先进车辆通信技术，该试验场将为智能网联汽车和网联汽车创造一个环境，以体验真实的道路状况、交叉路口和隧道。此外，该试验场还可测试重建和重复的交通事故风险情况，有助于提高驾驶人和行人的安全性。

8.2.6 V2X 的发展趋势

3GPP 于 2017 年宣布了第一套使用与 IEEE 802.11p 不同的无线电技术的 V2I 和 V2V 通信的 C-V2X 物理层标准。DSRC 有美国和欧盟支持，但是 3GPP 的实力也不容小觑，华为、爱立信、英特尔及诺基亚等也在积极推动 C-V2X 芯片和设备产业化，车企也纷纷联合通信企业开展 C-V2X 技术测试。C-V2X 在产业化进程方面与 DSRC 的差距正逐渐缩小。

未来全球 V2X 市场可能会出现 DSRC 或 C-V2X 技术一家独大的情况，也可能同时存在 DSRC 和 C-V2X。如果是一家独大的情况，多数人可能更倾向于 C-V2X，因为它从技术持续迭代性、可靠性和信号传输迟滞性等方面来说拥有较大的优势。

如果是两者同时存在的情况，可能在某一国家或地区会以其中一项技术为主导，这与政府、通信供应商及汽车制造商等都有很大的关系。

当然，随着通信技术不断发展，也可能会出现一种新的车载通信协议。

8.3　V2X 的应用进展

8.3.1　DSRC 应用进展

美国是推动 DSRC 应用的主要国家，美国交通运输部长期致力于 DSRC 的试点部署工作，早在 1999 年便将 DSRC 选定为 V2V 通信方案，迄今已投入了大量财力进行开发测试。2011 年 8 月启动的“轻型车辆驾驶人验收门诊”项目，主要是在美国 6 个地方设立不同的应用环境，用以评估用户对 V2V 安全应用的接受程度，得到了奔驰、通用、福特及丰田等车企的支持，其结果表明 58%的受访者愿意以 200 美元以下的价格购买 V2V 相关安全功能。2012 年 8 月到 2014 年 2 月密歇根大学交通研究所在安娜堡市进行了“安全试点模拟部署”测试，共计投入超过 2800 辆测试车辆以及 25 个基础设施站点，对 V2X 在真实环境下的运行情况以及安全效益进行评估。2016 年美国交通运输部在怀俄明州、纽约市和坦帕市启动了“网联车辆试点部署”项目，投资超过 4500 万美元，主要进行网联系统的设计、建设和测试。基于以上研究，美国高速公路安全管理局在 2016 年 12 月发布 V2V 通信法规提案，计划从 2021 年起实施新的法规，要求所有新增轻型车辆必须搭载基于 DSRC 的 V2V 技术。美国交通运输部“网联车辆试点部署”项目见表 8-2。

表 8-2　美国交通运输部“网联车辆试点部署”项目

地点	应用侧重点	内容和目标
怀俄明州	商业物流	怀俄明州是重要的货运走廊，在全美以及美国与加拿大和墨西哥之间的货物流通中发挥关键作用
		专注于商用车运营商的需求并将开发使用 V2I 和 V2V 的应用程序，以支持包含路边警报、停车通知和动态出行引导在内的一系列预警服务
纽约市	出行安全	旨在通过部署 V2V 和 V2I 技术提高该市出行者和行人的安全
		与该市的零伤亡愿景配合，以减少纽约市出行由碰撞引起的伤亡安全
		在密集的城市交通系统中非常典型的交叉口间隔紧密的情景下评估互联汽车技术和应用，预计将成为迄今为止最大的互联汽车技术部署
坦帕市	交通拥堵	希尔斯伯勒高速公路管理局拥有/运营 Selmon 可逆快车道（Reversible Express Lanes，REL），这是第一个用于解决城市拥堵问题的此类型设施
		将部署各种 V2V 及 V2I 应用，以缓解交通拥堵、减少碰撞并防止误入 REL 出口
		加强行人安全、加快公交运行，减少在具有大量混合交通地点的电车、行人和乘用车之间的冲突

8.3.2 C-V2X应用进展

随着蜂窝通信技术的发展，蜂窝通信的作用越来越重要。现在蜂窝通信技术已经从单纯的传递声音变成传递音频、数据，也从人与人（Person-to-Person）向机器与机器（Machine-to-Machine，M2M）变革。V2X技术就是M2M变革的一项应用。

V2X是由3GPP定义的基于蜂窝通信的V2X技术，它包含基于LTE以及未来5G的V2X系统，是DSRC技术的有力补充。它借助已存在的LTE网络设施来实现V2V、V2N及V2I的信息交互，这项技术最吸引人的地方是它能紧跟变革，适用于更复杂的安全应用场景，满足低延迟、高可靠性和带宽要求。

C-V2X涉及通信单元及通信接口。通信单元主要包括2部分：路边单元（Road Side Unit，RSU）和车载单元（On Board Unit，OBU）；通信接口主要有2个：Uu接口和PC5接口。

RSU主要是在覆盖范围内广播路况、信号灯及行人信息，提供时间和位置同步等，同时具有移动网络接入能力，接入车联网管理平台或云平台。

OBU主要采集车况、路况、行人信息，提供与RSU及其他OBU的通信信息交互功能，同时具有移动网络接入能力，接入车联网管理平台或云平台。

Uu接口是指OBU/RSU与基站之间的接口，实现与移动网络的通信；

PC5接口是指OBU与OBU、OBU与RSU之间的直联通信接口，即车辆与其他设施之间不借助移动网络而直接进行通信。

在IC（In Coverage，覆盖中）场景下，OBU/RSU设备间可通过Uu接口与PC5接口联合通信，但在OC（Out of Coverage，覆盖范围之外）场景下，只能使用PC5接口进行通信。

C-V2X拥有的技术优势具体如下：

1）卓越的射程和无线电性能：通过改进调制和编码以及更好的接收器和LTE技术带来的整体技术进步，C-V2X可以提供更高的通信范围（约2倍的视距）、更好的非视距（Non-Line of Sight）性能，更高的容量，提高可靠性（更低的封包数据错误率）。与基于IEEE 802.11p的无线电技术相比，在更密集的环境中拥有出色的拥堵控制能力。

2）可预测的效能：有别于802.11p，C-V2X直接通信旨在基于3GPP无线电规范中规定的标准化最低性能要求，在现实场景中提供可预测和一致的性能。

3）兼容性：C-V2X旨在为5G提供一个演进路径，并且可以向前/向后兼容。通过设计，C-V2X演进可以利用无线通信的最新进展，同时保持向后兼容性。

4）成本效益：C-V2X可以整合到蜂巢式调制解调器芯片组产品中，与802.11p及DSRC相比，基于C-V2X的解决方案更经济高效。

5）ITS频谱和投资可重复利用：C-V2X直接通信设计用于ITS频谱，可缩短其开发时间，并且可以重复使用多年的V2X软件投资。

6）低延迟：C-V2X专为低延迟直接通信而设计。安全信息（如道路危险警告）可以使用全球统一的5.9 GHz ITS频谱中的低延迟传输直接通信来发送。

7）高速移动使用：不同于取代以太网布线的WiFi技术，蜂巢式系统专为高速移动而设计。由于物理层缺乏增强功能，802.11p 需要高级接收器实现高速运行。

8）健全的同步性：即使没有全球导航卫星系统（GNSS），C-V2X 也拥有强大的机制，可支持不同来源经济高效的同步。

9）安全性：针对任何 V2X 应用程序，以安全为中心的沟通都非常重要。C-V2X 受益于上述汽车和无线标准组织定义的既定安全和传输层以及应用协议。

2015 年初，3GPP 正式启动基于 C-V2X 的技术需求和标准化研究，2015 年初，3GPP 需求工作组开展了 C-V2X 需求研究，并于 2016 年 3 月完成结项。2016 年年初，3GPP 架构工作组启动 C-V2X 架构研究，并于 2016 年底完成标准化。

在 C-V2X 研究方面，3GPP 无线技术工作组于 2015 年 7 月启动 SI 立项，于 2016 年 6 月完成结项。2015 年 12 月，针对车与车直连 V2X 标准项目“基于 LTE PC5 接口的 V2V”启动立项，并于 2016 年 9 月完成标准化。2016 年 6 月针对车与路及车与人等 V2X 标准项目“基于 LTE 的 V2X 业务”启动立项，并于 2017 年 3 月顺利完成项目研究。

2016 年 9 月，在 LTE 标准化机构 3GPP 第 73 次会议上，C-V2X 的 V2V 标准在 Release14 中正式冻结，这标志着 3GPP 完成了 LTE -V 第一阶段的标准，即基于终端直通（D2D）模式的车与车通信（V2V）标准化，通过深入研究引入了更优化的物理层解调参考信号、资源调度及干扰协调等技术。

在智能运输系统技术委员会（ISO/TC 204）第 49 次全会上，中国提出的 C-V2X 标准立项申请获得通过，确定 C-V2X 成为 ISO ITS 系统的候选技术。并完成了阶段性 C-V2X 标准的发布，包括基于蜂窝网的 V2V、V2I 及 V2P 等，如图 8-6 所示。

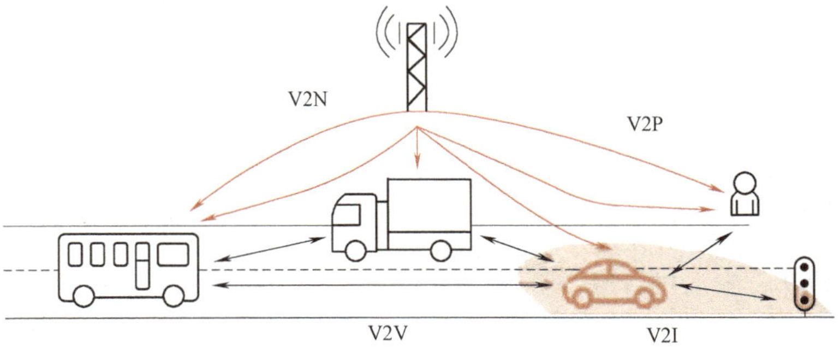

图 8-6　阶段性 C-V2X 标准

中国将 V2X 技术作为智能网联汽车和智能交通系统的一部分，纳入“中国制造 2025”“互联网+”等国家战略。中国 V2X 技术标准的制定分工如图 8-7 所示。DSRC 和 C-V2X 技术分别得到政府的不同部委、基础设施供应商和汽车制造商等不同利益相关方的支持，各个政府部门和行业组织正在积极协调技术标准的制定。目前，由通用汽车、长安汽车和清华大学共同制定的《合作式智能运输系统　车用通信系统　应用层及应用数据交互标准》已经正式发布，该标准将与底层通信技术无关的 V2X 信息格式标准化，有利于实现不同品牌车辆及 V2X 系统的互联互通。而在上海嘉定的智能网联汽车试点示范区规划中，也将同时测试 DSRC 与 C-V2X 两种技术。

相比较而言，如果两辆汽车相向行驶，DSRC 只有在达到 C-V2X 一半距离和速度的时候，才会开始运行。例如，如果两辆车以 45km/h 的速度行驶，那么 C-V2X 可以在车距为 450m 的时候发出提醒。若使用 DSRC 技术，只能在约 250m 的距离才能侦测到目标。

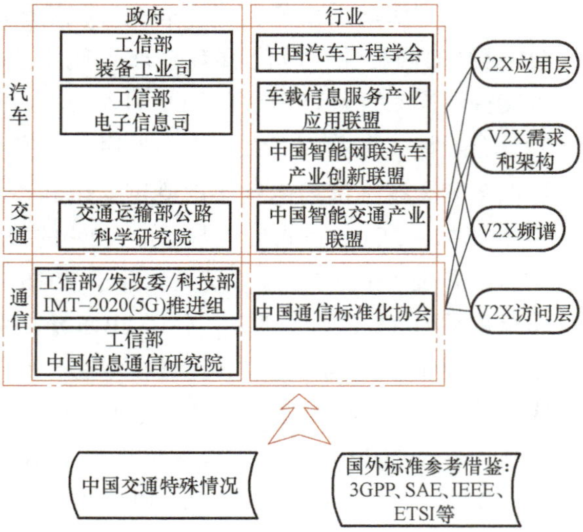

图 8-7　中国 V2X 技术标准的制定分工

C-V2X 技术有助于在非直线性范围内进行事故车辆检测。当前方道路转弯处有一辆事故车辆时，在正常的驾驶过程中，驾驶人是看不到事故车辆的，但是当车辆进入到 C-V2X 的范围内，车辆就会收到通知，知道前方车辆停在哪个车道上，可以广播车辆的位置。驾驶人可以据此规避前方的危险，从而降低车速来规避危险。

C-V2X 是 3GPP 在 R14 的标准，同时也是一个持续演进、不断完善的标准。不仅如此，在 4G 时代对 C-V2X 的投资也可以延续到 5G 时代，应用在 5G 的基础设施中，这也是 C-V2X 优于 DSRC 的原因之一。

抛开通信标准、政策等因素，V2X 过于依赖基础设施，如道路基础设施等，因此这项技术需要政府、科研机构及企业等各方的共同推进。而就厂商来说，在 V2X 商业布局加快的背景下，积极联合车企以及供应商进行硬件设备、基础设施的部署，才能够保证 V2X 技术的商业化价值快速体现。

8.4　智能网联汽车内部通信

对于一辆汽车，发动机转速、胎压、灯光音响及车载摄像头等在不同状态产生的数据通过各种传感器进行采集，有了数据，就可以进行数据传输，形成一个车内局域网。CAN 总线能够实现全车信息共享，形成对汽车发动机、自动变速器、ABS 系统及安全气囊等的控制。LIN 总线主要用于车内分布式电控系统、照明警示、电动车窗及车门等部件。

车内局域网是基于 CAN/LIN 总线技术建立的一个标准化整车网络。CAN/LIN 总线技术成熟可靠、实时灵活，可以实现车内各种电器、电控单元间的状态信息和控制信号的传输，使车辆能够实现状态感知、故障诊断和智能控制等功能。CAN/LIN 总线技术使车内智能传感器连接汽车上的有线和无线设备，更好地实现汽车“安全、娱乐、节能”三大功能。

目前的车联网已经完成了基本普及并初具联网能力，但还远未达到大规模应用的程度。以苹果、谷歌、BAT 为代表的互联网巨头，以及无数伴随智能硬件大潮而涌现的新创公司在 2014 年纷纷进入车联网领域，甚至包括像大众、通用、PSA 集团之类的整车厂也开始逐渐转型。下面大致介绍不同企业进入车内局域网领域的方法。

1. 在 OBD 和 CAN 总线方面

最典型的就是腾讯在 2014 年推出的“腾讯路宝盒子”。通过插在汽车上的路宝盒子（车载自动诊断系统 OBD 设备）获取汽车数据，如里程、油耗、速度及驾驶行为等信息。将这些信息通过路宝盒子传到手机、云端，并经过大数据分析后，为驾驶人提供服务与应用。

这种方法一般能实现的功能大致有保养推送、UBI 保险、驾驶行为纠正以及车辆远程监控（门、窗、灯的状态）。如果能够进一步获得私有协议及 CAN 总线操控能力，还可以实现对车辆的控制。

同时，这种方法也存在不足：不同厂家，OBD 及 CAN 总线通信协议各不相同，并且对外完全封闭，单纯由互联网公司操作，很难达到普适性（路宝盒子就在车辆适配这一方面做了大量工作，现在已经可以兼容市面超过 90% 的车辆）。如果单纯依靠破解，又会产生法律及安全风险。

2. 在车载信息娱乐系统方面

在车载信息娱乐系统方面，国外有以苹果 carplay、Android Auto 为代表的产品，国内有以百度 CarNet 为代表的产品。可以将手机的内容投射到车载信息娱乐系统屏幕上，让车载信息娱乐系统更具灵活性和延展性，旨在改变车内的视听娱乐体验。

这种方法与目前智能电视所面临的问题相似。它只解决了从手机屏幕向另一块屏幕转移的问题，却没有根本解决人机交互问题，依旧需要用户用手指在车载信息娱乐系统屏幕或手机屏幕上进行操作，即便具备语音操控功能，但在现阶段所能提供的帮助也还有限。

从长远来看，它需要的是车载信息娱乐系统传感器、人机交互和肢体操控能力的进一步发展与普及，并结合车用平视显示器 HUD（Head Up Display）技术，让用户的眼睛能够离开手机、车载信息娱乐系统，只需要专心看路即可实现任何操作。

8.5　单车智能与车路协同

8.5.1　单车智能引领者——Waymo

Waymo 在智能网联技术领域的路线——单车智能，其实也是目前科技巨头、汽车巨头及创业公司等进军智能网联领域选择最多的路线。

单车智能中不可缺少的三大部分分别是：

(1) 高精地图　必须构建和维护高精地图。

(2) 硬件设备　主要包括设计并制造智能网联的激光雷达、摄像头（超声和视频）及处理器（车载计算机）等。

(3) 软件系统　智能网联的操作系统，包括处理硬件设备数据、下达指令以及云端通信等。

在上述三大部分中，高精地图不同于日常使用的地图，要求精度更高，因此 Waymo 是不能共享谷歌地图的，需要自行派出汽车去采集数据。此外，还需要处理数据并绘制高精地图。并且保持更新。

在单车智能中，需要的硬件设备包括摄像头（超声和视频）、激光雷达和车载计算机等，其中成本最高的是激光雷达，如图 8-8 所示。这个用于感知汽车周边环境的设备价格昂贵，在 2009 年，Waymo 的前身 GoogleX 实验室智能网联汽车项目，使用 Velodyne 制造的激光雷达产品，单个售价约为 7.5 万美元，而一辆汽车不止需要一个这样的激光雷达。

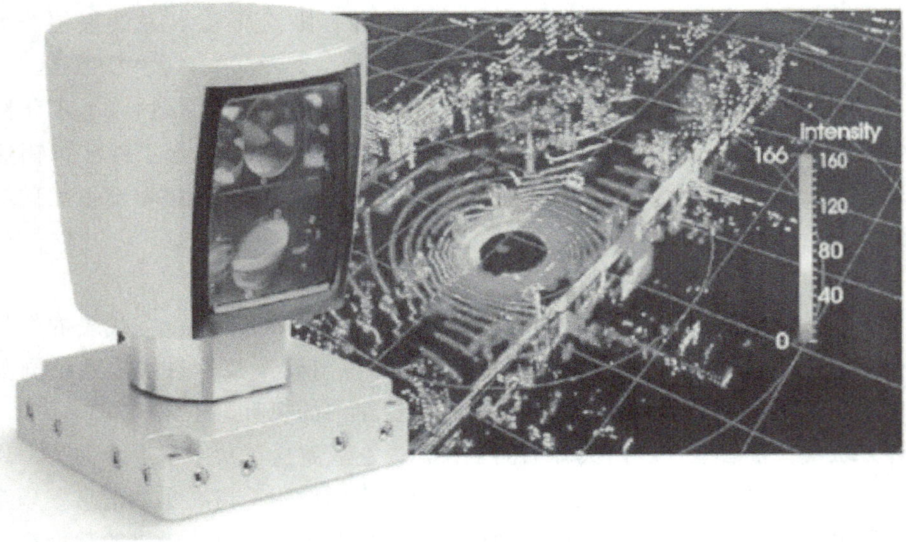

图 8-8　激光雷达示意图

至于软件系统，其成本和地图成本都可以通过规模化来降低单车的使用成本，而单车智能所需要的硬件设备，就不是很容易通过规模化来大幅度降低成本了。

在 Waymo 的带领下，特斯拉、优步、百度 Apollo、通用 Cruise 等互联网巨头、租车应用平台以及汽车制造商都纷纷向单车智能方向发展。

激光雷达属于高精密仪器，对制作工艺要求极高，这也导致了其制作成本升高，尤其是对于多线雷达，有数据显示，64 线的产品要比 32 线的贵 4 万美元左右，更不要提 128 线的激光雷达。而且激光雷达的成本不易降低。

由于激光雷达的高昂价格，大公司和创业者想到了两个解决方案：一是通过技术手段降低单一激光雷达的成本；二是研发替代激光雷达的技术方案。但是这两个方案都不容易。

方案一中提到的技术手段，其中就包括固态激光雷达。在移除光学机理相关的活动部件后，这种雷达可以缩减尺寸。但固态激光雷达的视野通常会受限，只有 120°，而早前安装于车顶的激光雷达的视野为 360°全景。为产生全方位的视野，通常需要配置 6 个固态激光雷达传感器。

方案二中提及的替代激光雷达的方案包括计算机视觉技术方案和毫米波雷达+计算机视觉的技术方案。激光雷达的优势在于能够实现精确测距和障碍物检测，并进行空间定位，无论是毫米波雷达还是计算机视觉方案，都无法做到足够的精确。这就让上述两个替代方案显得没有太大意义。但是，随着人工智能继续深入发展，计算机视觉技术变得足够强大，也是有可能完全取代激光雷达的，不过需要时间。然而，未来要实现真正的智能网联，多传感器融合的方案才是最终的解决方案。甚至，单车智能有可能与车路协同共同发展，车路协同的基础设施完善后，能降低单车智能的成本。

8.5.2　中国 V2X 车路协同——华为

在 2019 年世界移动大会期间，凭借在中国无锡实现全球首个城市级规模的车路协同部署，华为端到端 C-V2X（Cellular-V2X）车路协同商用解决方案荣获最佳汽车移动创新大奖（Best Mobile Technology for Automobile）这是业界对华为在 C-V2X 技术、产业及解决方案各方面的持续投入和不懈努力的认可。

华为 C-V2X 能得到大奖的直接原因是其在 2018 年中国江苏无锡实施的 C-V2X 项目，这个项目是全球范围内首次实地部署 C-V2X 商用解决方案，覆盖无锡城区主要道路，面积为 170km^2，含 240 个十字路口。

华为与相关合作伙伴在无锡的道路上，规模部署了基于自研芯片的路侧（RSU）单元，通过 RSU 连接交通信号灯、摄像头、指示牌、限速标志以及前装/后装终端等道路交通因素，与华为 T-Box 配合，实现基于 PC5 接口的车路协同。

C-V2X 方案，是基于移动通信技术和汽车通信技术的联合创新，在辅助驾驶和智能网联方面有着巨大应用价值。搭载辅助驾驶系统或者智能网联系统的智能汽车，行驶在装有 C-V2X 设备的道路上，可以提高汽车安全性和道路通行率等，并可以降低智能网联汽车的成本，加速智能网联的规模化商用。

目前，推动 C-V2X 产业化的全球组织是 5GAA（5G Automobile Association，即 5G 汽车联盟），目前已有 110 家车企、电信运营商、电信供应商、应用厂商及科研机构等支持 C-V2X。

值得一提的是，在 3GPP 国际标准确认后，C-V2X 发展迅速，同时，华为是 C-V2X 标准报告人之一，也是 5GAA 的共同发起人，同时也是全球唯一一家 C-V2X 端到端解决方案供应商。

8.5.3　两种路线对比

从技术路径上看，Waymo 领衔的单车智能（车端智能），对技术水平要求极高，需要长时间的积累和打磨，Waymo 自身从事相关研究也有 10 年时间，拥有全套的软、硬件单车智能解决方案。对于追随者而言，Waymo 的先发优势是很难跨越的鸿沟。

相比之下，V2X 车路协同（场端智能），需要大规模的基建，这可能更符合我国的发展路线。另外，V2X 路径能降低智能汽车的智能网联技术要求，并且通过联网的方式解决单车智能的局限性，让汽车“看”得更远，从而提高其安全性。

第9章 Chapter 9

智能网联汽车安全技术

9.1　汽车安全技术

9.1.1　汽车安全的意义

据统计全世界每年约有 120 万人死于汽车交通事故，受伤者多达 5000 万人。汽车交通事故的经济损失在低收入国家、中等收入国家和高收入国家分别占国民生产总值的 1%、1.5%和 2%。每年全球汽车交通事故损失估计为 5180 亿美元。通过对比相关资料，在过去的三十年间，汽车交通事故伤害在全球疾病负担前十大原因中的排位明显升高。

9.1.2　交通安全主要影响因素

影响交通安全的主要因素有人员因素、车辆因素、道路因素和环境因素。如图 9-1 所示。

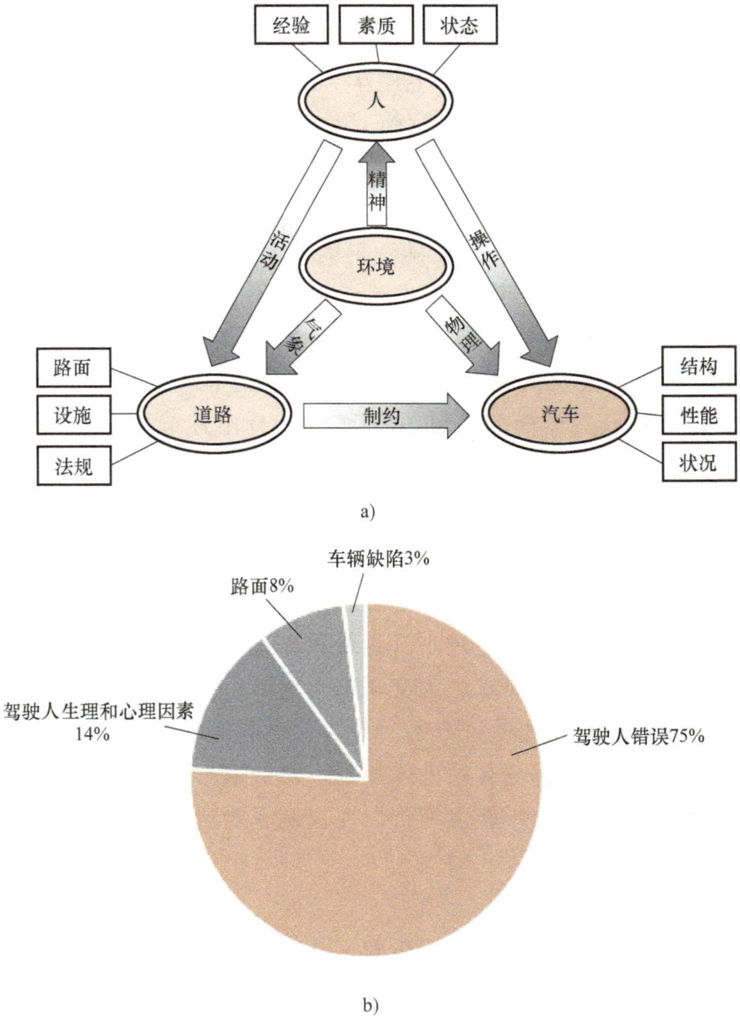

图 9-1　交通安全主要影响因素

1. 人员因素

人员是交通事故发生的一个最主要的原因。在交通事故中，有的是因驾驶人引起的，有的是行人引起的。

(1) 超速、超载、疲劳驾驶 客观上，驾驶人在高速、疲劳驾驶时会产生一系列的生理特征变化：动视力下降，影响了对道路标志、标线的识别；当车速提高时，识认距离明显缩短、行车视野变窄，驾驶人对道路两侧的情况来不及看清，容易出现“管视现象”；随着驾驶时间的增加，驾驶人的注意力会不自觉地分散，准确判断能力降低，使其对车速的敏感性降低；高速行驶容易使驾驶人出现将同向行驶车辆处于静止还是行驶的错误判断，还会把近物视为远物，出现“虚幻近视”的现象。以上种种生理特征的变化都对高速行车安全十分不利，往往因驾驶人对车速和车间距的判断失误而酿成交通事故。

(2) 驾驶人驾驶技术和素质 驾驶人的不良驾驶习惯是引发交通事故的重要原因。部分驾驶人的公路交通法规意识淡薄，对公路上的交通标志、标线的意义的重要性缺乏认识与重视，有些驾驶人甚至是视而不见；并且，有些驾驶人防范意识不强，忽视对车辆的日常检查和维护，防火意识淡薄；这些都可能会引起交通事故。

(3) 乘客和沿线行人的高速公路安全意识是不容忽视的因素 少数乘客有需求，车主受利益驱动，出现了车辆在高速公路上停车、上下客的现象。行人因为图方便、抄近道，横穿高速公路，对网栅等高速公路设施肆意地进行破坏，严重扰乱了正常的行车秩序，也给高速公路的行车安全带来了严重的安全隐患。

2. 车辆因素

车辆是现代道路交通的主要运行工具，车辆技术性能的好坏，是影响道路交通安全的重要因素。因为带病行驶、车辆制动失灵、制动不良、机件失灵、灯光失效和车辆装载超高、超宽超载、货物绑扎不牢固所致的事故不在少数。另外，由于车辆在行驶过程中，各种机件承受反复交变载荷，当超过一定量后也会达到极限而酿成交通事故。大量的交通事故案例显示，车辆的关键安全部件一旦出现问题和故障，将导致恶性交通事故的发生。

3. 道路因素

道路因素主要指道路的线形设计和路面结构及公路沿线的交通标志。

近几年，由于机动车数量增长迅速，远远超过交通基础设施增长速度，而我国低等级公路还比较多，由于道路的曲率半径过小、直线距离过长、视距过小、纵坡过大，平纵线形不协调等技术标准不满足设计要求，为交通安全埋下了隐患。另外，我国部分国、省干线道路没有设中央分隔带和路边两侧护栏，警告、限制等标志数量不足、标志不清不规范、符号模糊难以辨认，这些都从客观上增加了道路交通伤亡事故的发生率。除了前两个因素以外，路面的强度稳定性、平整度和抗滑性也是影响道路安全行驶的原因。所以，道路建设和养护质量需进一步提高。

4. 环境因素

环境因素是气象、管理等方面因素的总称，其中，管理方面是影响道路交通安全工作的重要因素之一，科学健全和统一高效的道路安全管理体制是减少事故，防患于未然的必要条件。

9.1.3　汽车安全分类

汽车安全一般分为主动安全、被动安全、事故后安全和生态安全。汽车安全具体内容如图 9-2 所示。

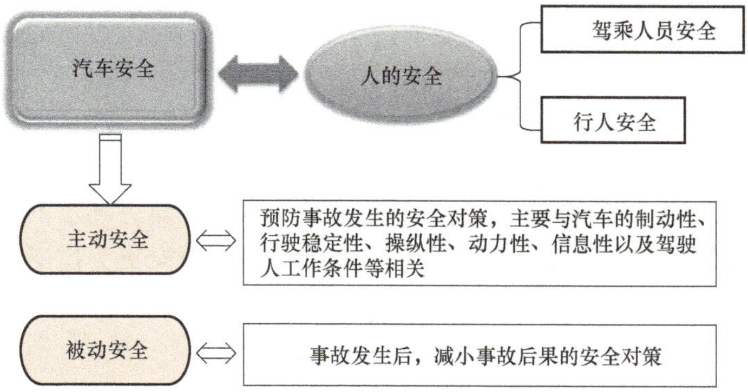

a)

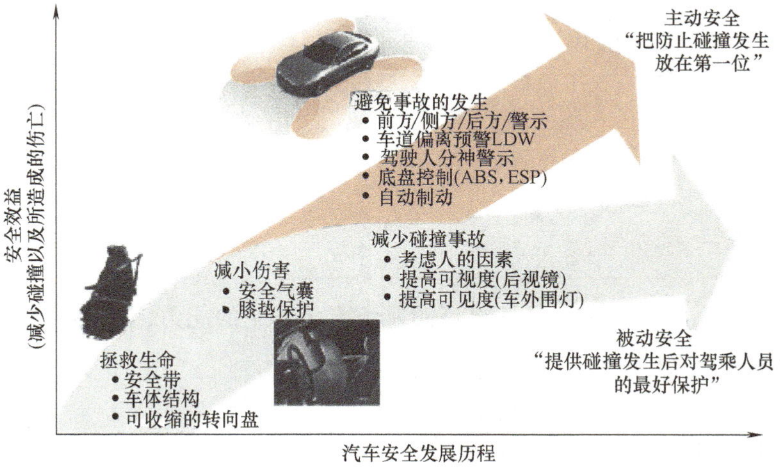

b)

图 9-2　汽车安全的内容

9.2　主动安全技术

9.2.1　概述

主动安全侧重于监测事故发生或者车辆失控的可能性，通过一系列介入车辆操控的手段（检测技术、辅助操控等）避免事故发生。无论是直线上的制动与加速，还是左转向都应该尽量平稳，不至于偏离既定的行进路线，而且不影响驾驶人的视野与舒适性。

狭义的主动安全主要是避免事故发生，降低事故的严重程度。狭义的主动安全研究方法包括典型案例的特征、成因和对策分析，见表 9-1，并且基于同一个假设：驾驶人是理想的，驾驶人的操作永远是正确的，系统作用的目的是让车辆响应更好地跟随驾驶人的操作。这直接催生了稳定性控制技术。

表 9-1 狭义的主动安全

特征	制动跑偏事故	侧滑和侧翻事故
成因	动力学分析	动力学分析
对策	ABS 技术	ESP 技术

广义的主动安全如图 9-3 所示。由事故原因分析可知，90%的碰撞源于驾驶人的错误，包括干扰、注意力不集中及操作不当等。因此，从人、车、环境的多角度分析，考虑驾驶行为主体的感知、认知和操作等行为要素，给予主动安全更为广泛的概念。

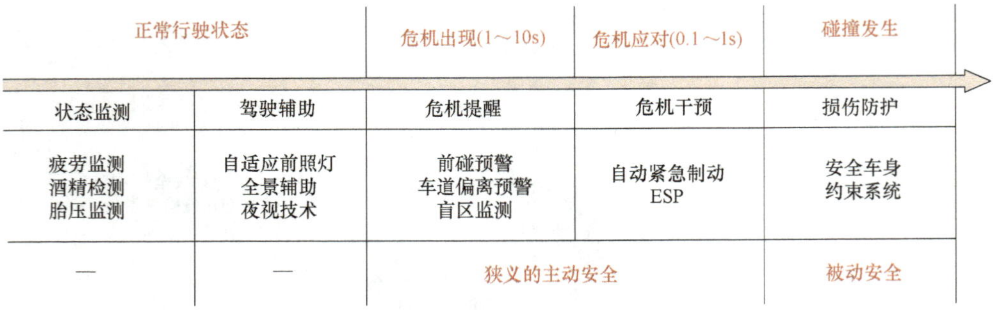

图 9-3 广义的主动安全（ADAS 智能网联辅助系统）

9.2.2 汽车主动安全系统

装有主动安全系统的汽车，具备更高的避免事故发生的能力，在突发情况的条件下可以保证汽车安全。

1. ABS

防抱死制动系统（Anti-lock Braking System，ABS），是众多主动安全系统里最基本的一个，普及度很高。配备 ABS 的汽车与未配备 ABS 的汽车的区别如图 9-4 所示。

在紧急制动时，需要汽车立刻停下来，但大力制动容易发生车轮抱死的状况，若前轮抱死会引起汽车失去转向能力，后轮抱死则容易发生甩尾事故。安装 ABS 就是为了解决制动时车轮抱死的问题，从而提高制动时汽车的稳定性及较差路面条件下的汽车制动性能。

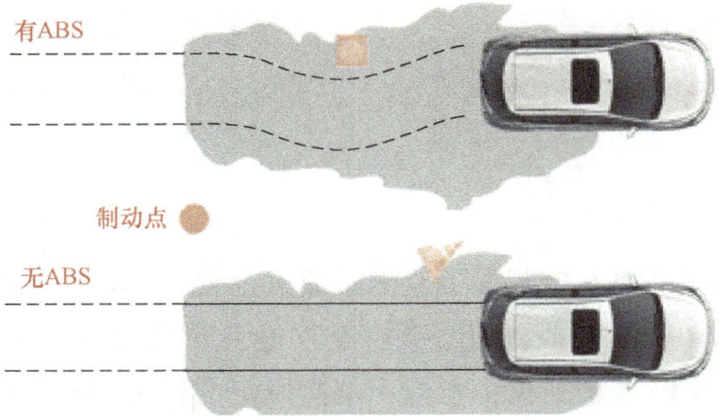

图 9-4 有 ABS 与无 ABS 汽车的区别

ABS 能在紧急制动状况下，保持车轮不抱死失控，维持车辆的转向能力，避开障碍物。但在一般状况下，它并不能缩短制动距离。

2. ASR

驱动防滑系统（Acceleration Slip

Regulation，ASR)，其目的是防止车辆在起步、加速时驱动轮打滑，维持车辆行驶方向的稳定性。当汽车行驶在易滑路面上时，未安装 ASR 的汽车加速时驱动轮容易打滑，后驱动轮打滑导致车辆容易甩尾；前驱动打滑的车辆方向容易失控。有无配备 ASR 的汽车的区别如图 9-5 所示。

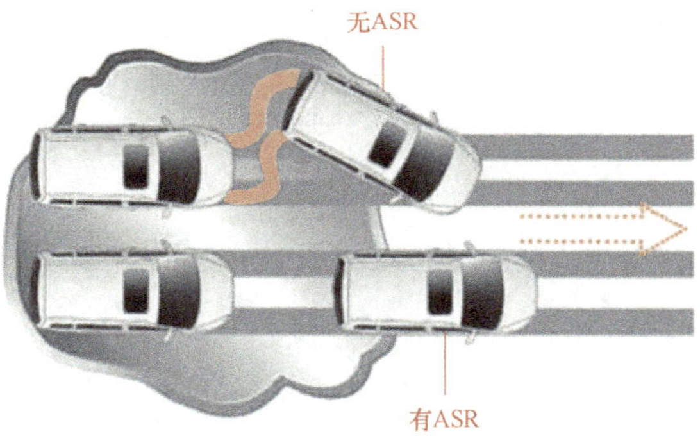

图 9-5　有 ASR 与无 ASR 汽车的区别

装有 ASR 的汽车在加速时能够减轻驱动轮打滑现象。转弯时发生驱动轮打滑会导致整个车辆向一侧偏移，但是 ASR 可以使车辆沿着正确的路线行驶。目前 ASR 还没有普遍应用，但有望近几年 ASR 会与 ABS 一样普及。

3. AWS

汽车碰撞预警系统（Advance Warning System，AWS）是一种意外事故预防和缓和的驾驶辅助系统，如图 9-6 所示。该系统可以在危险发生前给驾驶人提供声音和视觉报警。国内外在防止车道偏离和保持安全车距两个方面都开展了相当多有益的探索，在雷达、激光、超声波、红外线及机器视觉等传感器技术方面均取得了一些突破。经过长期大量的研究和实践，人们逐步认识到采用单目视觉技术，仅使用一个摄像头就能在一定程度上实现对前方道路环境、车辆探测及车距监测的功能。研究显示，若在公路交通事故发生前的 1.5s 给驾驶人发出预警，则可避免 90% 的事故。

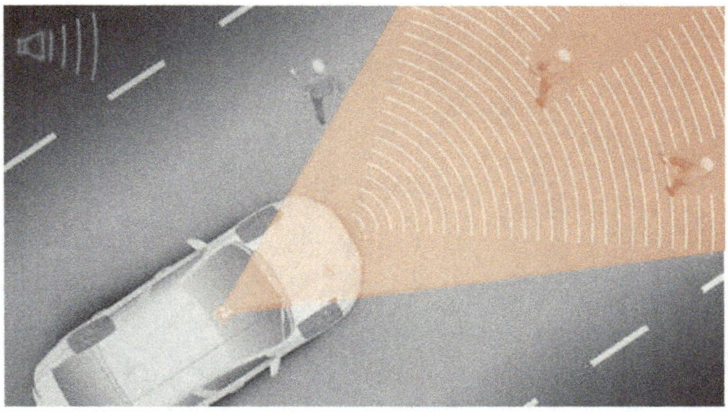
图 9-6　AWS 技术

因此，通过在汽车上安装 AWS，利用技术手段分析车道和周围车辆的状况等驾驶环境信息，一旦驾驶人发生疲劳、精神不集中、汽车出现偏离及车距过近而存在追尾可能时，及时给予驾驶人主动预警。AWS 是减少公路交通事故行之有效的技术措施之一。

4. EBD

电子制动力分配（Electronic Brakeforce Distribution，EBD）与 ABS 不同，ABS 必须在踩下制动踏板至车轮抱死时才发挥作用，而 EBD 则可以在踩下制动踏板后至 ABS 起作用之前通过调节后轮制动力达到良好的制动效果，以减少不必要的 ABS 动作，或在 ABS 因特殊故障状态失效时防止车轮抱死，增大了保护范围。广州本田所有车型均装备了先进的“ABS+EBD”电子制动控制系统，如图 9-7 所示。有无 ABS+EBD 的汽车的制动时行驶状态的区别如图 9-8 所示。

EBD 能够在汽车制动时自动调节前、后轴的制动力分配比例，并配合 ABS 提高制动

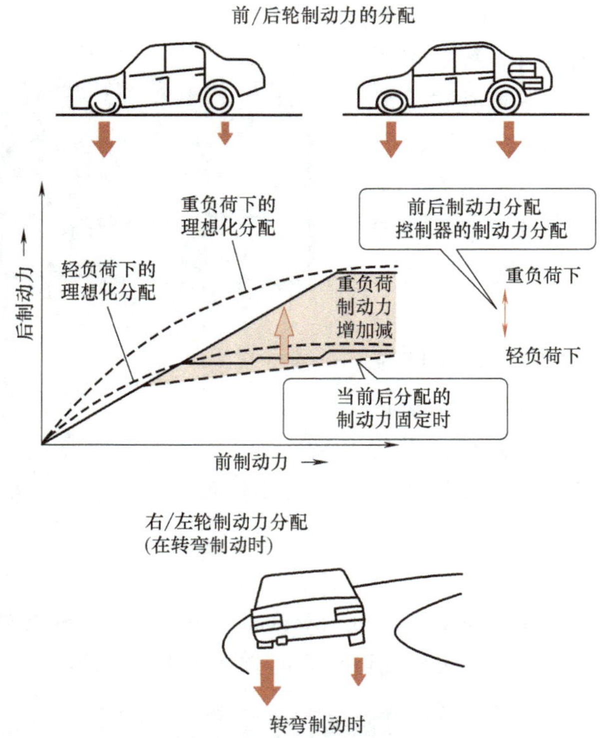

图 9-7　ABS+EBD 工作

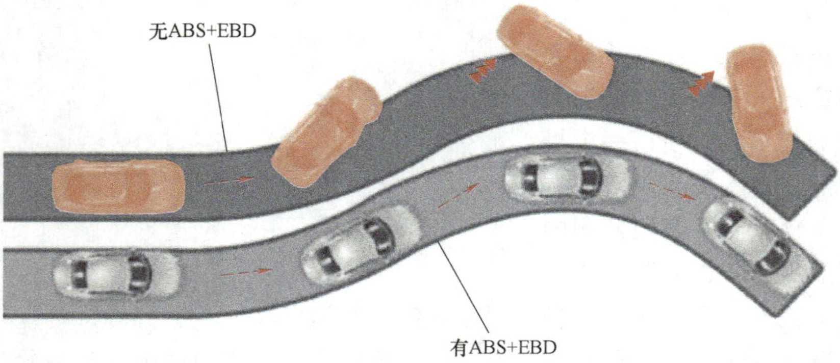

图 9-8　有 ABS+EBD 与无 ABS+EBD 的汽车的区别

稳定性。汽车在制动时，4 个车轮与地面的摩擦力不一样，容易造成打滑、倾斜和侧翻等事故。EBD 用高速计算机分别对 4 个车轮附着的不同地面进行感应与计算，根据不同的情况用不同的方式和力量制动，并不断调整，从而保证车辆行驶的平稳、安全。

5. ESC

电子稳定程序控制（Electronic Stability Control，ESC）系统。用于不同品牌、不同车型，名称也有差别，如大众称为 ESP，本田称为 VSA，而丰田称为 VSC。ESC 的工作原理可以大致理解如下：驾驶人快速向左转动转向盘，结果转向不足，这时 ESC 就会制动左后轮，让车辆按照预期变换方向；如果是转向过度，ESC 就会制动右前轮，帮助车辆纠正姿势。有无 ESC 的汽车的区别如图 9-9 所示。

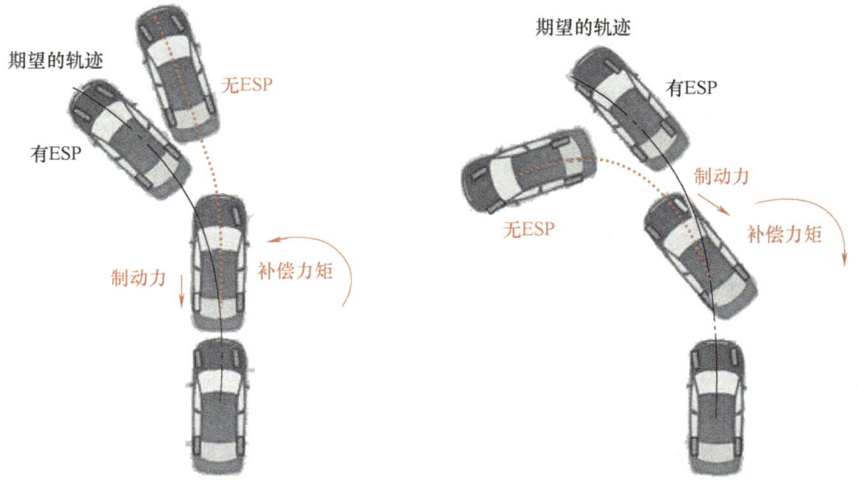

图 9-9　有 ESC 与无 ESC 汽车的区别

6. SAS

座椅振动预警系统（Safety Alarm System，SAS）将以往汽车的安全警示由视觉和听觉延伸到触觉。当传感器感知潜在的事故威胁时，驾驶人座椅会根据状况发出一侧或双侧振动，配合图标和声音的警告，以清晰而直观的方式告诉驾驶人潜在的危险即将发生，甚至是危险的来源方向，以做出及时而正确的应对措施。

7. TCS

牵引力控制系统（Traction Control System，TCS）又称为循迹控制系统，如图 9-10 所示。汽车在光滑路面上制动时，车轮会打滑，甚至会失控。同样，汽车在起步或急加速时，驱动轮也有可能打滑，存在安全隐患。对于装有 TCS 的汽车，此时 ECU 会检测到驱动轮和非驱动轮之间的转速差距，继而通过减少喷油等方式限制动力输出，车辆自然就会平稳提速。有无 TCS 的汽车起步时的区别如图 9-11 所示。

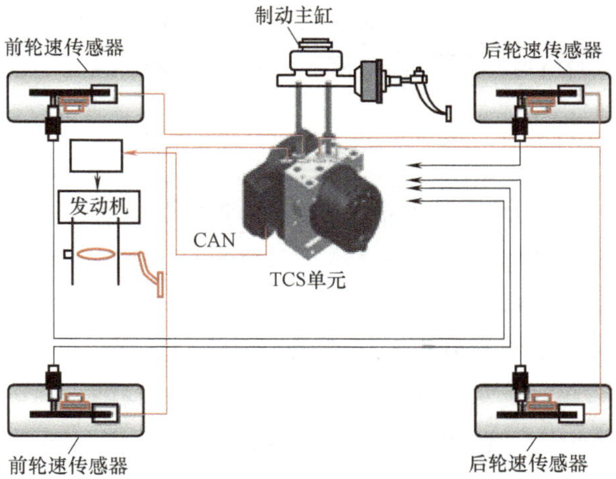

图 9-10　TCS 工作原理

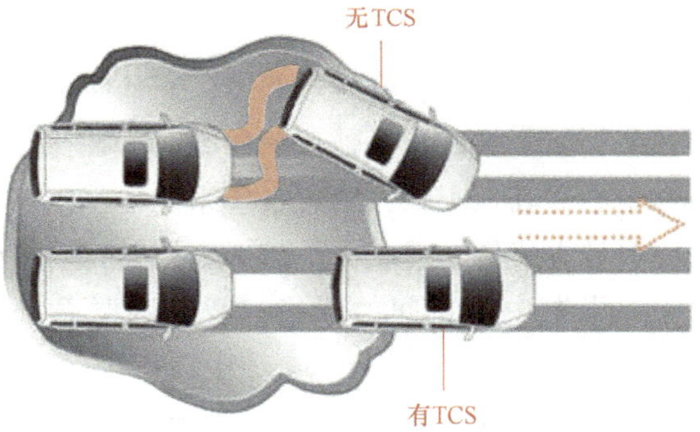

图 9-11　有 TCS 与无 TCS 汽车起步时的区别

8. VSA

车辆稳定性控制（Vehicle Stability Assist，VSA）系统是具有世界先进水平的提高车辆稳定性和行驶安全性的控制系统，如图 9-12 所示。该系统除具有传统的 ABS 功能和 TCS 功能外，还具有防滑控制功能。

在车辆转向不足或转向过度时，通过计算，使车辆产生反方向的转矩，从而抑制转向不足或转向过度，保证车辆在直行、转向以及制动等各种行驶状态下的稳定性。特别是在遇到紧急情况突然转向或通过湿滑路面等情况下，能够最大限度地确保车辆的行驶安全。

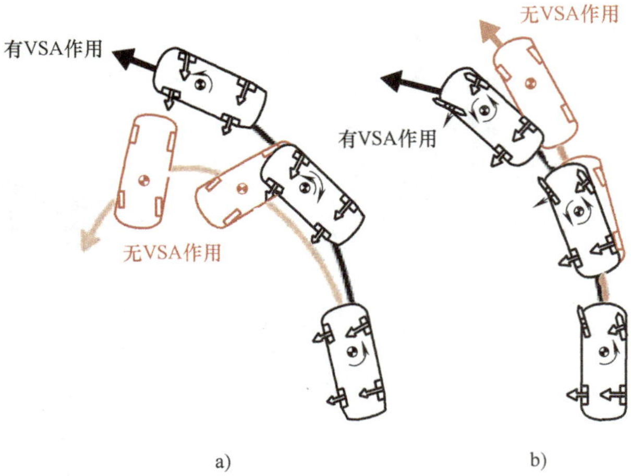

图 9-12　VSA 系统示意图

a）防止转向过度　b）控制转向不足

9.3　智能汽车自主循迹控制研究

9.3.1　概述

智能车辆是集环境感知、规划决策、多等级辅助驾驶等功能于一体的综合系统，集中运用了计算机、现代传感、信息融合、通信、人工智能及自动控制等技术，是典型的高新技术综合体。目前对智能车辆的研究主要致力于提高汽车的安全性、舒适性，以及提供优良的人车交互界面。

智能汽车与自动驾驶有所不同，它指的是利用多种传感器和智能公路技术实现的汽车智能网联。智能汽车首先有一套导航信息资料库，存有全国高速公路、普通公路、城市道路以及各种服务设施（餐饮、旅馆、加油站、景点、停车场）的信息资料。其次是 GPS 定位系统，利用这个系统精确定位车辆位置，与道路资料库中的数据相比较，确定以后的行驶方向；道路状况信息系统，由交通管理中心提供实时的前方道路状况信息，如堵车、事故等，必要时及时改变行驶路线；车辆防碰系统，包括探测雷达、信息处理系统和驾驶控制系统，用于控制与其他车辆的距离，在探测到障碍物时及时减速或制动，并把信息传给指挥中心和其他车辆；紧急报警系统，当汽车检测到存在安全隐患时通过声音、图像及触觉等多种方式提醒驾驶人，遭遇事故时自动报告指挥中心进行救援；无线通信系统，用于汽车与指挥中心之间的联络；智能网联系统，用于控制汽车的点火、改变速度和转向等。

智能汽车研究包含众多任务，如何利用环境感知信息实现智能汽车的自主循迹控制是其中一项重要的内容。汽车本身是非线性的，其行驶的道路环境复杂多变，使得智能汽车自主循迹控制成为一个非线性、复杂、时变的控制问题，此时需要引入智能控制理念，采用仿人智能控制决策，使控制系统达到期望的目标。近年来随着控制理论的发展，越来越多的智能控制技术被应用于智能汽车自主循迹控制之中。然而智能控制方法往往需要庞大的计算量并且依赖于高精度的电子元件设备，这在实际应用中势必会增加控制的成本并造成控制系统的滞后。为了弥补这些缺点，必须综合运用现代控制方法和智能控制方法来实现智能汽车的自主循迹控制。

9.3.2 智能汽车自主循迹控制

智能汽车自主循迹横向控制通过调整汽车的转向盘转角使汽车与期望轨迹之间的横向循迹误差最小，同时使汽车运动方向与期望轨迹切线方向之间的角度误差最小，在保证控制精度的前提下兼顾汽车的平顺性和舒适性。

1. 智能汽车自主循迹控制系统的主要任务

智能汽车自主循迹控制系统的主要任务包括任务规划、行为决策以及底层汽车操作。在实际应用中，汽车的自主循迹控制分为横向控制和纵向控制。横向控制主要是通过控制转向盘转角使汽车沿期望的既定路线行驶，同时满足一定的舒适性和平顺性要求。纵向控制是行车方向上的控制，主要是通过控制汽车的加速和制动使汽车按期望的车速行驶，同时实现与前、后车距离的保持及紧急避障等功能。智能汽车自主循迹横向和纵向控制系统的基本结构分别如图 9-13 和图 9-14 所示。

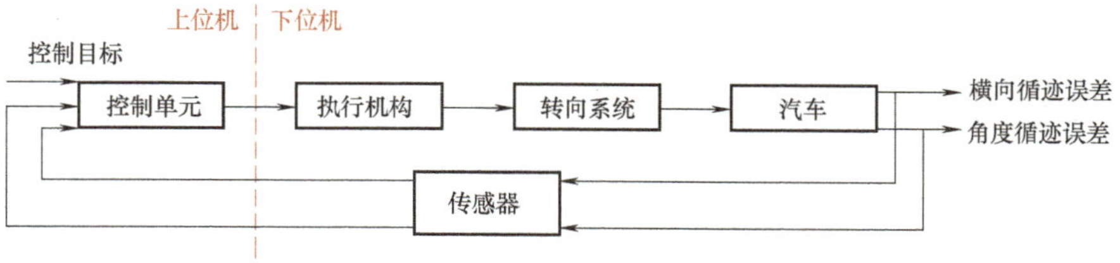

图 9-13　智能汽车自主循迹横向控制系统基本结构

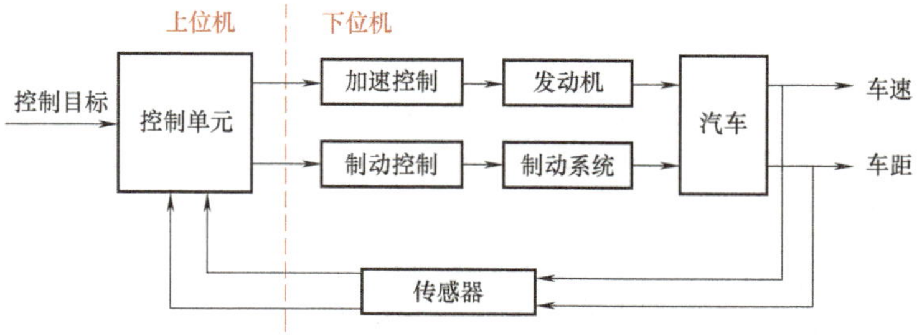

图 9-14　智能汽车自主循迹纵向控制系统基本结构

2. 智能汽车自主循迹控制系统汽车模型的分类

智能汽车自主循迹控制中所选择的汽车模型可以分为汽车转向几何学模型、汽车运动学模型和汽车动力学模型。汽车转向几何学模型是智能汽车自主循迹控制中使用最早也是最广泛的汽车模型，它用一个简单的公式表示智能汽车前轮转角与期望道路轨迹之间的几何关系。汽车转向几何学模型在控制时又分为非预瞄和基于预瞄两种方式。由于汽车转向几何学模型易于理解，控制方法简单，在智能汽车循迹横向控制方面有着广泛应用。汽车运动学模型反映的是汽车在全局坐标系中的位移与汽车的车速、横摆角和前轮转角之间的关系。汽车运动学模型可以很好地解决智能汽车编队跟随控制问题，但由于模型复杂，计算量大，工程应用中可能存在错误，而且运算过程中需要计算道路曲率的一、二阶导数，这无形中要求道路必须连续且平顺，在独立的智能汽车自主循迹控制中应用较少。汽车动力学模型以牛顿力学定律为基本原理，反映汽车的受力与汽车各运动学变量之间的关系。该种模型易于理解，在应用时算法稍显复杂，其控制精度要高于汽车转向几何学模型和汽车运动学模型。但由于普遍使用的线性二自由度汽车模型在建模时进行了一定的线性化假设，模型在非线性区的控制精度较低。

3. 智能汽车自主循迹的控制内容

智能汽车自主循迹控制按照其控制内容可以分成横向控制、纵向控制以及纵横向耦合控制。横向控制分为补偿跟踪控制和预瞄跟踪控制。补偿跟踪控制的输入是当前时刻汽车行驶的状态信息和道路信息之间的偏差，控制器根据输入的偏差进行补偿校正，计算出相应的转向盘转角。预瞄跟踪控制则是模拟驾驶人驾驶汽车时的预瞄原理，根据未来某一时刻汽车的期望位置和预计位置之间的差值进行控制。纵向控制常用于现代汽车的自适应巡航控制中，其目的是使智能汽车在循迹时保持期望的既定车速，同时保持与前、后车的距离处于安全标准之内。

4. 自主循迹控制存在的问题

传统的自主循迹控制方法往往依赖于被控对象的精确数学模型，由于智能汽车系统的复杂性、非线性、时变性和不确定性，一般无法获得精确的数学模型，而且在研究时提出的一些比较苛刻的线性化假设与实际应用往往不相符，使传统的自主循迹控制方法在汽车非线性区循迹时经常会失效。

神经网络可以通过其自学习能力对汽车动力学模型进行非线性补偿，改善其在非线性区的控制效果。但神经网络补偿方法需要大量的线上计算并依赖于高精度的 ECU，仅靠神经网络补偿实现智能汽车的自主循迹控制势必会增加控制的成本并产生一些潜在的误差。

智能汽车自主循迹控制中使用了多种不同的汽车模型，这些不同的汽车模型各有特点，适用范围也不同，在同一行驶工况下的控制精度也有差异，目前尚缺少关于智能汽车自主循迹控制不同汽车模型的统一比较。

目前智能汽车自主循迹纵向控制方法大多是将期望车速视作道路曲率和汽车侧向加速度的函数，这些方法计算出的期望车速信号变化比较灵敏，车速的选择也没有实际驾驶人的操作那么灵活，如何模拟驾驶人的思维智能地选择车速是一个难题。

9.3.3 智能汽车自主循迹控制仿真实验

1. 智能汽车自主循迹控制仿真实验环境

为了比较各种横向控制方法的性能，使用 Matlab/simulink 和 Carsim 软件进行联合仿真。在相同实验条件下针对每一种横向控制方法分别进行双移线仿真实验和圆形弯道仿真实验，并将各种横向控制方法得出的汽车质心处的横向循迹误差进行对比。定义汽车质心位于道路轨迹左侧时误差为正，反之为负。双移线仿真实验在汽车性能测试中经常使用，可以用来表征智能汽车自主循迹控制器在直线道路上遇到紧急弯道时的性能。由于存在两个方向相反的紧急弯道，还可以表征控制器对道路曲率变化的鲁棒性。双移线仿真实验道路轨迹的具体参数参照 ISO 3888 技术报告与 GB/T 6323—2014 标准，如图 9-15 所示。

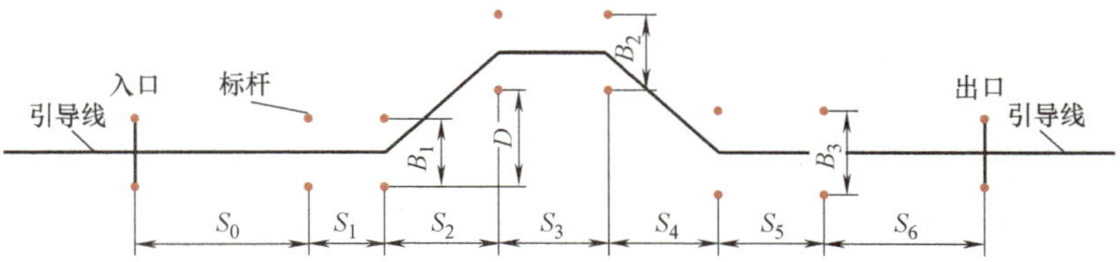

图 9-15　双移线仿真实验道路轨迹

如图 9-15 所示，$S_0=50\text{m}$，$S_1=15\text{m}$，$S_2=30\text{m}$，$S_3=S_4=25\text{m}$，$S_5=30\text{m}$，$S_6=50\text{m}$；变道距离 $D=3.5\text{m}$；标杆宽度 $B_1=(1.1b+0.25)\text{m}$，标杆宽度 $B_2=(1.2b+0.25)\text{m}$，标杆宽度 $B_3=(1.3b+0.25)\text{m}$，其中 b 表示车宽。

圆形弯道仿真实验的道路轨迹由一个固定曲率的圆形弯道组成，曲率半径为 152.4m。其目的是表征智能汽车自主循迹控制器在某一固定曲率道路上的循迹效果，同时由于汽车最终处于一个稳定的状态，该实验还可以用来表征循迹控制器稳态循迹误差的大小。在 Carsim 软件中分别建立双移线仿真实验和圆形弯道仿真实验的道路轨迹，如图 9-16 所示。

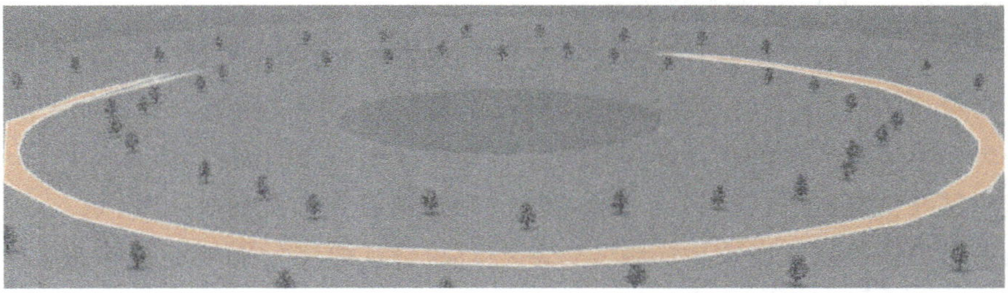

图 9-16　Carsim 中建立的圆形弯道仿真实验道路轨迹

2. 汽车转向几何学模型横向控制方法及其仿真

(1) 非预瞄转向几何学模型横向控制方法　在一系列假设条件下，可以用一个线性二自由度的二轮模型来代替智能汽车模型。通常的假设包括：忽略汽车的转向系统，以前轮转角作为转向输入；忽略悬架，即忽略汽车的俯仰和侧倾运动；汽车纵向车速视作定值；轮胎处于线性区，汽车侧向加速度限定在 0.4g 以下；忽略地面切向力对轮胎的影响。此时，汽车前轮转角和后轮将要行驶的轨迹之间满足一个简单的几何学关系，称为汽车转向几何学模型，如图 9-17 所示。这种简单的汽车模型目前仍被大量使用，已有实体智能汽车将其作为自主循迹横向控制的理论依据。

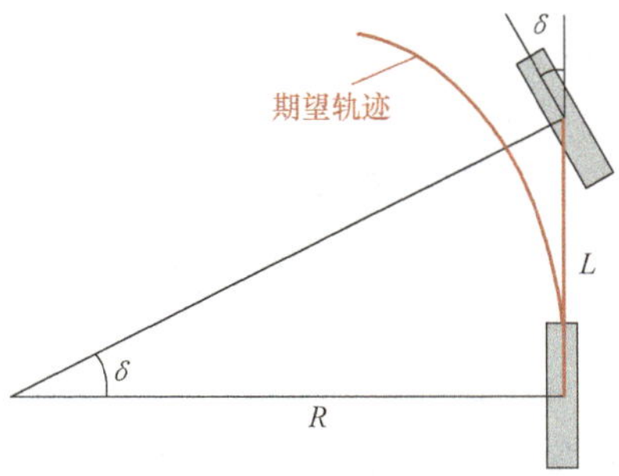

图 9-17　汽车转向几何学模型

汽车转向几何学模型的前轮转角与道路轨迹曲

率半径之间的关系式为

$$\tan\delta=\frac{L}{R} \tag{9-1}$$

式中，δ 为汽车前轮转角（°）；L 为汽车轴距（m）；R 为期望轨迹的曲率半径（m）。

不同的智能汽车自主循迹横向控制方法往往使用汽车不同位置处的横向循迹误差，非预瞄汽车转向几何学模型横向控制方法使用汽车前轮处的横向循迹误差 e_f。汽车前轮处的横向循迹误差与期望轨迹的关系如图 9-18 所示。

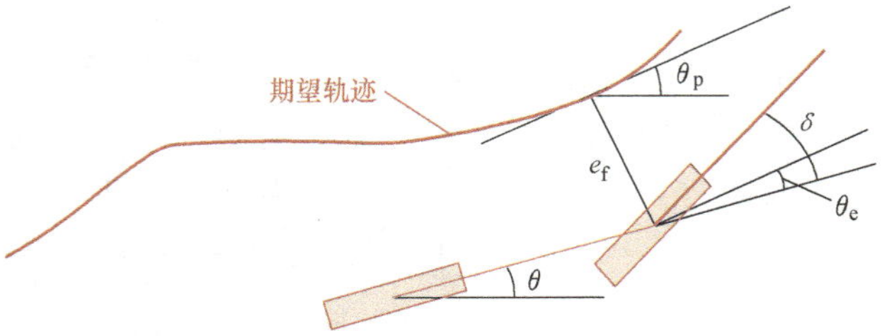

图 9-18　汽车前轮处的横向循迹误差与期望轨迹的关系

由图 9-18 可知，汽车前轮处的角度循迹误差为

$$\theta_e=\theta-\theta_p \tag{9-2}$$

式中，θ_e 为角度循迹误差（°）；θ 为汽车横摆角（°）；θ_p 为期望的汽车横摆角（°）。

循迹控制器的目的是通过调整使 θ_e 和 e_f 都趋于 0，从而得到

$$\delta=\theta_e+\arctan\left(\frac{ke_f}{v}\right) \tag{9-3}$$

式中，v 为车速（m/s）；k 为调整系数。

横向循迹误差是表征智能汽车自主循迹控制效果的重要指标，尽管不同的控制方法在运算过程中使用了汽车不同位置处的横向循迹误差，为了使试验结果更具可比性，实验结果将统一分析汽车质心处的横向循迹误差。分别以 5 m/s、10 m/s、15 m/s 和 20 m/s 车速进行 4 组双移线仿真试验，得到汽车质心处的横向循迹误差如图 9-19 所示。为了使仿真实验得出的横向循迹误差曲线更清晰，针对不同的仿真结果分别限定不同的纵坐标范围，而非使用统一的坐标范围。

由图 9-19 可知，在同一调整系数 k 的条件下，随着车速的提高，非预瞄汽车转向几何学模型在固定曲率弯道循迹的控制精度随着车速的增大而逐渐降低，而在同一车速下控制精度随着调整系数 k 的增大会提高。尽管可以通过增大调整系数 k 来弥补车速增大造成的循迹控制精度的下降，但这种弥补效果仅能在一定程度上改善循迹控制精度。当车速过大时，非预瞄汽车转向几何学模型的控制精度仍然较低。这与双移线仿真试验得出的结论相符，进一步证明了非预瞄汽车转向几何学模型适用于智能汽车的低速循迹工况。

（2）基于预瞄的转向几何学模型横向控制方法　基于预瞄的汽车转向几何学模型研究的是汽车前轮转角 δ 与汽车前方 l_d 处某一点（g_x，g_y）的期望轨迹之间的关系，该方法使用的是预瞄点处的横向循迹误差 e_p，如图 9-20 所示。

分别以 5m/s、10m/s、15m/s 和 20m/s 车速进行 4 组双移线仿真试验，得到汽车质心处的横向循迹误差如图 9-21 所示。

由图 9-21 可知，基于预瞄的汽车转向几何学模型在同一车速下的横向循迹误差随着

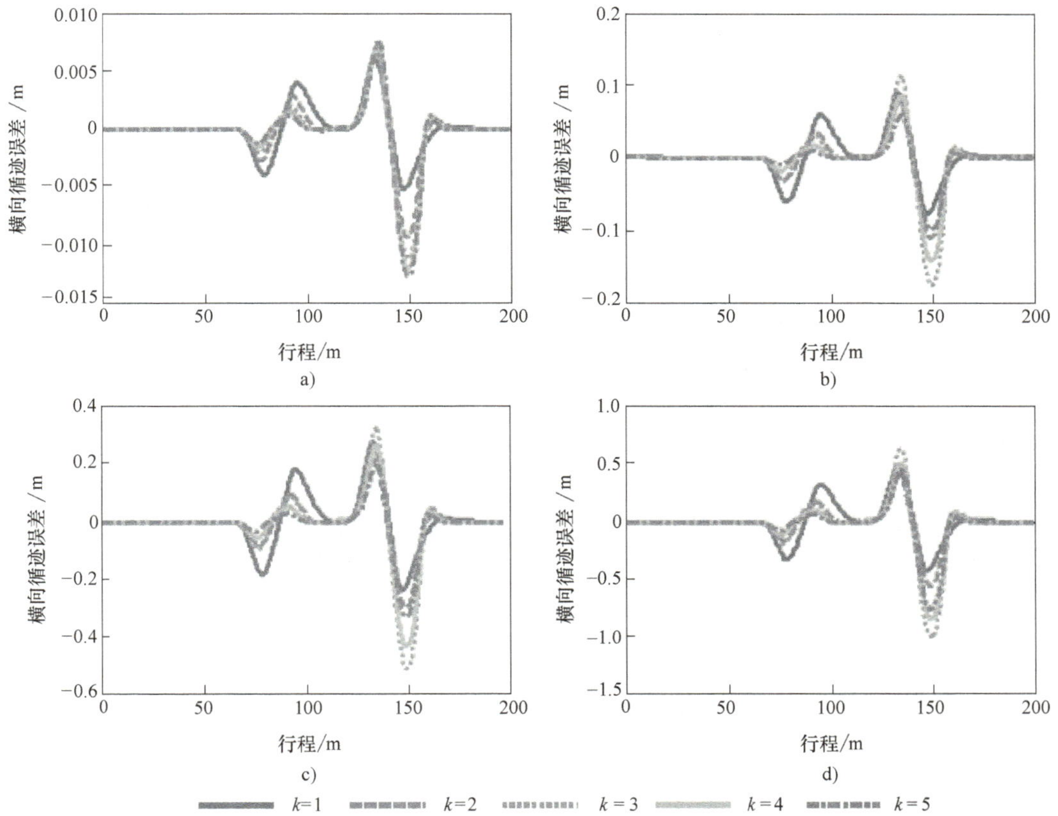

图 9-19　非预瞄汽车转向几何学模型双移线仿真实验结果

a）5m/s　b）10m/s　c）15m/s　d）20m/s

调整系数 k 的增大而增大。对于同一调整系数 k，随着车速的提高，循迹误差也越来越大。预瞄距离越短（k 越小）对应的循迹精度越高，预瞄距离越长（k 越大）对应的期望轨迹越平缓。因此，k 越小越容易导致系统的收敛性变差，k 越大越容易导致系统循迹精度降低。当 k 足够大即预瞄距离足够远时，会出现转向不足的情况，原因是基于预瞄的汽车转向几何学模型仅关注前方道路某一点处的曲率而忽视了汽车到预瞄点之间的道路曲率变化。由于存在预瞄，基于预瞄的汽车转向几何学模型对于道路曲率瞬态变化的鲁棒性要强于非预瞄汽车转向几何学模型。

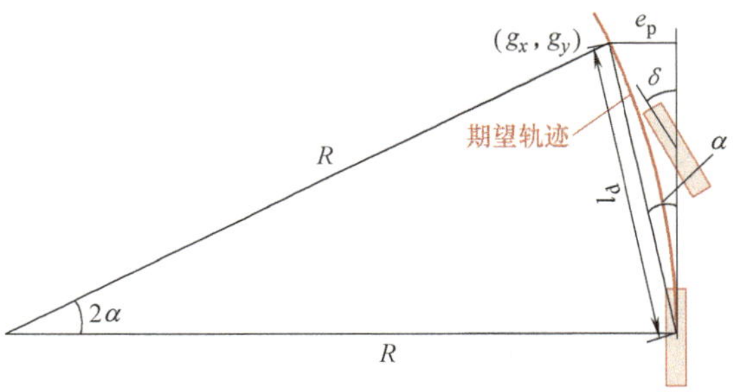

图 9-20　基于预瞄的汽车转向几何学模型

3. 运动学模型光滑时变反馈横向控制方法原理

汽车运动学模型反映汽车在全局坐标系中的位移与汽车车速、横摆角和前轮转角之间的关系，如图 9-22 所示，图中 x 和 y 表示汽车后轮中心在全局坐标系中的坐标，x_f 和 y_f 表示汽车前轮中心在全局坐标系中的坐标。

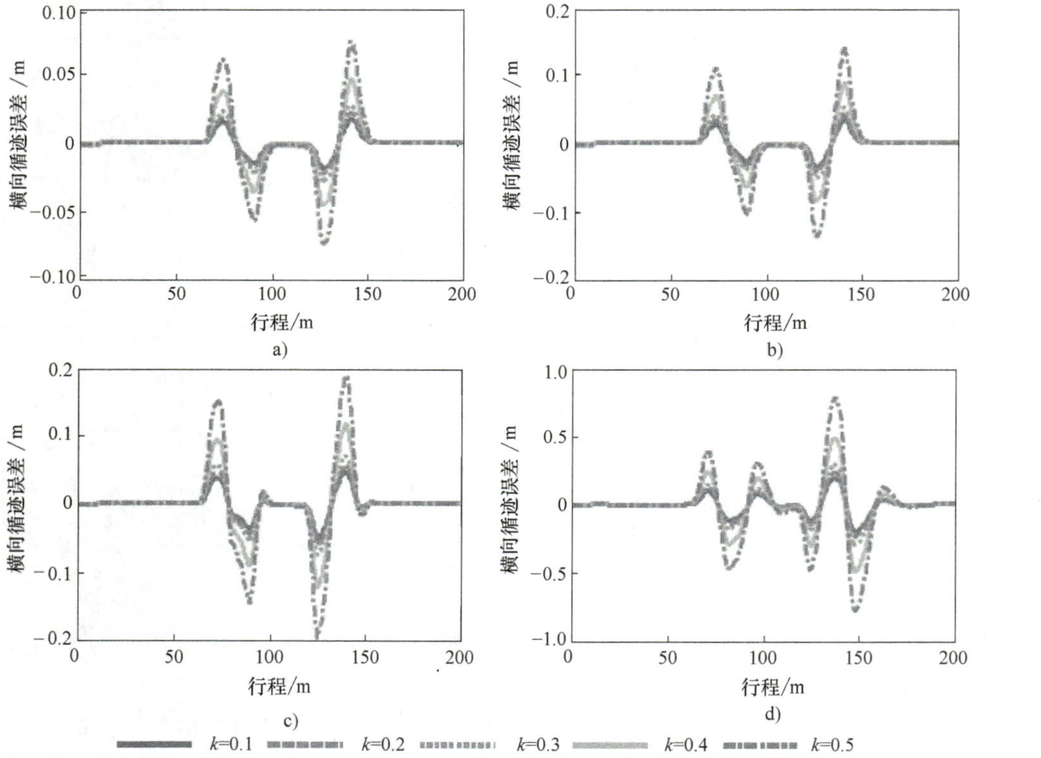

图 9-21 基于预瞄的汽车转向几何学模型双移线仿真实验结果

a) 5m/s b) 10m/s c) 15m/s d) 20m/s

汽车后轮横向循迹误差与期望轨迹的关系如图 9-23 所示。期望轨迹曲率 $k(s)$ 可用期望汽车横摆角 θ_p 与汽车沿期望轨迹行程 s 表示，即

$$k(s)=\frac{\dot{\theta}_p(s)}{\dot{s}} \tag{9-4}$$

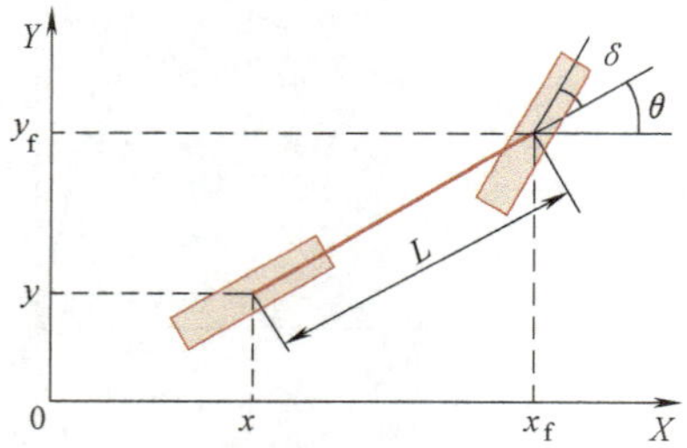

图 9-22 汽车运动学模型

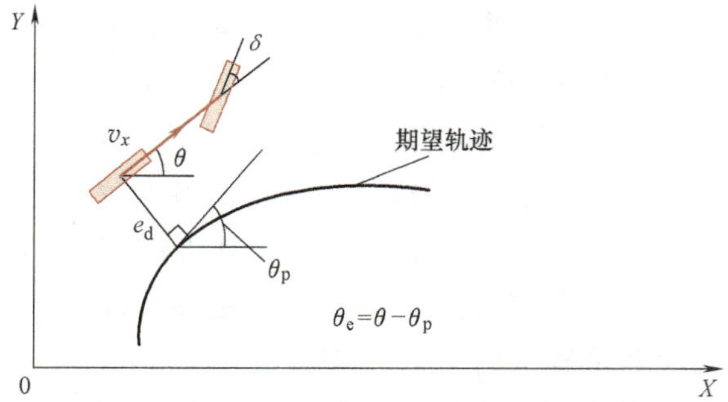

图 9-23 汽车后轮横向循迹误差与期望轨迹的关系

汽车运动学模型写成矩阵形式：

$$\begin{pmatrix}\dot{s}\\ \dot{e}_d\\ \dot{\theta}_e\\ \dot{\delta}\end{pmatrix}=\begin{pmatrix}\dfrac{\cos\theta_e}{1-e_dk(s)}\\ \sin\theta_e\\ \dfrac{\tan\delta}{L}-\dfrac{k(s)\cos\theta_e}{1-e_dk(s)}\\ 0\end{pmatrix}v_x+\begin{pmatrix}0\\0\\0\\1\end{pmatrix}\dot{\delta} \tag{9-5}$$

分别以 5m/s、10m/s、15m/s 和 20m/s 车速进行 4 组双移线仿真实验，得到汽车质心处的横向循迹误差如图 9-24 所示。

由图 9-24 可知，随着车速的提高，汽车运动学模型在双移线仿真实验的循迹控制精度越来越低。在同一车速下，其循迹控制的精度随着调整系数 k 的增大而提高。因此，可以通过增大调整系数 k 来弥补车速提高带来的控制精度下降，但调整系数 k 的弥补效果并不如非预瞄和基于预瞄的汽车转向几何学模型那么明显。

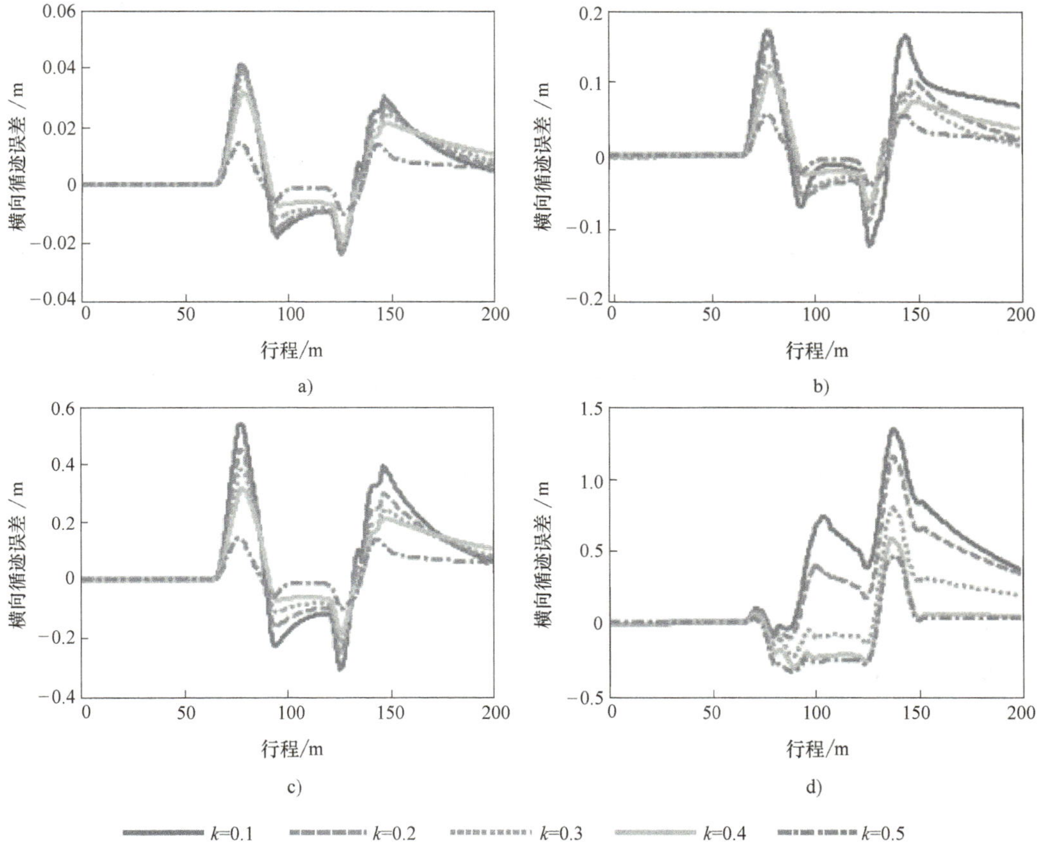

图 9-24　汽车运动学模型双移线仿真实验结果

a) 5m/s　b) 10m/s　c) 15m/s　d) 20m/s

4. 汽车动力学模型横向控制方法及其仿真

线性二自由度汽车模型同样可以进行汽车的动力学分析。如图 9-25 所示，汽车动力学模型表征的是汽车的受力与汽车的速度、加速度以及横摆角之间的关系。

将智能汽车的横向和纵向动力学分开，仅研究智能汽车自主循迹横向控制，汽车侧向运动和横摆运动的动力学微分方程为

$$
\begin{aligned}
&F_{yf}\cos\delta - F_{xf}\sin\delta + F_{yr} = m(\dot{v}_y + v_x\omega) \\
&l_f(F_{yf}\cos\delta - F_{xf}\sin\delta) - l_r F_{yr} = I_z\dot{\omega}
\end{aligned}
\tag{9-6}
$$

汽车动力学模型使用汽车质心处的横向循迹误差 e_{cg}，如图 9-26 所示。

分别以 15m/s 和 20m/s 车速进行双移线仿真实验，得到汽车质心处的横向循迹误差如图 9-27 所示。

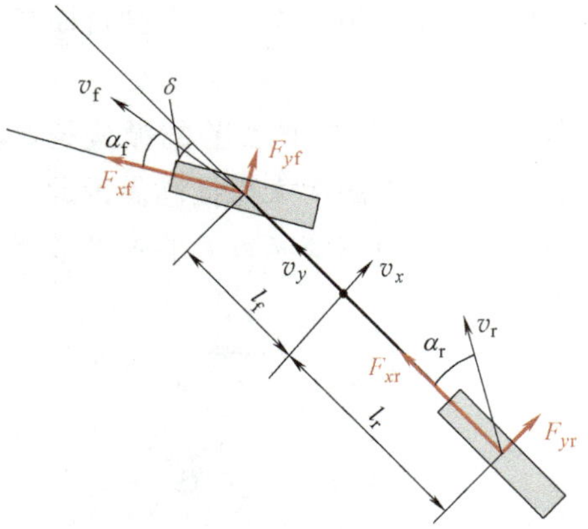

图 9-25　汽车动力学模型

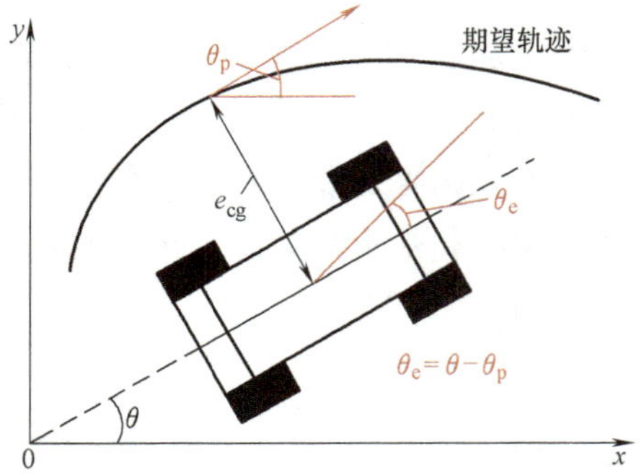

图 9-26　汽车质心处的横向循迹误差与期望轨迹的关系

由图 9-27 可知，随着车速的增大，汽车动力学模型最优 LQR 横向控制方法的循迹误差也逐渐增大，此时可以通过增大调整系数 q_1 来减小循迹误差。与汽车转向几何学模型和汽车运动学模型相比，汽车动力学模型最优 LQR 横向控制方法并没有如设想的那样在所有场合下的循迹控制效果都有所改进。其原因是此处使用的汽车动力学模型虽然考虑了汽车侧向动力学，但在计算过程中为了使用线性控制方法而作了一些线性化假设，排除了一部分明显的非线性动力学特性。因此该方法更适于直线或者小角度循迹工况。

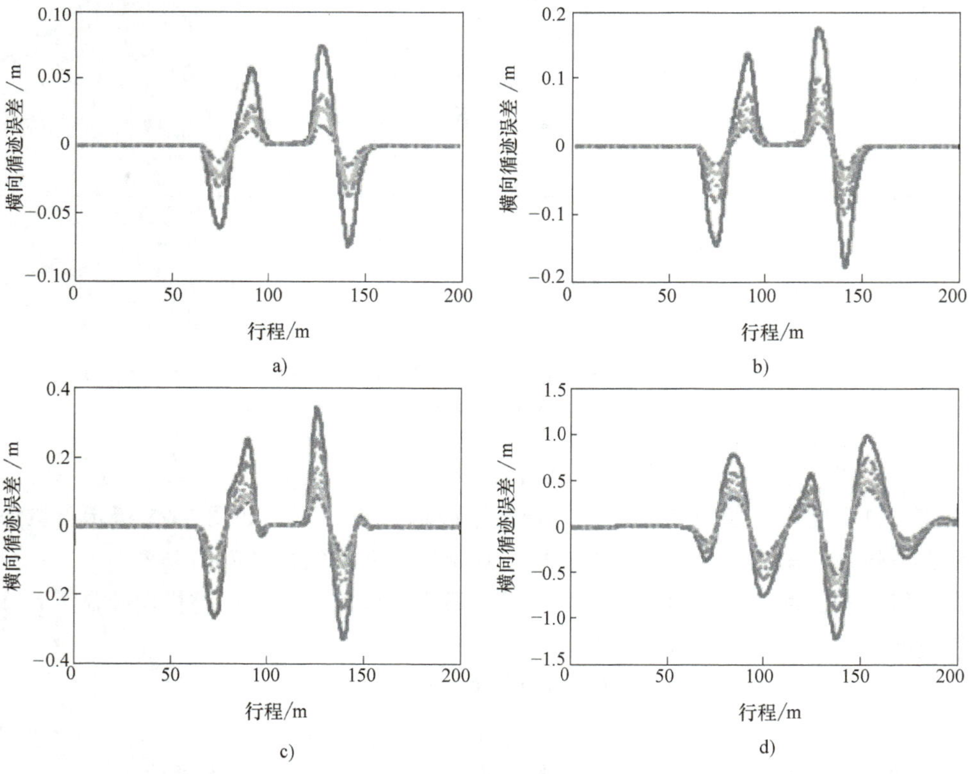

图 9-27　汽车动力学模型最优 LQR 横向控制方法双移线仿真实验结果

a）5m/s　b）10m/s　c）15m/s　d）20m/s

5. 六种横向控制方法的特点

六种横向控制方法的特点见表 9-3。表中的循迹方法均使用简称，其中非预瞄几何学表示非预瞄汽车转向几何学模型横向控制方法；预瞄几何学表示基于预瞄的汽车转向几何学模型横向控制方法；运动学模型表示汽车运动学模型光滑时变反馈横向控制方法；最优 LQR 表示汽车动力学模型最优 LQR 横向控制方法；前馈 LQR 表示汽车动力学模型前馈最优 LQR 横向控制方法；预瞄 LQR 表示基于预瞄的汽车动力学模型最优 LQR 横向控制方法。

表 9-2　六种横向控制方法的特点

循迹方法	鲁棒性	道路要求	转向超调	稳态误差	适用场合
非预瞄几何学	一般	曲率连续	明显	大	低速，非连续弯道
预瞄几何学	良好	无	一般	大	低速大转向角
运动学模型	差	存在一、二阶导数	一般	大	低速，平顺道路
最优 LQR	差	曲率连续	明显	一般	中低速
前馈 LQR	差	曲率连续	明显	小	中低速，高速平顺
预瞄 LQR	一般	无	一般	一般	中低速，高速平顺

9.4　被动安全技术

被动安全是指汽车在发生事故以后对车内乘员的保护，目前被动安全已经延伸到车内所有的人甚至物体。由于国际汽车界对被动安全已经有着非常详细的测试细节规定，在某种程度上被动安全是可以量化的。被动安全装置不能防止或避免事故的发生，而是在事故发生时，最大限度地减轻人身伤害。

9.4.1　安全带

安全带一般是高强度的纤维编织带，具有良好的抗拉性、耐磨性、耐水性、耐寒性、耐热性、不褪色性和能量吸收性。

碰撞事故发生时，安全带将乘员“束缚”在座椅上，乘员的头部、胸部不会向前撞到转向盘、仪表板及风窗玻璃，以免有二次碰撞的危险，同时不被抛离座椅。

事故分析表明，不使用安全带时，即使是低速碰撞（20km/h）也可能出现乘员死亡，而如果使用三点式安全带，在 95km/h 以下未出现死亡事故，也没有被甩出车外的事故。安全带可承受 2.8t 的重量，有效缓冲冲击力，吸收大量的动能。在所有可能致命的车祸中，如果正确使用安全带，可以挽救约 45%的生命；如果同时使用安全气囊，这一比例将上升到 60%。

研究表明，汽车事故中人体内伤和脑损伤与减速度直接有关，骨折与作用力有关，组织损伤与切应力有关。因此，提高汽车内部安全性就是要降低人体的减速度。

如果汽车和乘员以等速 v_0 做直线运动，在 t_0 时刻发生前部撞车，驾驶室按直线减速到零，如果乘员没有安全限位装置，将以 v_0 继续运动，到 t 时撞到车内坚硬障碍物（如仪表板）上，而后减速，由于变形行程很小，产生很大的减速度，乘员将承受可能致命的载荷。在设置了限位装置后，乘员在 t 之前以 v_0 在车内运动，在 t_1 时，限位装置生效，乘员减速。滞后时间 t 越长，乘员减速度延续时间越长。因而要求撞车后，限位装置迅速生效。降低事故中人体减速度的有效措施是限制乘员的位移，而最简单、有效的装置就是安全带。

1. 安全带的基本机构

安全带由织带、卷收器、带扣和长度调整机构组成。为了进一步降低碰撞时乘员“潜水”造成腹部伤害，提高安全带保护效果，还采用了预紧器和锁紧装置等。

(1) 织带 为了在汽车发生碰撞时限制乘员的移动量，要求安全带在规定伸长率以内有效地束缚住乘员，并尽量减轻乘员所受的冲击力，以避免造成人员伤亡。为此，要求安全带有高的强度、一定的延伸量以及良好的能量吸收性。另外，为提高织物的耐久性，带织物应具有良好的耐磨性和耐气候性。

(2) 卷收器 卷收器用于收卷、储存部分或全部织带，并在增加某些机构后起到指定作用。卷收器具有两种功能：一是在正常情况下，将织带放长或收短，以适应使用者的身材，一旦使用者将安全带扣好后，卷收器可以将过长的织带收回，让织带以适应的卷收力将使用者束缚住；二是当汽车发生事故时，卷收器可以在瞬间将织带锁起来而不让它伸展，从而可以有效约束乘员。此外，卷收器在使用时还具有调整织带长度的功能。

紧急锁止式卷收器是目前应用最广泛的一种卷收器。在汽车正常行驶时允许织带自由伸缩，但当汽车速度紧急变化时，其锁止机构锁止织带并保持安全带束紧力约束乘员。这种卷收器中装有惯性敏感元件和棘轮棘爪机构或中心锁止机构，织带缠绕在卷轴上。当汽车正常行驶时，卷收器借助卷簧的作用既能使织带随使用者的身体移动而自由伸缩，又不会使织带松弛。但当紧急制动、碰撞或车辆行驶状态急剧变化时，卷收器内的敏感元件使驱动锁止机构锁止卷轴，将织带固定在某一位置上，并承受使用者身体加给织带的载荷。尽管卷收器的锁止机构各不相同，但其基本工作原理相同。

(3) 带扣 无论是带扣还是安全带其他的塑料件，均应采用变形小、耐磨性能高、强度高及性能稳定的材料。在设计带扣按钮时，应避免乘员肘部误碰撞而使带扣开启，因为在碰撞发生时，乘员肘部很可能产生接触到带扣的动作。

2. 安全带的发展趋势

汽车座椅安全带的发展方向是：更好的初始约束特性；更好的吸能特性；提高舒适性和方便性。目前涉及汽车座椅安全带的技术主要集中在以下方面：

(1) 预拉紧器 安全带的预拉紧器在低强度碰撞、安全气囊未打开的情况下，保护乘员头部；同时由于它能很好地消除在碰撞开始时织带与乘员之间的松弛量，可以使乘员与车体之间的相对运动减少，从而对乘员的胸、腹部起到很好的保护作用。

(2) 限荷器 限荷器可以改善安全带的能量吸收特性，对乘员施加比较均匀的约束力，从而降低使用安全带的不适感。一种不需要乘员动作，完全自动约束在乘员身上的被动安全带也已装车使用，但尚未普及。对安全带的改进，也包括解决织带对人体的伤害问题，有的在乘员胸部的织带上装一个小气囊，有的则设法提高织带吸能性。

9.4.2　安全气囊

安全气囊（Supplemental Restraint System，SRS）系统是座椅安全带的辅助保护装置。它可以在汽车碰撞事故中根据碰撞程度决定是否自动充气膨胀，从而起到保护乘员、减轻伤害的作用。

1. 安全气囊系统的组成及原理

安全气囊系统主要由碰撞传感器、SRS ECU、SRS 指示灯和气囊组件 4 部分组成。其中气囊组件由充气元件和气囊组成，均安装在转向盘内或杂物箱上端，不可分解。充气元件由电爆管、点火药粉及气体发生剂组成，用来给气囊充气。气囊由尼龙布制成，材料厚度为 0.45mm，为了保证气囊的气密性，在其内表面涂覆薄薄一层合成橡胶或硅橡胶。在气囊的内表面固定有专门的带子，这些带子在气囊充气时能使其保持一定形状。气囊侧面设有许多孔，这些孔用来快速从气囊中排出气体。这点十分重要，否则人就会被气囊推向后面或被一个气囊或几个气囊挤住而受伤。

车辆发生碰撞时，碰撞冲击力使碰撞传感器和触发传感器接通，将信号输送到 ECU，ECU 检测到冲击力（减速度）超过设定值，经判断后确认是严重碰撞，于是接通引爆电路，让电流流过电爆管，并使其发热将电爆管内的点火介质引燃，火焰随即扩散到点火药粉和气体发生剂。之后产生大量气体，气体经滤网冷却后进入气囊内，气囊急剧膨胀，冲破转向盘，在极短的时间内气囊充满气。气体的阻力作用吸收了碰撞的能量，缓解了气囊对乘员头部和脸部的压力。乘员陷入较柔软的气囊中，使得乘员得到保护。数秒后安全气囊排气孔打开，气囊泄气并收缩。充气元件与气囊安装在转向盘内，与转向盘一起转动，电爆管与 SRS ECU 之间的导线连接是靠螺旋导线实现的。安全气囊根据安装的位置及保护对象不同，主要分为以下类型：对驾驶人进行保护的气囊，装在转向盘内，防止驾驶人与转向盘、仪表板及风窗玻璃发生碰撞；对前排乘员进行保护的气囊；装在仪表板内，防止乘员与仪表板、风窗玻璃发生碰撞；对后排乘员进行保护的气囊，一般安装在前排座椅的靠背后部或头枕内部，防止乘员与前排座椅发生碰撞。由于后排乘员受到的伤害程度较轻，后座椅安全气囊一般只在高级轿车上使用。

2. 安全气囊的发展趋势

在西方发达国家，安全气囊已在轿车上普及使用，但在我国尚处于发展阶段。我国的微型轿车，如果不安装安全气囊，很难达到法规的要求。因此安全气囊在国产轿车的达标上是一条重要措施，而且根据发展趋势，也必然会使用安全气囊。

安全气囊的改进主要是开发新的气体发生装置和更合理的点火判别算法。目前，在气体发生装置内的气体发生剂多为固态叠氮化钠，其引爆后产生的气体必须经过滤才能充入安全气囊，而且其残留物还需处理。代替的方法一是用增大式充气装置，即使用少量固体燃料加热储存的气体；方法二是采用有机气体发生剂；方法三是用可燃气体混合剂。侧面碰撞保护气囊系统得以开发，有的已实现装车，它要解决在更短时间（约为正碰撞气囊时间的 1/3）内传感引爆和充气问题，以及安装、展开空间小和安全气囊近距离快速膨胀可能伤及乘员等问题。要实现对乘员的最佳保护，必须了解人体结构和伤害机理，这就需要汽车行业和医学界、保险业的合作，尽可能多地收集关于乘员体型、尺寸以及碰撞伤害程度的数据，结合人体生物力学，制定科学的伤害评定标准，研制出更好的乘员保护装置。

9.4.3 汽车安全转向盘和转向柱

在汽车发生正碰撞时，碰撞能量使汽车前部发生塑性变形。布置在汽车前部的转向柱及转向盘在碰撞力的作用下会向后，即驾驶人胸部方向运动。这种运动的能量应该通过转向柱以机械方式予以吸收，防止或减少其直接作用于驾驶人而造成人身伤害。另外，在汽车发生正碰撞时，驾驶人受惯性的影响有冲向转向盘的运动。驾驶人本身的运动能量一部分由约束装置加以吸收，另一部分则传给转向盘和转向柱系统。这部分能量要通过转向盘和转向柱予以吸收，以防止超出人体承受能力的碰撞力伤害驾驶人。

在撞车时，骨架可以发生变形以吸收能量，从而减轻对驾驶人伤害的转向盘，称为吸能式转向盘。防止或减少碰撞能量对驾驶人造成伤害的转向柱，称为吸能式转向柱。

吸能式转向柱和转向轴，大体上可分为以下两类：

(1) 可分离式安全转向操纵机构 该机构的转向轴分为上、下两段，当汽车发生碰撞时，上、下两段互相分离或互相移动，从而避免在第一次冲击时转向盘随车身后移对驾驶人造成伤害。

(2) 缓冲吸能式转向操纵机构 这种操纵机构从结构上能使转向轴和转向柱在受到冲击后，轴向收缩并吸收冲击能量，从而有效缓和转向盘对驾驶人的冲击。

缓冲吸能式转向操纵机构又包括以下 3 种常见形式：

1）网格状转向管柱。转向管柱的部分管壁制成网格状，当撞车而受到压缩时很容易轴向变形，从而吸收能量。

2）波纹管变形吸能装置。其转向管柱和转向轴均能分为上、下两段，在转向轴上套有波纹管。当发生撞车时，上、下转向轴和转向柱错开缩短，压缩波纹管吸收冲击能量。

3）钢球滚压变形吸能装置。其转向轴和转向柱也能分为上、下两段。上、下两段转向轴用安全销相连，上、下转向管柱中间压入带有塑料隔套的钢球。当发生撞车时，安全销被破坏，上、下转向轴轴向收缩，上、下转向管柱也开始轴向收缩，其内的钢球边转动边在上、下转向管柱的壁上挤压出沟槽，使之变形并消耗冲击能量。

9.4.4 汽车座椅系统安全性

汽车座椅系统安全性研究始于 20 世纪 50 年代。以往的研究主要集中在汽车尾部碰撞的乘员保护以及头枕和座椅靠背后部的冲击能量吸收等方面，逐渐形成了两种主流设计概念——柔性设计和刚性设计。按照上述方法设计的各种结构形式的座椅在安全性试验中虽然取得了较为令人满意的结果，但是由于碰撞模型试验的条件具有局限性，某些条件如乘员坐姿、加速度作用方向、约束系统的佩带及使用状态和各种约束系统的相互影响等，在实发事故中千变万化，是在实验室中不可能全面模拟的。

近年来我国在轿车被动安全性的法规、试验和研究方面取得了一定的进展。相对于轿车，客车的乘员更多，因此人们对客车乘员的保护和碰撞安全性的研究更为集中。

9.5　智能网联汽车信息安全

随着汽车智能网联技术的发展，汽车内电子信息化水平不断提高，随之而来的汽车信息安全问题也变得日益突出。在车联网“云—管—端”的三个环节上，其实都暴露了若干可以被恶意攻击的端口，隐藏了信息安全的风险。

汽车的信息安全问题，在小的层面上会威胁人身安全和泄露用户隐私，在大的层面上会影响社会的稳定。可以说，一个没有信息安全保障的智能网联系统在未来是很难生存和发展的。

9.5.1　智能网联汽车信息安全防护技术体系

将智能网联汽车的通信数据流抽象化，可以得到从车外云服务器到车内电子控制器的6层架构。构建整个智能网联汽车信息安全防护体系，需要在每一个层级部署相应的信息安全防护技术，以保障和提升整个系统的信息安全特性。

在进行信息安全防护技术的部署时，一方面需要识别出系统中的安全短板，并给出针对性的防护方案；另一方面，需要考虑部署的代价和对整车电子电器架构的影响，避免引起系统的过度设计，导致系统的臃肿。

9.5.2　利用硬件安全芯片打造车端信任根

不同于利用纯软件代码实现加密和解密，利用专用硬件安全芯片来实现信息的加密和解密，具有以下优点：

1）可以实现硬件加速，更快地完成信息的加密和解密。

2）可以实现密码的安全存储，密码一旦写入其中，便不能被轻易地读取出来。

3）很难被篡改，可以用于构建“不可抵赖”的信任链。利用安全芯片的这些特性，可以构建车端的安全“信任根”。

在未来的整车电子电器架构中，网关扮演着车辆信息中枢的作用。对如此关键的零部件，往往更容易被攻击者进行攻击，对应的信息安全的防护等级需要相应地提高，硬件安全芯片便是一个很好的防护措施。联合电子互联网关产品中，集成有硬件安全芯片，借此打造了车端信任根，如图 9-28 所示。它可以实现对车外连接的身份认证，对车内连接的数据加密和产品本身的安全性保证。

9.5.3　建立产品信息安全开发流程

安全设计的理念需要贯穿产品的整个生命周期，从前期的产品设计，到产品上线后的运维。对于零部件企业而言，要做好产品的信息安全设计，在设计初期就需要开展相关的工作。联合电子在既有开发流程体系中，融入了信息安全的开发工作包，在产品的基因里就注入“安全”的属性。产品信息安全的开发流程如图 9-29 所示。流程包括以下关键工作活动：需求搜集、安全分析、安全概念设计、安全需求定义、安全架构设计和信息安全

图 9-28　汽车硬件安全芯片

测试。这些工作任务会贯穿产品开发的各个阶段，并分配专门的信息安全经理对接各项工作的开展。

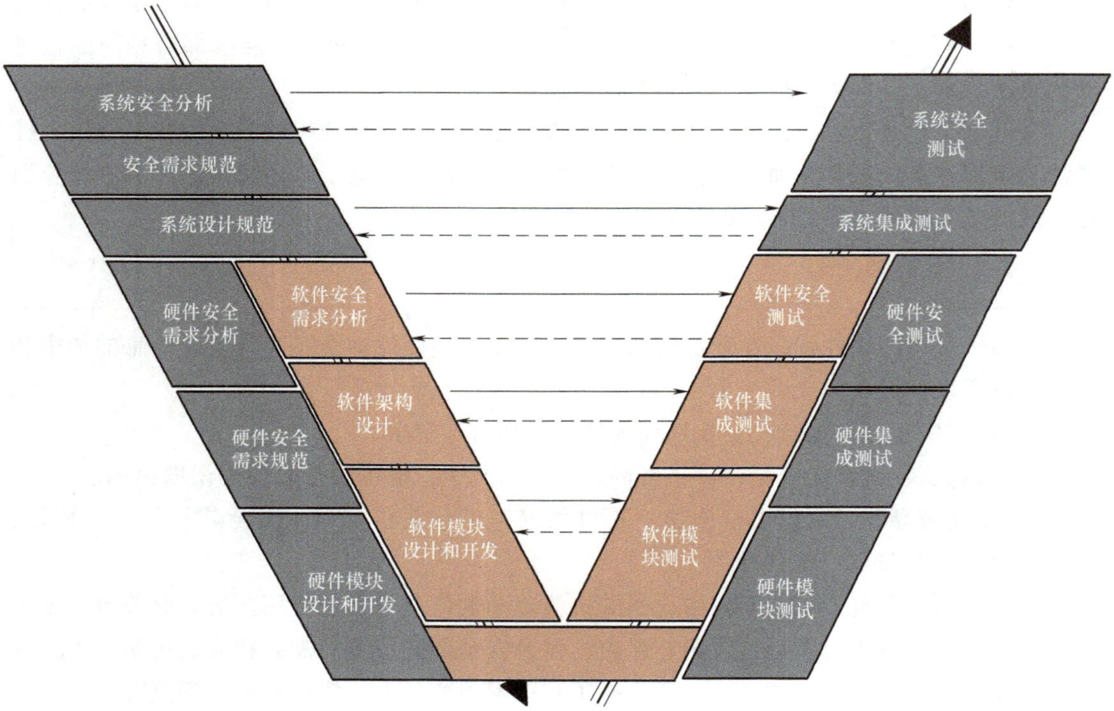

图 9-29　产品信息安全的开发流程

9.6　智能网联汽车网络安全

9.6.1　车联网存在的隐患——黑客攻击

随着汽车互联程度的增加，对汽车互联的安全性的需求也与日俱增。汽车已经成为一台装在轮子上的“超级计算机”。一辆高端汽车所运行的代码数比 F-35 喷气机或安卓操作系统所运行的代码数还要多。同时，汽车互联的范围也越来越广，与其他汽车互联（V2V）、与手机互联、与基础设施互联（V2I）。随着汽车“上网”，一旦与网络互联的汽车（或车队）受到网络黑客技术的攻击，后果可能是灾难性的。2014 年，我国举办了“国家网络安全宣传周”，在场工程师通过捕捉车辆的钥匙信号，通过计算机模拟，成功地开启了一辆汽车的车门和行李舱。2015 年，两名美国工程师做了远程控制汽车的测试。通过互联网，他们入侵了一辆测试用吉普自由光，对车载电脑和轮胎进行控制干扰。这名工程师先展示了如何进行外围的入侵；接着展示了对娱乐系统、刮水器的控制；最后，在没有任何物理接触的情况下，通过无线网络，切断自由光变速箱的动力传递。同时，还能通过网络控制汽车的制动系统，在试验中，这两名工程师曾经让车辆强行驶出路面。他们表示，目前可以对路面上所有装配有“Uconnect”的克莱斯勒和吉普车型进行基本的干扰和操控。

中国汽车工业协会发布的《中国汽车工业发展年度报告（2018）》指出，智能网联汽车将成为中国经济增长的重要引擎。根据市调机构 BIIntelligence 的预测，到 2020 年，全球联网汽车的市场保有量将达到 3.8 亿辆，全球联网汽车的销售量将从 2016 年的 2100 万辆增至 9400 万辆，市场占比将达到 82%。面对这样一个巨大的市场，智能网联汽车却仍旧存在很多安全漏洞。黑客正是利用这些漏洞，攻破系统，远程控制汽车，一旦被不法分子利用将会对用户造成人身、财产危害。

9.6.2 黑客入侵车联网的途径

1. 通过窃取车主个人数据和记录入侵

智能网联汽车会记录很多关于驾驶人的信息。这些信息可能来源于手机这样的与车互联的外部设备，个人信息包括通信录、短信、通话记录甚至音乐品味。汽车可以记录变化模式和其他驾驶人的习惯等，这些信息可以对驾驶人进行画像。这些信息可能被保险公司在向驾驶人提供保险服务时作为参考。

2. 通过干扰电子钥匙入侵

攻击者利用电子钥匙入侵技术可以在不闯入的情况下进入汽车。攻击者经常使用这种技术，而且成本很低。这种攻击包括拦截来自无线钥匙的信号来阻止汽车接收锁车信号或者重放该信号来获取权限。该攻击的一种变种是利用 Jammer 干扰器来拦截信号。Jammer 会干扰与车辆通信的电磁波，拦截信号，阻止汽车接收锁车信号，攻击者就可以进入汽车。有一部分 Jammer 的应用范围超过 500m。另一个攻击是拦截钥匙的发送信号并重放来打开车门。汽车厂商通过应用安全算法来避免对相同信号的简单重放攻击达到预防此类攻击的目的。这样，每个从钥匙发送给汽车的信号都是唯一的，可以避免重放。

3. 通过（CAN）后门入侵

20 世纪末期，汽车用 CAN 标准来进行汽车内部微控制器和其他设备部件之间的通信。车内的安全气囊、门锁、音频系统以及发动机等都是通过 CAN 总线通信的。现在的汽车都有 OBD-Ⅱ端口，可以通过该端口来诊断车辆存在的问题。攻击者可以通过 OBD 接口拦截 CAN 总线的流量。外部的 OBD 设备可以插入汽车作为外部命令的后门，比如 WiFi

连接，性能统计数据，解锁车门这样的控制服务。

4. 通过垃圾邮件和广告入侵

向智能网联汽车中增加服务同时会增加新的安全风险。以 Tesla 为例，Tesla 允许通过浏览器访问 internet，可能会通过这种方式进行基于位置的垃圾邮件推送。比如当你靠近一家快餐店时，会弹出折扣的弹窗。首先，这种行为是用户并不想要的，其次，会让驾驶人分心。而且，垃圾邮件和广告邮件是恶意软件的感染单元。

5. 通过恶意软件入侵

车内含有固件的 ECU 都有可能被黑客攻击。汽车使用影音娱乐系统来控制不同功能的音频和视频。这些系统的复杂性在不断增加。MirrorLink、Bluetooth 和内部 WiFi 是改善驾驶体验的其他技术。通过将智能手机与汽车互联，就增加了利用车企打电话，发短信、播放音乐等功能。恶意软件的目标正是这些设备、手机、浏览器和车内其他嵌入的通信网络都是可以安装恶意软件的感染单元。

6. 通过第三方 APP 入侵

许多汽车都允许第三方与互联服务创建应用。比如，用智能手机上的 APP 去锁和解锁车门。虽然这些 APP 非常方便，但是这些服务很快及变成一个攻击单元。攻击手机 APP 比攻击汽车 ECU 要简单得多，因为有很多的可用资源。汽车内的 APP 也是易被攻击的，因为第三方在开发时可能并没有使用最佳安全实践，比如使用明文存储证书等。但是这些 APP 可能会存储个人信息，比如 GPS 数据、汽车型号等。

7. 通过 V2V 通信入侵

V2V 技术是一种使用无线网络来使路上行驶的汽车可以互相通信。该技术可以增强行驶的安全性，比如当另一辆车离得很近的时候进行减速。除了车和车之间的通信外，还可以与路边的基础设施进行通信，比如路标设备等。这可以改善驾驶体验和安全性。假设该单元被恶意软件入侵了，恶意单元可以创建恶意软件来感染更多的网联汽车。

9.6.3 对车联网存在隐患的改进措施

1）汽车网络安全的关键是将网关构建到汽车架构中，对数据流进行控制，并最大限度地减少潜在网络攻击造成的影响。

对此，一种方法是将网络安全系统构建到汽车软件中，确保只有正确的数据才能被发送到特定控制模块中。另一种方法则是持续验证软件本身在汽车运行过程中未被恶意篡改。如果黑客（或驾驶人在无意间）访问了他们无权访问的地方，相应安全网关接口将作为汽车架构中的独立节点，将软件和硬件隔离开来。这意味着汽车的功能将不会受到影响，驾驶人所了解和依赖的功能仍然可以照常运行，不会受到来自外界的影响。

2）车联网的安全问题主要还是汽车制造商的问题。

就目前来说，我国缺乏车联网相关的标准和法律，导致汽车厂家的安全意识薄弱各家的标准也各不相同，不方便政府进行统一的管理。车联网的安全问题还是主要依靠厂家的重视，在车辆出厂时就嵌入安全芯片用以管理密钥和加密运算，在服务端，配置由云服务商提供的安全产品和策略，同时加载了自主研发的密钥应用 SDK，负责与车载端和移动终端加密往来数据。移动终端 APP 中，则是对于关键代码进行了动态加密和篡改识别，同时将移动终端设备、用户账号和信息、手机号码通过数字证书技术进行绑定，确保移动终端的合法可靠性。在密码应用方面，采用对称加解密、非对称加解密和 HASH 算法结合使用的方式，在保证数据往来安全和完整的同时，尽量小的影响性能。在车辆通信方面采用层级安全框架确保设备的安全隔离。并对每辆汽车的车联网系统进行更新维护，及时发现漏洞并对系统进行升级修补漏洞。

9.6.4 加快构建智能网联汽车网络安全环境

1. 国内对加快构建智能网联汽车网络安全环境做出的努力

2016 年，中国汽车工程学会成立了智能网联汽车信息安全工作委员会。在智能网联汽车标准体系中，其通用规范（200）中包含了信息安全（204）相关内容。另外，中国汽车工程学会主导成立了智能网联汽车产业技术创新战略联盟，已经或准备成立包括决策与控制、V2X、车载感知、信息安全、基础数据平台、测试示范等工作组。该联盟已完成或者在研的项目包括 V2X 应用层标准、智能网联汽车技术路线图、车载信息安全标准、信息安全标准体系以及智能网联汽车术语标准等。我国的车企联盟也成立了车联网安全委员会，致力于研究汽车信息安全的整体架构、体系标准和关键技术。交通运输部下属的综合交通运输标准化技术委员会推动《智能网联驾驶信息安全标准体系框架》《智能网联驾驶车载智能终端信息安全技术要求与测试方法》等多个项目的研究，从体系架构、相关的测试方法和安全标准上给出明确的标准和规范，以推动多层面、多部委协调推进的车联网信息安全的标准建设。

2. 国外对加快构建智能网联汽车网络安全环境做出的努力

在美国，特斯拉 CEO 埃隆·马斯克表示，计划向其他汽车厂商免费开源，以应对共同的敌人。马斯克认为，阻止全面的黑客攻击是特斯拉的首要汽车安全任务。尤其是在汽车实现完全自动化驾驶之后。他认为无人驾驶汽车最大的担忧之一是有人对所有无人驾驶汽车发动黑客攻击。为了及时升级修复智能汽车安全问题，特斯拉与白帽黑客和安全研究人员建立了稳定的合作关系，他们定期将漏洞报告给特斯拉，特斯拉已经能够通过 OTA 实现空中升级，快速修复这些漏洞。通用汽车也曾发布一项高额漏洞悬赏计划，让白帽黑客为其挖掘潜在的网络安全问题和产品的潜在弱点。“整体来看，威胁等级只会从这里增长，这就是为什么我们投入如此多的精力和资源来保持领先，并迅速迭代的原因。”通用汽车总裁丹·阿曼表示。众多知名车企承认汽车漏洞会永远存在，因此只能去防御，在攻防的矛盾中找到最佳平衡点，保护汽车制造商的智能汽车安全，同时增加车联网安全的竞争优势。

英国政府出台指导方针要求网联汽车制造商采用更安全的网络保护技术，防止汽车被黑客入侵。英国政府对于智能汽车表示出了担忧，认为智能汽车可能会被黑客攻击进而获取个人信息，通过无钥匙进入系统盗窃或者恶意掌控汽车。英国交通部部长 Martin Callanan 在发言中表示：“当我们将汽车变成 WiFi 连接热点，或者植入上百万甚至上千万行代码，将汽车变成完全自动驾驶的汽车，确保汽车不受网络攻击至关重要。”全新的指导方针包括使汽车的网络安全系统能够防御恶意、无效的数据和指令，使用者可以删除汽车系统上保存的个人数据。英国政府指出，在汽车的整个生命周期内，制造商必须制定方案，为汽车安全提供维护和支持，在产品安全方面个人承担的责任应该限制在最低水平。

第 10 章　Chapter 10

智能网联汽车典型案例介绍

10.1　百度车联网

百度车联网是基于百度地图的基础架构与数据采集能力，充分利用地图、导航、私有云、语音、安全等产品的优势，为车主搭建的更为完善的人车互联服务平台。百度车联网是百度人工智能战略的核心重要组成部分及车场景建设者和核心出口，拥有业界领先的Apollo（阿波罗）小度车载 OS 及核心 AI 能力，提供全方位的车联网解决方案与服务。

10.1.1　百度在车联网领域的主要布局

为打造坚固完善的汽车信息安全体系，百度成立了 Apollo 汽车信息安全实验室。百度的小度车载 OS 目前已与福特、长城、奇瑞等十余家车企达成车联网领域深度合作，合作车型达数十款。百度在车联网领域的主要布局见表 10-1。

表 10-1　百度在车联网领域的主要布局

分类	时间	布局	介　绍
地图	2005.02	百度地图	供包括智能路线规划、智能导航（驾车、步行、骑行）、实时路况等出行相关服务的平台
车载系统	2014.04	CarNet	可将用户的智能手机与车载系统无缝结合，实现“人、车、手机”之间的互联互通
	2015.05	CarLife	国内首款跨平台车联网解决方案，可用手机链接车载屏幕，通过屏幕触控操作可以使用百度地图、网易云音乐、喜马拉雅等第三方 APP
	2018.08	小度车载 OS	由 Apollo 平台发布的面向量产的完整人工智能车联网系统解决方案，具有人脸识别、人脸登录、刷脸支付、疲劳监测、AR 导航、汽车信息安全解决方案、车载智能小程序等多个解决方案
	2018.09	Apollo 车路协同方案	向业界开放百度 Apollo 在车路协同领域的技术和服务，全面构筑“人—车—路”全域数据感知的智能路网
	2018.10	长沙示范城市	基于 Apollo 开放平台，携手长沙政府共建“自动驾驶与车路协同创新示范城市”

10.1.2　百度在自动驾驶领域的主要布局

在自动驾驶领域，百度布局较早，技术相对领先，商业化进程较快。具体来看，目前百度主要依托 Apollo 计划来实现自动驾驶的终极目标，该计划将软硬件和服务系统结合，包括车辆平台、硬件平台、软件平台和云端数据服务四大部分。此外，百度还积极与其他合作者共同推进自动驾驶研究与应用，例如，其与荷兰车用导航软件厂商 TomTom 签署合作协议，计划在数字地图领域展开合作开发高精地图，主要用于自动驾驶。目前，百度在 L4 级自动驾驶巴士、出租车和乘用车方面的研发已取得较好进展。

Apollo 是一个开放的、相对完整的、较为安全的平台，从 2015 年开始，百度大规模投入无人车技术研发，2015 年 12 月在北京进行了高速公路和城市道路的全自动驾驶测试；2016 年 9 月获得美国加州自动驾驶路测牌照，11 月在浙江乌镇开展普通开放道路的无人车试运营。2019 年 7 月 3 日，在“baidu create 2019”百度 AI 开发者大会上，百度重磅发布了 Apollo 5.0 版本。Apollo 5.0 进行了 Apollo 开放平台以及 Apollo 企业版两大升级。其中，Apollo 开放平台重点升级十七大能力，开放数据流水线，向开发者开放包括智能数据采集器、开放合成数据集、大规模云端训练、自定义仿真验证器、开放数据应用集以及与 Apollo 开源平台无缝兼容在内的六大数据能力，打通数据采集、训练、验证和整体发布流程，使开发者可以通过云端仅用时 30min 就完成一辆车的动力学标定，一周可完成上百辆汽车的标定。Apollo 企业版全新发布 Robotaxi 智能网联出租车和智能信控两大量产解决方案，重点升级智能网联小巴、自主泊车和小度车载 OS 三大能力。全新升级的小度车载 OS 在智能交互、智能场景及安全守护三方面均有突破。同时，小度车载 OS 的合作伙伴生态圈也在日益壮大，在奇瑞、长城、福特的基础上又新增了吉利。目前，搭载百度车联网功能的汽车品牌已超过 60 家，上市车型达 300 余款。此外，百度 Apollo 的智能交通解决方案也已经“下沉”到城市，百度智能交通信控系统帮助保定市的交通延误时间减少 20%～30%。

未来，Apollo 还将进一步提升控制效率，从交通出行的各个环节推动交通产业智能化变革。Valet Parking 软硬一体自主泊车量产解决方案，利用了百度独有的“车—云—图—场”融合方案，加上百度云和高精地图的优势，可以有效降低成本，从而实现了自主泊车的最优性价比。目前，该方案已和多家主机厂、共享汽车运营商展开密切合作，加速“最后一公里智能网联”的到来。

目前，Apollo 已与众多开发者及合作伙伴在多个场景完成多样化的“新物种”创新并相继落地，包括无人零售车、景区智能漫步车、智能环卫车、无人挖掘车以及 2019 年百度 AI 开发者大会上首次亮相的酷黑智能网联教学小车套件。在 2018 年的开发者大会上，正式量产下线的阿波龙园区小巴也升级了全新车型——阿波龙公交车，如图 10-1 所示，实现从封闭园区到开放道路行驶。同时，小巴量产解决方案已经与多家车企达成合作，与江铃合作的江铃特顺园区接驳车已进入南昌园区试运营。

图 10-1　阿波龙园区小巴升级后的全新车型——阿波龙公交车

10.2　Waymo 智能网联汽车

Waymo 是 Alphabet 公司（谷歌母公司）旗下的子公司，是第一家公开道路路试，也是第一家实现无人驾驶汽车上路的公司。现今，其自动驾驶模拟测试里程达到了 100 亿 mile，约合 161 亿 km。

10.2.1　Waymo 智能网联汽车发展历程

2016 年 12 月，Waymo 正式从谷歌独立出来，成为 Alphabet 公司旗下的子公司。从 2009 年到 2016 年的 7 年间，Waymo 获得了大量的技术支持，也为以后的高速发展打下了基础。

2017 年 11 月 2 日谷歌母公司 Alphabet 旗下自动驾驶汽车部门 Waymo 的无人驾驶汽车进行公开测试，虽然测试结果显示目前的自动驾驶汽车仍无法真正实现无人驾驶。但是测试的数据将会是 Waymo 的宝贵财富。

2018 年 2 月，Waymo 宣布将推出共享出行服务平台，并在该平台上启用一支全自动驾驶车队。

2018 年 4 月，Waymo 宣布到 2020 年，要实现 20000 辆自动驾驶汽车投入运营，出行服务频次达到 100 万次/天。

2018 年 5 月 4 日，谷歌旗下 Waymo 自动驾驶公司的一辆测试车辆发生了一起车祸，造成有人轻微受伤。Waymo 自动驾驶汽车车身严重受损，车祸发生时，Waymo 汽车正处于自动驾驶模式。根据 Waymo 公布的事故报告来看（所有在加利福尼亚州进行测试的自动驾驶公司都要公开事故报告），Waymo 自动驾驶车辆共涉及 30 余起事故，但作为主要过错方的事故只有一起。

2018 年 5 月 31 日，谷歌母公司 Alphabet 旗下自动驾驶部门 Waymo 和菲亚特克莱斯勒（FCA）共同宣布，Waymo 将从 FCA 美国购买数万辆克莱斯勒 Pacifica 混合动力汽车，扩大其在全国范围内的公共自动驾驶车出租车队。

2018 年 7 月，Waymo 宣布其自动驾驶车队在公共道路上的路测里程已达 800 万英里。根据 Waymo 首席执行官 John Krafcik 的说法，该公司的自动驾驶车辆平均每天行驶 25000mile，此外 Waymo 还通过仿真系统模拟行驶了超过 50 亿 mile。

2018 年 12 月 5 日，Waymo 首席执行官 John Krafcik，宣布自动驾驶服务正式商用，推出自动驾驶首个用于服务乘客的商业叫车服务——Waymo One。图 10-2 为 Waymo 自动驾驶服务。

2019 年 4 月末，Waymo 通过 Google Play Music，向乘客推出了无广告的流媒体音乐服务。

2019 年 8 月，Waymo 表示将公开一部分自动驾驶数据集。该数据包含由 Waymo 的团队从旧金山、山景城、凤凰城和华盛顿州收集的数据。具体包括每辆车获取的图像、激光雷达、毫米波雷达数据。这些数据中，车辆、行人、骑自行车者甚至是路标牌都精被精心

图 10-2　Waymo 自动驾驶服务

标记，共计 1200 万个 3D 标签和 120 万个 2D 标签。

10.2.2　Waymo 智能网联汽车安全报告

美国交通运输部于 2018 年 9 月发布了《智能网联政策指南》，提出 15 项智能网联车辆安全评估标准，并鼓励智能网联厂商自愿提交相关报告，但一年多来，没有任何厂商提交报告。在 2.0 版智能网联政策发布一个月之际，Waymo 率先发布了完整的智能网联车辆安全设计和测试报告。在加州众多开展智能网联公共道路测试的厂商中，Waymo 提交给加州机动车辆管理局（DMV）的事故和技术故障报告是最完整、详细的，此安全测试和部署报告，是 Waymo 对 8 年来自身开展的工作的总结，其中以最多篇幅介绍了其智能网联车辆的测试验证方法，这正是众多业界人士所追求的。另外，这份报告或许可以成为智能网联厂商向交通部提交安全评估报告的基础参考范本，结束自愿提交安全评估报告“0”的历史。

Waymo 于美国当地时间 2018 年 10 月 13 日发布首份全智能网联安全报告，基于其 350 万英里的公共道路测试和数十亿英里的虚拟仿真测试经验成果。Waymo 的这份报告，还结合交通部《智能网联系统 2.0——安全愿景》提出的 12 项安全设计要素，说明了 Waymo 全智能网联汽车的开发、测试、部署是如何满足这 12 项安全设计要素的。Waymo 此举，也充分表现了对交通部新一版智能网联政策的支持。

Waymo 在美国加利福尼亚州、亚利桑那州、得克萨斯州、华盛顿超过 20 个城市的公共道路上测试行驶了 350 万英里。

10.2.3　Waymo 智能网联技术的亮点

2017 年 10 月 13 日 Waymo 发布智能网联功能安全报告，在《自动驾驶系统 2.0：安全的展望》的基础上，Waymo 的安全报告从其中的 12 个优先考虑的安全维度介绍智能网联的发展。Waymo 智能网联技术的亮点可以从以下方面进行了解。

1. 开发智能网联汽车的初衷

提到智能网联技术的“初心”，就不得不提一组数据——每年全球有约 120 万人死于交通事故，2016 年死亡人数增加约 6%，其中 94%的事故是人为失误造成的。Waymo 认为可以通过智能网联技术让驾驶变得更简单，让周边的世界变得更安全，基于这个原因 Waymo 开发智能网联汽车。

Waymo 选择开始 L4～L5 级别智能网联汽车的开发，而没有继续更容易商业化的 L2～L3 级别，这是因为 Waymo 认为应该让乘员始终作为乘员，而不能让人在乘员和驾驶人两个角色中切换。因为 2012 年谷歌在高速公路上测试 L3 级别智能网联汽车时，人类驾驶员过于相信智能网联技术，当系统需要人介入时，由于驾驶人没有持续关注周边环境而不能有效接管，会有引起交通安全事故的隐患，特斯拉智能网联的事故也说明同样的问题。这与开发智能网联让驾驶更简单、让世界更安全的初衷相违背，基于这部分原因 Waymo 直接开发 L4～L5 级别的智能网联汽车，让乘员始终作为乘员。

2. 智能网联汽车的开发

2009 年开始使用丰田普锐斯完成 1mile 的智能网联，在 2012 年使用雷克萨斯 RX450h 在高速公路上实现超过 300mile，早期测试主要由谷歌的员工完成，同时开始将车辆放在有行人、骑行者、道路施工等更复杂的街区测试。2015 年谷歌自行设计开发的“Firefly”智能网联汽车首次在公路测试，这些汽车装配由谷歌开发的传感器、中央控制单元，具有转向和制动功能，但是无传统的转向盘和踏板。2017 年谷歌成立 Waymo 公司，专门负责智能网联技术的开发，开始使用克莱斯勒混动汽车搭载智能网联平台进行测试。

感知层面除了传统的超声波雷达、激光雷达及摄像头等开发的高性能传感器之外，Waymo 还使用音频检测系统，这个系统是用来检测几百米外的警车或者急救车，以便智能网联汽车提前重新进行路径规划，避让相关车辆。其传感器方案如图 10-3 所示。智能网联系统感知模块能够像人一样分辨道路上的行人、骑行者、车辆及道路施工等，根据每种物体的属性建模、预测和理解其行驶意图。

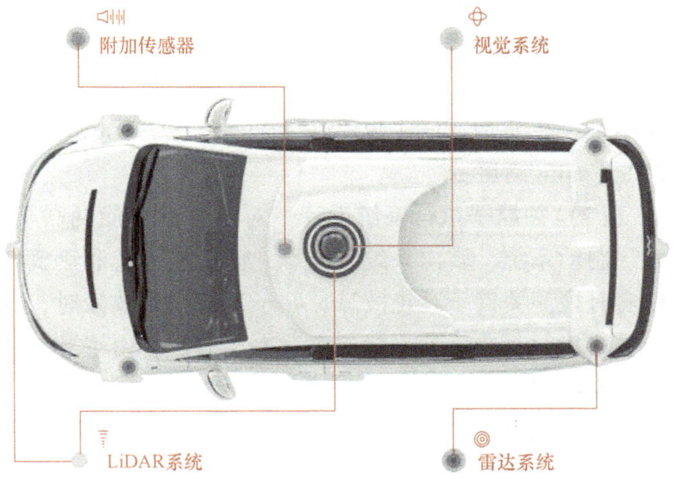

图 10-3　Waymo 传感器方案

在图 10-4 所示的十字路口中，智能网联汽车除了预测车辆的行驶轨迹，还能根据摆动左手的骑行者预测到其将要变换到左车道之后进行左转弯，智能网联汽车提前减速预留充足安全距离让骑行者通过，以防御性驾驶方式进行路径规划。由此可见，汽车的智能网联系统能够协助驾驶人在驾驶过程中准确地“预见”由其他驾驶人、行人、不良气候或路况而引发的危险，并能及时地采取必要、合理、有效的措施防止事故发生，不行驶在其他驾驶人视野盲区位置。除此之外，该系统甚至能识别人脸的方向，提前给难于准确预测轨迹的骑行者和行人预留充足的安全距离。

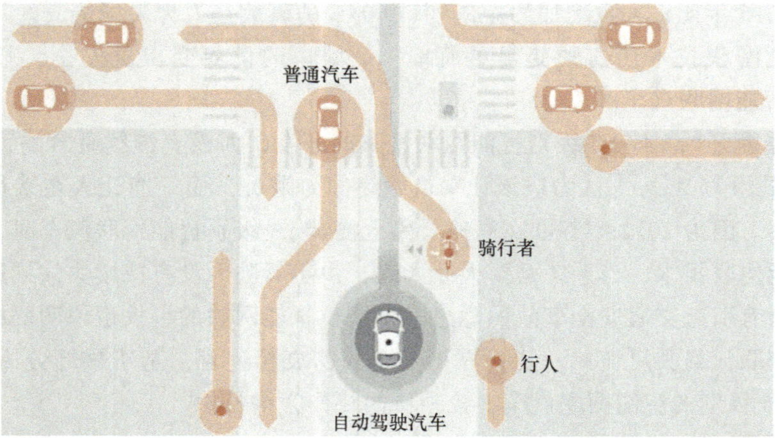

图 10-4 十字路口

Waymo 智能网联系统在运行区域内确保车辆能够安全行驶，在设计运行区域时考虑到地理位置、道路、限速、天气、时间及法规因素的不同。例如除了保证车辆在白天、夜晚等环境下安全行驶外，为了应付雨天工况，摄像头传感器加装专门的刮水器。在车辆遇到突发情况如暴风雪等会影响智能网联车辆行驶时，车辆能够停至安全区域，直至可以继续行驶。未来进一步拓展运行区域，目标是实现任意地点的安全行驶。

3. 安全设计

(1) 关键零部件或系统验证 克莱斯勒智能网联整车验证由克莱斯勒负责，在出厂前已经取得联邦汽车安全标准（FMVSS）认证。加装的这部分智能网联系统是由 Waymo 负责验证的。

在智能网联硬件测试方面，需要在实验室台架上进行常规零部件开发所需的高低温及抗干扰等测试，还需要测试每个整车安全功能，从制动、转向到前照灯、门锁等。

在智能网联软件测试方面，进行软件仿真、封闭道路和公共道路测试，首先进行小范围测试，在安全评估完成后进行全面升级。Waymo 在美国 4 个州超过 20 个城市完成超过 350 万 mile 测试。

(2) 关键子执行系统设计 对于关键智能网联子执行系统采用冗余设计，如电控单元、制动系统、转向系统、电源、防碰撞系统和车辆定位系统，智能网联系统以毫秒级速度实时检测关键子系统故障，在子系统出现故障时，备用子系统能迅速修复工作。在出现无法修复的系统故障、碰撞事故发生后或者由于外部环境变化之后车辆无法智能网联时，能够安全靠边停车。

(3) 事故排查 在碰撞事故发生后，智能网联系统能够将事故信息自动上报运维中心，专家可以启动事故调查程序，直接通过车载音频系统与事故中的乘客通话。通过分析传感器数据、视频来评估事故发生的原因，修改系统软件对所有测试车辆升级。

(4) 网络安全　除了与 OEM 厂商合作分析分析车辆的安全漏洞，在软件开发过程中贯彻功能安全（包含网络安全）思想，在智能网联系统和整车开发过程中对整个智能网联系统进行危害分析和风险评估，并通过相关机构的评审和验证。对与安全相关的转向、制动和控制器均和外界通信隔离，智能网联车辆在道路上行驶时，车辆与 Waymo 公司、运维中心与乘员间的通信都是加密的。

4. 取得的成就

自主研发的激光雷达成本已经降低 90%，在公共道路（主要是城市街道）上的行驶里程超过 300 万 mile，在模拟环境下的行驶里程超过 10 亿 mile。每千英里人介入的次数已经从 2015 年的 0.8 次降至 2016 年的 0.2 次，Waymo 还在继续努力降低这一数字。

5. 互动与信任

(1) 用户教育与体验计划　指导用户使用智能网联汽车、理解车辆驾驶意图、起动车辆和停至安全区域，以及在遇到问题时如何与运维中心取得联系。民众可以申请使用智能网联汽车去工作场所、学校及电影院，用户可以与 Waymo 智能网联团队分享自己的想法和经历，这可以帮助 Waymo 团队提升用户体验，继续完善功能。

(2) 人机交互　智能网联汽车必须准确通过音频和图像信息向乘员传达车辆行驶意图和车辆状态信息，中控屏除了显示如距离、车速及路径信息外，还显示如交通信号灯、停车标志及周边的车辆、行人、骑行者等信息，设计按钮（如起动按钮和安全靠边停车按钮）、移动 APP、与运维中心电话联系的方式实现乘员与车辆的互动，这样才能让乘员理解车辆行驶意图，从而让乘员对智能网联充满信心。

10.3　Uber 智能网联汽车

美国约车服务公司 Uber（优步）建立了自己的车辆研究实验室，以研究智能网联汽车等先进技术，为其塑造交通运输未来的计划开辟一条新路线。

该公司出资建立了一个新的研究中心，并与卡内基梅隆大学共同运行该中心。该中心的位置接近卡内基梅隆大学，并以 Uber 字样冠名。两家机构表示，该中心将从事智能网联技术、地图绘制以及其他车辆安全相关技术的研究工作。

Uber 进入无人汽车技术的决定，将使其与世界上部分极其富有的科技和汽车公司展开角逐。

同时，谷歌也打算推出一项类似于 Uber 的服务，这是谷歌将其研究实验室中的技术付诸实际应用的选择之一。

不过，多数业内专家表示，全自动汽车起码要 5 年后才能问世。福特日前表示，即便 5 年后，在监管机构不反对的情况下，全自动汽车也将限制在某些地图绘制精细的都市区域行驶。

对于 Uber 智能网联汽车撞人事件，据有关报道，美国检方表示，Uber 技术公司对 2018 年 3 月发生在亚利桑那州坦佩的一起撞车事故不承担刑事责任。在这起事故中，Uber 的一辆智能网联汽车撞了一名行人，并导致其死亡。该事故也是全球首例智能网联汽车致人死亡的事故。

亚瓦派县检察官通过一封公开信表示，针对 Uber 的刑事责任“没有依据”，但车上后备驾驶人的行为应该提交坦佩警方做进一步调查。根据 2018 年 6 月的一份报告，该驾驶人可能面临驾驶车辆过失杀人的指控。检察官表示“碰撞视频可能没有准确描述发生的事件。”鉴于车速、照明条件和其他相关因素，还需要进行“专家分析”。

2018 年 3 月事故发生时，Uber 汽车处于智能网联模式，但与其他智能网联汽车开发商一样，当智能网联系统出现故障或出现棘手驾驶情况时，该公司要求车内有一名后备驾驶人进行干预。坦佩警方的报告说，该名后备驾驶人在事故发生前一直用手机观看电视节目，在汽车即将撞人之前，他曾抬头看了一眼。警方称该事故“完全可以避免”。

在发生车祸后，2018 年 3 月，亚利桑那州监管部门暂停了 Uber 测试其智能网联汽车的许可。随后，Uber 也自愿停止了整个智能网联汽车测试计划。

后来，Uber 修改了智能网联汽车测试的制度，目前在测试车辆前排座位上安排两名员工，并对安全员工进行更严格的监控。该公司还表示，去年它对这些测试车辆的智能网联软件进行了改进。2018 年 12 月，Uber 在美国匹兹堡市的公共道路上恢复了有限的智能网联汽车测试。

10.4 北汽智能网联汽车

10.4.1 北汽智能网联汽车的展出

在第 14 届北京国际汽车展览会上北汽集团的智能网联汽车成功引起大众的关注，如图 10-5 所示。

本次展出的北汽智能网联汽车，在北汽 EU260 的基础上打造，通过加装毫米波雷达、高清摄像头、激光雷达和 GPS 天线等元器件用于道路识别，同时配合高清地图进行路线规划，从而实现智能网联。值得一提的是，北汽智能网联汽车目前搭载的智能网联感知与控制元器件大部分都采用了国产化采购，目的是为未来的量产打下基础。

图 10-5 展览中的北汽智能网联汽车

北汽智能网联汽车上装载了国产 77GHz 毫米波雷达，其供应商是北京行易道科技有限公司。此外，车载毫米波 SAR（合成孔径雷达）成像技术也是极具潜力的新技术。雷达不仅能成像，还能获得媲美光学的高分辨图像，可以全天时全天候工作。这项技术在军事领域已经非常成熟，随着微电子技术的发展，已经具备在民用车辆上工程化应用的可能性。

10.4.2　北汽集团与百度达成合作

2017 年 10 月 13 日，北汽集团与百度战略合作协议签约仪式在北京汽车产业研发基地举行。当天，双方宣布在智能网联、车联网及云服务等领域达成集团层面战略合作，全面打造“人工智能+汽车”生态。

按照规划，双方合作的解决方案将逐步应用于北汽集团的乘用车、商用车及新能源汽车的各个车型上，形成北汽集团“集团化 2.0”时代智能化发展的新格局，百度 Apollo 开放平台在汽车产业全面落地。

在人工智能的大势之下，科技公司与传统车企的跨界合作成为一种潮流。百度和北汽集团的合作将更全面、更深度地综合双方优势，为行业树立跨界融合的优秀范本，一同探索中国汽车产业智能化升级之路。

10.5　重汽智能网联汽车

2019 年 1 月 22 日，“济南市 5G 通信智能网联汽车测试道路启动活动”在山东省内第一条智能网联汽车测试道路上举行，如图 10-6 所示。

图 10-6　济南市 5G 通信智能网联汽车测试道路启动

活动现场展出了“全球首辆 L4 级智能网联电动货车 HOWO—T5G”和“特定区域低速智能网联公交车”两款智能网联产品。这是中国重汽依托 60 余年造车的深厚底蕴和先进的设计理念，融入人工智能、车联网、云计算、新能源和新材料等创新技术，配备了世界先进的驾驶系统和成熟可靠的纯电动中央驱动控制系统的最新成果。图 10-7 所示为智能网联电动货车 HOWO—T5G 的路试。

道路测试是智能网联汽车实现商用和产业化的必备环节，是智能网联汽车技术研发和应用不可或缺的重要环节，是测试车辆、积累测试数据、不断提升智能网联能力的有效手段，更是智能网联汽车从工厂走向商用并最终上路运行的必经阶段。

图 10-7　智能网联电动货车 HOWO—T5G 路试

为加快推进智能网联汽车道路测试，济南市成立了由市经济和信息化委员会、市城乡交通运输委员会、市公安局等单位组成的济南市智能网联汽车道路测试管理联席会议，着手打造国内一流测试环境，选定了位于高新区的总长 4.8km 的测试路段，建立了由 11 名专家组成的智能网联汽车道路测试专家库。

为满足智能网联汽车对 5G 网络的需求，专门在测试区域建设了 5G 试验基站，实现了测试道路 5G 信号全覆盖，使测试申请、车辆检测、资料传输和数据传输高度融合，为智能网联汽车在济南的测试、商用和产业发展提供了强有力的保障。5G 试验基站如图 10-8 所示。

图 10-8　5G 试验基站

2018 年 10 月 12 日，中国重汽成为国内首批、山东省首家获得智能网联路测牌照的企业。这标志着中国重汽在智能网联汽车高级别智能网联技术上取得关键突破，在智能网联汽车产业化道路上取得重大进展。

活动现场展出了曾在天津港试运行的智能网联电动货车。该车除装备非常抢眼的电池模块外，车身周围还布置了 4 种不同类型的传感器，同时辅以多项人工智能技术，可保证在夜间、大雾、雨雪等天气和现场人员、车辆、设备交叉作业的复杂情况下，保持良好的作业状态，以满足全天候生产运行。整车满载行驶可达 120km，并且充电时间小于 1 小时。

智能网联公交车是智能网联技术在客车领域的首次应用。如图 10-9 所示，整车符合 L4 级标准，集智能网联系统、车联网系统、平台监控系统、安全控制系统、自动开关门系统和到站自动停车系统于一体，配有激光雷达、高清摄像头、组合导航定位及智能计算单元等电子设备。360°环绕覆盖，在夜间、大雾和雨雪等各种复杂情况下，可保持良好的工作状态，确保全天候安全运行。该种车辆可以广泛应用于机场、工业园区、大型社区及快速公交系统 BRT 道路（规划）等多种场景。

图 10-9　智能网联公交车

该车通过车联网通信系统，实现车与车、车与人、车与路以及车与云之间的无线信息交互，实现车、路、人与云的协同。同时，系统内置安全芯片，设有防火墙，采用身份认证、非对称加密技术，能够很好地防止系统漏洞和恶意攻击，保障车辆安全。

一直以来，中国重汽引领中国商用汽车智能化的潮流。2016 年 9 月 19 日就发布了首款 I 代智能货车，并于 2017 年 12 月 17 日在国内率先实现了批量销售。2017 年 10 月 21 日，中国重汽与李德毅院士工作团队联合成立“智能网联汽车研究中心暨院士工作站”，围绕智能公路货车、智能工程货车、智能公路客车及智能城市公交等产业化应用方面，开展联合技术研究合作和科研成果转化工作。

据悉，下一步济南市将紧紧抓住机遇，推动济南智能网联汽车产业高端、高质、高效发展，并将以中国重汽集团和高新区一流测算环境为依托打造智能汽车城。未来，中国重汽将继续为商用车智能网联技术搭建创新平台，培养人工智能和智能网联技术人才，实现相关科研成果的产业化，助力济南科创中心建设、新旧动能转换和新兴产业发展。

第 11 章 Chapter 11

智能网联汽车法规简介

美国、欧盟、日本及中国等汽车国家及地区以政府为主，推动适用于智能网联汽车的法律法规制定及修订，研究制定促进技术研发和推广应用的支持措施，加强网络基础设施建设和道路智能化改造，通过出台标准、制定及修订法律法规等方式为智能网联汽车产业发展营造良好环境。截至 2018 年年底，全球主要国家及地区智能网联汽车标准及法律法规汇总见表 11-1。

表 11-1　2018 年全球主要国家及地区智能网联汽车标准及法律法规汇总

国家	标准法规
美国	2016 年，在 ADAS 法规标准方面，美国高速公路安全管理局计划于 2022 年之前，在美国销售的所有新车上都安装自动制动辅助系统（AEB），使 AEB 成为美国新车标配，推动单车智能化加速发展
	2016 年，在网联化法规标准方面，美国交通运输部提案强制美国销售的所有新型车辆必须安装 V 通信设备，但该提议尚未正式推行
	2016 年，密歇根州颁布四项法案，使其成为美国首批由州政府颁布的智能网联法律。目前，除密歇根州外，美国已有包括加利福尼亚州和内华达州等 10 多个州以及哥伦比亚特区颁布了智能网联相关法律
	2017 年，美国众议院批准了《自动驾驶法案》，该法案草案旨在发挥联邦职能，通过鼓励智能网联汽车的测试和研发以确保车辆安全。该法案是美国第一部加速自动驾车辆上市的美国联邦法律，具有标杆性的价值和意义
欧盟	2014 年，在 ADAS 标准法规方面，欧盟要求所有在欧盟销售的新车配备 AEB，未装配 AEB 的汽车无法获得 Euro-MCAP（欧洲汽车安全品鉴机构）五星级安全认证
	2014 年，在网联化标准法规方面，欧盟委员会以 ITS Directive 2010/40/EU 作为法律框架，并考虑未来服务内容的扩展
	2016 年，法国政府正式批准国外企业厂商在公路上测试智能网联汽车
	2017 年，瑞典发布一项关于自动驾驶汽车开展测试的法令，由瑞典运输机构负责审查并有条件地授予许可证
	2017 年，德国联邦交通和数字化基础设施部对德国《道路交通法》进行了新的修订，允许智能网联在特定条件下代替人类驾驶，该修正案已经生效，并于 2019 年进行第一次修订
日本	2016 年，日本着手修订《道路交通法》和《道路运输车辆法》，提出要在 2020 年之前实现智能网联汽车方面的立法
	2016 年，日本警察厅发布了自动驾驶汽车道路测试指南，以驾驶人乘车变道遵守《日本道路交通法》等法律法规为条件，允许开展智能网联的公路行驶试验
	2017 年，日本政府将自动驾驶期间的交通事故列入汽车保险的赔付对象
	2017 年，日本警察厅发布《远程自动驾驶系统道路测试许可处理基准》，允许汽车在驾驶位无人的状态下进行上路测试
中国	2016 年，工信部、交通部等联合发布《智能网联汽车公共道路适应性验证管理规范》，对测试车辆、测试道路、测试驾驶人、路试申请及路试信息记录等相关要素提出了基本要求
	2017 年 12 月 13 日，工信部、国家标准委联合发布《促进新一代人工智能产业发展三年行动计划（2018—2020）》。确定在自动驾驶领域以下技术方面，通过专项资金以及重大项目等措施给予支持：智能网联汽车、智能服务机器、智能语音交互系统、智能传感器、神经网络芯片
	2017 年 12 月 18 日，北京市颁布《加快推进自动驾驶车辆道路测试有关工作的指导意见（北京市）》，确定责任主体为申请测试境内法人，对测试车辆、驾驶人、测试主体制定要求标准，制定了自动驾驶车辆的管理流程、事故责任认定原则等
	2017 年 12 月 26 日，颁布《加快科技创新培育新能源智能汽车产业的指导意见》，与人工智能、第五代移动通信技术（5G）紧密结合，重点研发环境感知、智能决策、集成控制等智能化技术，突破分布式底盘的构型设计与总体布置、仿真分析、线控操作等关键技术

（续）

国家	标准法规
中国	2017年12月26日，颁布《智能汽车关键技术产业化实施方案》，重点研发汽车与通信、电子、人工智能、交通等领域交叉融合的智能汽车技术，建立智能汽车基础技术体系与数据库
	2017年12月29日，工信部、国家标准委联合发布《国家车联网产业标准体系建设指南(智能网联汽车)》，明确智能网联汽车标准体系建设的指导思想、基本原则、建设目标和标准体系框架
	2018年4月11日，工信部、交通运输部和公安部联合发布《智能网联汽车道路测试管理规范(试行)》，明确道路测试的管理要求和职责分工，规范和统一各地方基础性检测项目和测试规程
	2018年6月27日，工信部发布《车联网(智能网联汽车)直连通信使用5905～5925MHz频段管理规定(暂行)》，拟规划5905～5925MHz频段作为LTE-V2X技术的车联网直连通信的工作频段
	2018年，工信部、国家标准委联合发布《国家车联网产业标准体系建设指南(总体要求)》等系列文件，全面推动车联网产业技术研发和标准制定，促进智能网联等新技术、新业务加快发展
	2018年，交通部发布《自动驾驶封闭场地建设技术指南(暂行)》，是国家部委出台的第一部关于自动驾驶封闭测试场地建设技术的规范性文件
	2018年12月27日，发布《车联网(智能网联汽车)产业发展行动计划》，计划到2020年，车联网用户渗透率达到30%以上，新车驾驶辅助系统(L2)搭载率达到30%以上，联网车载信息服务终端的新车装配率达到60%以上，构建能够支撑有条件自动驾驶(L3)及以上的智能网联汽车技术
	2018年9月25～28日，联合国世界车辆法规协调论坛(UN/WP29)智能网联汽车工作组(GRVA)第1次会议在联合国日内瓦总部召开。装备工业司组织中汽中心、华为等相关机构和骨干企业专家组成中国代表团参加会议 GRVA是联合国在制动与行驶系统工作组(GRRF)基础上，整合智能交通/自动驾驶(ITS/AD)非正式工作组设立的新工作组，负责统筹开展联合国有关智能网联汽车法规的协调任务

11.1 国外智能网联汽车法规简介

11.1.1 美国智能网联汽车法规简介

（1）美国车联网（V2X）相关政策 美国是最早确立智能网联法律地位的国家。美国联邦和州层面已经出台了多部关于智能网联的法律规定。

2013年5月30日，美国高速公路安全管理局（NHTSA）发布了指导性文件《关于智能网联汽车法规的意见》，提出了对各州智能网联汽车立法的建议，明确智能网联汽车上路行驶时必须有相应驾驶人监管和智能网联汽车上路行驶只能用于试验目的等。

此后，美国持续发布车联网相关政策。美国交通运输部于2015年发布《美国智能交通系统（ITS）战略规划（2015—2019年）》，汽车智能化和网联化是该战略计划的核心。该规划是2010—2014 ITS战略计划的升级版，美国ITS战略从单纯的车辆网联化，升级为汽车网联化与自动控制智能化的双重发展战略，发展目标包括：① 提高车辆与道路安全性；②增强交通移动性；③降低环境影响；④促进创新；⑤支持交通系统信息共享。

2016年9月，美国交通运输部出台了《联邦自动驾驶汽车政策指南》（FAVP）。该指南将智能网联汽车的等级从0级到5级进行定义，并强调安全性为第一准则，针对智能网联汽车的设计和研发提出了 15 项安全规范，明确将 SAE J3016 标准确立为定义自动化/智能网联车辆的全球行业参照标准，用以评定智能网联技术。美国多州积极推进无人驾驶法规制定，已有加州、密歇根州、俄亥俄州、佛罗里达州、亚利桑那州、宾夕法尼亚州、弗吉尼亚州、马萨诸塞州、内华达州等以及哥伦比亚特区颁布了无人驾驶法规，各州对车企运用技术的限制作了不同规定。

2017 年，美国交通运输部又发布了《自动驾驶系统 2.0：安全展望》，确定了 12 项安全性能自评标准，这些标准是非强制的，企业可以据此提交安全评估报告。此外，美国参议院 S. 1885 法案要求制造商在测试、销售前提交智能网联汽车安全评估报告，涉及 9 个评估事项，评估可作为市场准入和产品准入的条件。

强调智能网联的安全性和消费者教育。该指南将作为新版本取代 FAVP，以更灵活的方法来推进智能网联汽车安全技术的创新发展。

2017 年 9 月，美国众议院批准了《自动驾驶法案》，为智能网联技术的进一步发展进行了全方位的布局。

此外，为了推动建立后驾驶人时代的智能网联汽车安全监管，需要为智能网联汽车在安全标准上提供豁免。在美国，目前 NHTSA 有权在两年期限内每年豁免至多 2500 辆汽车，用于安全研究。但对于智能网联汽车，美国国会正在制定的智能网联汽车法案提出了力度更大的豁免制度。用于测试或销售的汽车必须满足机动车安全标准，但如果智能网联汽车具有新的机动车安全特征，由于还没有相应的强制性安全标准，可以申请豁免。按照美国参议院 S. 1885 法案，一个制造商第一年最多豁免 1.5 万辆智能网联汽车，第二年最多 4 万辆，第三年最多 8 万辆，第 4 年之后可以超过 8 万辆。美国众议院 H. R. 3388 法案提出的豁免数量有所不同，第一年不超过 2.5 万辆，第二年不超过 5 万辆，第三年和第四年都不超过 10 万辆。同时设定了届满（“日落”）条款，当一项标准制定时，豁免将终止。可见，美国国会在法律政策上向智能网联汽车做出了极大的偏斜，其目的在于加速智能网联技术安全发展进程。

2018 年 4 月 6 日，美国加州公用事业委员会（California Public Utilities Commission，CPUC）发布一份提议，授权开展智能网联汽车客运服务试点项目，要求用于开展无人出租汽车服务的智能网联汽车获得加州机动车管理局（Department of Motor Vehicles，DMV）颁发的牌照，配备人类驾驶员，不得向乘客收费。

2018 年 5 月 31 日，加州公用事业委员会正式授权交通公司利用已经获得加州机动车管理局的运营许可的智能网联汽车，在 CPUC 的管辖范围内，开展两个试点项目，向公众提供客运服务。第一个试点项目是企业可以利用智能网联汽车提供客运服务，该智能网联汽车需要配备安全驾驶人。第二个试点项目是企业可以利用智能网联汽车提供客运服务，该智能网联汽车必须满足加州 DMV 的要求，包括远程监控该汽车的状态和运行的要求。企业开展智能网联汽车和智能网联汽车客运服务需要遵守 DMV 的规则，同时在 CPUC 做出进一步授权之前不得向乘客收费。

2018 年 10 月 5 日，美国发布了第 3 版智能网联指导政策——《自动驾驶系统 3.0：准备迎接未来交通》，该指导政策基于《自动驾驶系统 2.0：安全展望》所提供的自愿性指南，支持将智能网联的安全、高效、可靠、经济集成到多联式跨界的地面运输系统中，但并非前者的替代。

《自动驾驶汽车 3.0：准备迎接未来交通》部分关键点如下所示：

1）继续沿用 SAE 对智能网联汽车的分级，保持技术中立。

2）核心是在原有指南的基础上对智能网联范围进行了延伸，涵盖乘用车、商用车、公路运输和道路等交通系统。

3）智能网联汽车开发阶段安全风险管理的概念框架，并期望交通部能够参与整个过程与各方协同合作。

4）对特定安全标准的修改，以适应智能网联汽车技术，以及解决某些标准设定的例外情况。

5）允许智能网联汽车的创新性设计，如转向盘、踏板及后视镜等可以不再强制安装。

6）不再承认 2017 年 1 月 19 日宣布的十个对智能网联测试示范区的指定。

（2）美国车联网（V2X）标准 车联网 V2X 全球存在两大标准流派，专用短程通信技术（Dedicated Short Range Communications，DSRC）和基于蜂窝技术的车联网通信（Cellular-Vehicle-to-Everything，C-V2X）。

DSRC 标准由 IEEE 基于 WiFi 制定，并且获得通用、丰田、雷诺、恩智浦、AutoTalks 和 Kapsch TrafficCom 等支持。通用已经有量产车凯迪拉克 CTS 搭载 DSRC（由 Aptiv 提供系统，AutoTalks 提供模块，恩智浦提供芯片），丰田则在 2016 年就开始销售具备 DSRC 技术的皇冠和普锐斯，销量已经超过 16 万辆（电装提供系统，瑞萨提供芯片）。

DSRC 标准化流程可以追溯至 2004 年，主要基于三套标准：

第一个标准是 IEEE 802.11p，它定义了汽车相关的“专用短距离通信”（DSRC）物理标准。

第二个是 IEEE 1609，标题为“车载环境无线接入标准系列（WAVE）”，定义了网络架构和流程。

第三个是 SAE J2735 和 SAE J2945，定义了消息包中携带的信息，该数据将包括来自汽车上的传感器信息，例如位置、行进方向、速度和制动信息。

美国高速公路安全管理局（NHTSA）力推 DSRC，目标是为消费者提供安全、效率、便捷三大方面优质服务。安全方面，中轻型车辆将避免 80% 的交通事故，重型车避免 71% 的事故；效率方面，交通堵塞将减少 60%，短途运输效率提高 70%，现有道路通行能力提高 2~3 倍；便捷方面，停车次数可减少 30%，行车时间降低 13% 至 45%，实现降低油耗 15%。

（3）美国车联网（V2X）频谱 1999 年，美国联邦通信委员会（Federal Communications Commission，FCC）为基于 IEEE 802.11p 的 ITS 业务划分了 5850—5925MHz 共计 75MHz 频率、7 个信道（每个信道 10MHz）的频率资源。其中 178 号信道（5885—5895MHz）为控制信道。

每辆车都会在信道 172 中，以每秒 10 到 20 次的频率，交互 DSRC 基础安全信息。紧急信息则会在信道 184 中，以更高的优先级进行传播。每一条基础安全信息都包含两部分信息。第一部分信息是强制性信息，包括位置、速度、方向、角度、加速度、制动系统状态和车辆尺寸。第二部分是可选信息，例如防抱死制动系统状态、历史路径、传感器数据、转向盘状态等。

11.1.2　欧洲智能网联汽车法规简介

汽车主动安全技术起源于欧美，并在欧美已经大量应用，相应的欧美法规也已经把主动安全技术纳入其中。

欧洲汽车安全法规（ECE）由欧洲经济委员会下属的道路运输工作组的车辆结构专家组（WP29）负责起草，目前 ECE 已颁布 128 项法规，其中主动安全有 63 项。

1971 年，欧洲开始实施 COST[⊖]30 计划。

进入 20 世纪 80 年代后期，欧洲开始了超越国界的研究开发工作。

1986 年开始实施的民间主导型的欧洲高效安全交通系统计划（PROMETHEUS），以实现车辆智能化为主要目标。

1988 年欧洲各国政府主导的 DRIVE，以开发智能交通基础设施为目的。

1996 年 7 月，欧盟正式通过了《跨欧交通网络（TEN-T）开发指南》。

1997 年制订了《欧盟道路交通信息行动计划》。

2001 年出台《欧洲 2010 交通政策》及《2001～2006 各年指示性计划》。

2004 年欧洲进行了 ITS 整体体系框架的研究（FRAME 计划），将各国的体系框架统一。

2010 年欧盟委员会制订了《ITS 发展行动计划》，这是第一个在欧盟范围内协调部署 ITS 的法律基础，包括以下内容：

1）道路、交通及出行最优化。

2）交通及物流管理。

3）车辆智能行驶。

4）车辆 道路协同。

5）信息安全与可靠性。

6）标准体系与规范化。

2010 年，欧盟委员会提出 Europe 2020，并提出了智能化、可持续和包容性增长战略，ITS 作为欧洲数字化战略及其重要的组成部分，迎来了新的发展机遇。

2016 年 1 月，全球首辆智能网联摆渡车在荷兰上路，使其成为第一个智能网联巴士上路的国家。

2016 年 7 月，芬兰交通安全局批准了智能网联公交车在芬兰上路。

在法国，2014 年公布了智能网联汽车发展路线图，并推动道路交通法律法规的修订，满足智能网联汽车上路的要求，并且向全球汽车制造商开放道路进行无人车试验。2016 年，法国政府正式批准外国汽车制造商在公路上测试智能网联汽车，在此之前，法国政府只允许本土汽车公司在道路上测试智能网联系统技术。

英国早在 2015 年 2 月就宣布，允许在国内进行智能网联汽车实际道路测试，是欧洲首个批准智能网联汽车道路测试的国家。英国政府计划从 2017 年开始在高速公路上测试

⊖ COST，Cooperation in the field of Scientific and Technical research，科学技术领域研究协作。

智能网联汽车，同时该国将清除束缚智能网联汽车的法规，其中包括交通规则，以及驾驶人必须遵守的政策法规。2017 年 3 月，英国政府公布一项建立智能网联车辆和车联网技术的测试设施集群的计划。

11.1.3 日本智能网联汽车法规简介

汽车智能网联技术和装备接近成熟，世界各国纷纷从法律制度层面准备迎接智能网联社会的到来。日本政府计划到 2020 年在高速公路等一定驾驶环境下正式开展智能网联和在一定区域内实施智能网联，2025 年在所有高速公路上实现智能网联，并允许货车公司组建智能网联货运车队。为此，有关部门开始着手从法规及制度上为智能网联创造环境。这些制度一旦成型，智能网联将很快普及。

日本警察厅召开首次调研会，开始研究针对智能网联带来的行车变化修改交通法规。当前的日本道路交通法规定，驾驶人必须认真操控转向、制动等设备，确保交通安全。同时，该法还规定驾驶过程中不许打手机等禁止条款，并列有不同情况的处罚规定。显然，这些法律条款将不适应智能网联社会的需要。

另外，关于智能网联过程中的事故责任界定，有专家提出只要按规定使用车辆，驾驶人不承担法律责任，但为查明原因改进技术，当事人有义务保护并提交相关行车记录。有专家提议此种情况下的事故责任应由汽车生产方承担，并尽快封堵技术漏洞，确保万无一失。

与法规修改同步的还有保险内容的修改，即如果智能网联车辆发生事故带来损失，建议责任车辆的保险公司先行赔付，之后根据事故原因界定赔付方。

智能网联汽车不仅能够解决个人出行时的开车负担，在物流主要靠陆路运输的日本，减少驾驶人员对于降低运输成本至关重要，一些物流企业开始设计组建智能网联货运车队开展大规模货运。2020 年日本将开始进入智能网联的新时代，日本政府及警方计划在征求汽车制造商意见并借鉴欧洲国家经验后，尽快提出交通法修正案提交国会审议，争取尽快完成法律环境。

11.2 我国智能网联汽车法规简介

智能网联汽车作为汽车与信息、通信等产业跨界融合的重要载体和典型应用，同时又是全球创新热点和未来产业发展制高点，我国也很早就开始关注，并出台了一系列政策和法规进行全方位布局，迎接这一波新的产业变革。

目前，在智能网联方面，我国已经发布了多项标准，包括《国家车联网标准体系建设指南》、工信部“智能网联汽车标准化工作要点”、《智能网联汽车道路测试管理规范》以及《智能网联汽车智能网联功能测试规程》等。

11.2.1 积极推进智能网联汽车产业的发展

1. 智能网联汽车是中国制造 2025 等国家战略的重点实施领域

智能网联汽车的发展并不是孤立的，而是涉及跨领域、跨行业、跨部门的合作，是全面实施“中国制造 2025”“互联网+”及“人工智能产业发展”等国家重要战略的重点布局，是传统行业、实体经济和人工智能结合的典型范例。

在《中国制造 2025》中，智能汽车就是智能制造装备的重点发展领域。早在 2015 年工信部公示的智能制造试点示范项目中，上海国际汽车城（集团）有限公司的智能网联汽车试点示范就位列其中。

智能网联汽车还被列入新一代人工智能发展规划中。2017 年 7 月 8 日，国务院印发《新一代人工智能发展规划》，大力发展智能网联汽车和轨道交通系统，加强车载感知、智能网联、车联网及物联网等技术集成和配套，开发交通智能感知系统，形成我国自主智能网联平台技术体系和产品总成能力，探索智能网联汽车共享模式。2017 年 12 月，工信部发布的具体计划——《促进新一代人工智能产业发展三年行动计划（2018—2020）》中，智能网联汽车被列为头等培育目标。2018 年 9 月 14 日，工信部公布了“2018 年人工智能与实体经济深度融合创新项目名单”，其中有多个项目应用于智能网联领域。

2. 智能网联汽车是汽车产业中长期发展的重点推进领域

作为未来汽车的重点发展方向，在 2017 年 4 月工信部、国家发展和改革委员会（简称发改委）、科学技术部（简称科技部）发布的《汽车产业中长期发展规划》中，智能网联汽车成为汽车产业发展的重点推进领域，除推进智能网联汽车技术创新外，还要组织开展应用试点和示范，完善测试评价体系和法律法规体系的建设。规划的目标是到 2020 年，汽车 DA（驾驶辅助）、PA（部分智能网联）及 CA（有条件智能网联）系统新车装配率超过 50%，网联式驾驶辅助系统装配率达到 10%，满足智慧交通城市建设需求。到 2025 年，汽车 DA、PA 及 CA 新车装配率达 80%，其中 PA、CA 新车装配率达 25%，高度和完全智能网联汽车开始进入市场。

3. 智能网联汽车是助力消费升级的新型信息产品

智能网联汽车的发展还将与我国以消费升级为导向的供给侧结构改革结合起来，以消费升级促进产业升级。2017 年 8 月 13 日，国务院发布《关于进一步扩大和升级信息消费持续释放内需潜力的指导意见》，其中提到在 2020 年前要推动智能网联汽车与智能交通示范区建设，发展辅助驾驶系统等车联网设备，智能网联汽车是未来面向消费升级的新型信息产品。

2018 年 7 月 27 日，为贯彻落实国务院发布的指导意见，工信部和发改委联合印发《扩大和升级信息消费三年行动计划（2018—2020 年）》，其中提到为扩大和升级消费，要提升新型信息产品的供给创新水平，深化智能网联汽车发展。推进技术测试等支撑平台建设，制定车联网产业发展标准体系建设指南，推进车载智能芯片、智能网联操作系统以及车辆智能算法等关键技术产品的研发，构建一体化智能车辆平台，培育多元化应用。推进基于宽带移动互联网的智能汽车和智慧交通应用项目建设。到 2020 年，建立可靠、安全、实时性强的智能网联汽车计算平台，形成平台相关标准，支撑高度智能网联（HA 级）。

11.2.2　全面推进智能网联汽车的标准化体系建设

标准是一个新兴产业发展的生命线，在智能网联产业生态环境的构建中，标准发挥着顶层设计和引领规范的作用。

2015年12月，国务院印发了《国家标准化体系建设发展规划（2016—2020年）》，提出要加强高技术的智能网联汽车及相关部件等关键技术标准的研究，智能网联汽车行业的相关标准研究提上日程。2017年，工信部和国家标准管理委员会共同组织制定了国家车联网产业标准体系建设指南系列文件，根据标准化主体对象和行业属性分为总体要求、智能网联汽车、信息通信及电子产品与服务等部分。《国家车联网产业标准体系建设指南（智能网联汽车）》《国家车联网产业标准体系建设指南（总体要求）》《国家车联网产业标准体系建设指南（信息通信）》及《国家车联网产业标准体系建设指南（电子产品与服务）》等文件已经相继出台，勾画出我国智能网联汽车标准体系建设的宏伟蓝图，如图11-1所示。

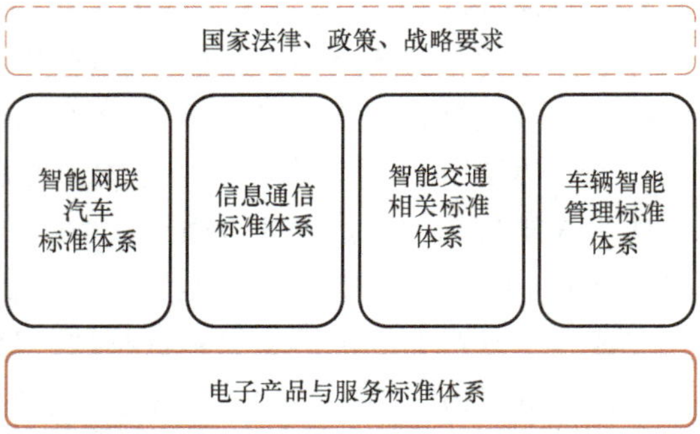

图 11-1　我国智能网联汽车标准体系建设蓝图

目前，我国智能网联汽车的标准体系建设正在有序推进中。2018年3月27日，工信部发布了《2018年智能网联汽车标准化工作要点》，针对标准体系建设指南提出的重点项目，开展标准预研、立项、制定及发布全周期规划研究，加快推进ADAS标准的制定；积极开展智能网联相关标准的研究与制定；协同推进汽车信息安全标准的制定；尽快启动汽车网联标准的研究与制定，同时加大国际标准参与度，加强国际交流与协调。

在信息通信标准方面，2018年6月27日，工信部已经向社会公开征求对《车联网（智能网联汽车）直连通信使用5905—5925MHz频段的管理规定》的意见稿。

11.2.3　出台路测规范确立智能网联汽车法律地位

1. 封闭道路测试——建立智能网联汽车试点示范区

我国之前只允许在封闭区域内进行智能网联汽车的道路测试，如前文提到的由工信部批准的国内首个国家智能网联汽车（上海）试点示范区。该示范区由上海国际汽车城（集团）有限公司承担建设，目前可实现V2X测试场景50余种，并通过设计保证了环境要素的多样性，可复现多种交通场景，以满足智能网联测试的需要。申请测试的智能汽车可以根据需要，个性化定制测试项目和场景。

除上海外，工信部还批准了浙江、北京、重庆等地的智能互联汽车示范区。2015年9月11日，工信部与浙江省人民政府签署《关于基于宽带移动互联网的智能汽车、智慧交通应用示范合作框架协议》，浙江省以杭州市云栖小镇和桐乡市乌镇为核心区域，建立一个集智能汽车、智慧交通、宽带移动互联网于一体的试验验证示范区。2016年7月，云栖小镇初步建成5G车联网应用示范试点。2016年11月，乌镇示范试点项目进入试运行。2016年1月8日，工信部、北京市和河北省在北京签订“基于宽带移动互联网的智能汽车与智慧交通应用示范”合作框架协议，构建京津冀智能汽车与智慧交通的联合创新平台和产业生态，创建智能汽车与智慧交通产业创新示范区。

目前，我国地方政府合作的智能网联汽车示范区项目已超过 16 个，且各有特色，如重庆有智能汽车与智慧交通营业示范区，深圳有智能网联示范区，吉林建设了国内首家寒区智能汽车和智慧交通测试体验基地等。

2. 开放道路测试——路测合法化

虽然封闭测试场内可以模拟雨和雾等自然环境、行人和干扰车辆等不同的场景，但与真正道路测试数据仍然存在差距。因此，在国家开放路测的政策落地前，我国研发智能网联汽车的企业只能在国外进行测试，百度、蔚来汽车及上汽等都是在美国加州申请路测牌照进行测试的。

2017 年 12 月 18 日和 2018 年 2 月 2 日，北京市公布了智能网联公开路测规定和智能网联测试车辆评级规定，成为国内首个出台智能网联路测法规的城市，百度取得首张路测牌照。

2018 年 3 月 1 日，上海发布了《上海市智能网联汽车道路测试管理办法（试行）》，是国内第二个出台智能网联相关路测管理办法的城市。在上海的嘉定区划定了安全性高、风险等级低的 5.6km 道路，作为上海第一阶段智能网联汽车开放测试道路。上汽集团和蔚来汽车是首批获得智能驾驶道路测试牌照的企业。

随后在重庆、长沙、长春及广州等地陆续发布相关地方规定。2018 年 4 月，工信部、公安部及交通运输部联合发布了《智能网联汽车道路测试管理规范（试行）》，标示着智能网联汽车的路测在全国范围内合法化。

从已经发布的与路测有关的规范性文件来看，目前对路测的要求基本一致，规定在符合相关条件的前提下，允许具有“智能网联”功能的汽车上路测试，但要求测试员必须始终坐在驾驶人的位置，对测试车辆进行监测，并且在紧急情况下随时准备接管车辆。

虽然路测的合法化已经清扫了智能网联汽车产业发展的一大阻碍，但要全面发展和部署智能网联汽车仍然存在诸多法律障碍。

作为跨界融合典范，智能网联汽车领域的成果是丰硕的。就我国而言，百度联手金龙汽车制造的全球首款 L4 级智能网联巴士——阿波龙已经正式量产下线，上汽集团已经完成两代智能网联整车平台开发，测试总里程超过 7 万 km。随着国家法规、政策的大力支持和推动，智能网联汽车行业的前景将更加广阔。

3. 出台路测规范加速智能网联汽车发展

2018 年 4 月，工信部、公安部及交通运输部联合发布《智能网联汽车道路测试管理规范（试行）》。我国智能网联汽车发展持续加速，汽车与电子、通信及互联网等跨界合作加强，在关键技术研发、产业链布局和测试示范等方面取得积极进展。目前我国所测试的大部分汽车属于有条件智能网联，不仅不能离开人，也要对测试驾驶人进行严格要求。实行的管理规范适用于在中国境内公共道路上进行的智能网联汽车智能网联测试，包括有条件智能网联、高度智能网联和完全智能网联，涵盖总则、测试主体、驾驶人及测试车辆、测试申请及审核、测试管理、交通违法和事故处理以及附则等。管理规范发布后，国内企业可以按照规范进行智能网联车辆测试，研发有望加速。

11.3 智能网联分级标准 SAE J3016 详解

SAE[㊀]的智能网联分级将智能网联分为可明显区分的 6 个级别。

2014 年 1 月，SAE International（国际自动机工程师学会）制定了 J3016 智能网联分级标准，对自动化的描述分为 6 个等级：L0～L5，用以明确不同级别智能网联技术之间的差异性。SAE 智能网联分级见表 11-2。

表 11-2 SAE 智能网联分级

<table>
<tr><th>分级</th><th>称呼</th><th rowspan="2">定义</th><th colspan="4">主体</th></tr>
<tr><th>SAE Level</th><th>SAE</th><th>驾驶操作</th><th>周边监控</th><th>支援</th><th>系统作用域</th></tr>
<tr><td>LV0</td><td>无自动化</td><td>由人类驾驶人全权操纵汽车，可以得到警告或干预系统的辅助</td><td>人类驾驶员</td><td>人类驾驶员</td><td>人类驾驶员</td><td>无</td></tr>
<tr><td>LV1</td><td>驾驶支援</td><td>通过驾驶环境对转向盘和加减速中的一项操作提供驾驶支持，其他的驾驶动作都由人类驾驶人进行操作</td><td>人类驾驶员+系统</td><td rowspan="2">人类驾驶员</td><td rowspan="3">人类驾驶员</td><td rowspan="4">部分</td></tr>
<tr><td>LV2</td><td>部分自动化</td><td>通过驾驶环境对转向盘和加减速中的一项操作提供驾驶支持，其他的驾驶动作都由人类驾驶人进行操作</td><td rowspan="4">系统</td></tr>
<tr><td>LV3</td><td>有条件自动化</td><td>有条件自动化，由智能网联系统完成所有的驾驶操作。根据系统的要求，人类驾驶员需要在适当的时候提供应答</td><td rowspan="3">系统</td></tr>
<tr><td>LV4</td><td>高度自动化</td><td>由智能网联系统完成所有的驾驶操作，根据系统的要求，人类驾驶员不一定需要对所有的系统请求做出应答，包括限定道路和环境条件等</td><td rowspan="2">系统</td></tr>
<tr><td>LV5</td><td>完全自动化</td><td>在所有人类驾驶员可以应付的道路和环境条件下，均可以由智能网联系统自主完成所有的驾驶操作</td><td>全域</td></tr>
</table>

L0：人类驾驶员完全掌控车辆。

L1：自动系统有时能够辅助人类驾驶员完成某些驾驶任务。

L2：自动系统能够完成某些驾驶任务，但人类驾驶员需要监控驾驶环境，完成剩余部分，同时保证出现问题时可随时接管。在这个层级，自动系统的错误感知和判断有人类驾驶员随时纠正，大多数车企都能提供这个系统。L2 可以通过速度和环境分割成不同的使用场景，如环路低速堵车、高速路上的快速行车和人类驾驶员在车内的自动泊车。

L3：自动系统既能完成某些驾驶任务，也能在某些情况下监控驾驶环境，但人类驾驶员必须准备好重新取得驾驶控制权（自动系统发出请求时）。因此在该层级下，人类驾驶员仍无法深度休息。在 L2 完成以后，车企的研究领域是从这里延伸的。由于 L3 的特殊

㊀ SAE International，即国际自动机工程师学会，原译为美国汽车工程师学会。SAE 是 Society of Automotive Engineers 的缩写。

性，目前看到比较有意义的部署是在高速 L2 上面进行升级。

L4：自动系统在某些环境和特定条件下，能够完成驾驶任务并监控驾驶环境。目前来看多数是基于城市的使用，可以是全自动的代客泊车，也可以是直接结合打车服务来做。在该层级下，在智能网联可以运行的范围内，驾驶相关的所有任务和驾乘人都已经没关系了，感知外界责任全在智能网联系统，这里就存在着不同的设计和部署思路了。

L5：自动系统在所有条件下都能完成所有驾驶任务。

通常所说的智能网联系统，一般是在 3~5 级别，随着级别的提高，对系统的要求也随之提高。由于目前智能网联的分级，特别是 L3 和 L4 还没有大规模应用于实际生活之中，对待这个需求就存在一些认知上的争议。

11.4　华为对智能网联汽车提出三大标准

标准化、规模化、产业化，是智能网联汽车快速发展应着力解决的三个主要方面。

华为无线标准部部长、智能网络汽车标准法规负责人在第六届国际智能网联汽车技术年会上阐述了华为对车联网的思考。为了能够做好车联网与智能网联汽车的深度融合，华为向整个汽车产业界提出了“车同轨、书同文、行同伦”三大标准，智能网联汽车的产业化的基础其实就是把这三点标准做好：

“车同轨”就是构建数字化交通地图的一张网，统一消息集；

“书同文”就是使能中国 ITS 数字化；

“行同伦”就是建设统一的法律法规和标准体系。

如果能把这些部分做好，有望真正能够做到智慧交通和智能驾驶的深度融合。

（1）“车同轨”　现如今“不同轨”的主要表现在道路基础设施的复杂性以及多样性上，例如限高限宽、标识线不清、跨路段（急速并线转弯）、洒水车与社会车辆混行、有轨电车与乘用车混行、潮汐车道等。

如此一来，复杂性的道路将会给自动驾驶汽车带来挑战，“车同轨”的任务就是要构建数字化交通地图一张网，为高度智能化的汽车提供数字化的轨迹线，实现动态道路的实时管理。

例如，在有路障的情况下，如果高精度地图能给车辆提供一条虚拟车道线，这对车辆自动识别和交通轨道规划会极有帮助。另外，路标不清甚至没有标线的地方，高精地图在静态以及半静态中也可提供相应的标示线。

1）从基础道路上来说，主要是在规范道路的基础要素。例如，需要分清楚结构化道路和非结构化道路，对结构化道路，要考虑双向是不是中间能够隔离；对非结构化道路，也要考虑规范一些道路基础的元素，包括红绿灯的标识标线和道路围栏的规范化。

2）从交通联网上来说，主要是基础道路设施数字化。例如，既要考虑交通基础道路设施的数字化，也要对基础道路进行路段数字化、路口数字化以及静态标牌数字化等。

3）从智慧交通上来说，主要是动态交通监控管理。实际上早晚高峰的流量是动态变化的，以红绿灯控制实现更加智慧的交通调度以及对大批量行人流量的预警。临时路障的提醒、潮汐车道等都可以通过动态交通监控来管理。

（2）“书同文” 需要统一车路协同的“消息集”，建成中国数字化的 ITS（智能交通系统）。将高速公路和城区系统消息集尽量统一，跨地域、跨省、跨市实现统一，另外不同的车和路的消息集也要统一。

（3）“行同伦” “行同伦”则是与交规系统、法律法规相关，包括自动驾驶测试的法规、L3/L4 级自动驾驶商用的法规以及保险等。此外，C-V2X 规模部署，实现基础设施数字化，真正把车辆的智能化与道路智能化深度融合。值得注意的是，这些法规标准体系需要匹配好智能网联汽车的商业节奏。

其实，早期的行业标准是产品实现销售以后进入市场，是滞后于产品形成的。目前处在汽车行业的变革时期，新技术产生新的产业方向，各个国家也在标准层面展开了竞争。

华为在车联网方面的布局是基于其在通信以及芯片方面的积累，并将焦点放在了车联网平台基础设施层面。

2019 年年初，任正非公开表示华为永远不会跨界造车。“我们是做车联网的模块，汽车中的电子部分——边缘计算是我们做的，我们可能会是全世界做得最好的，但是它不是车。我们是有边界的，以电子流为中心的领域，非这个领域的都要砍掉。”

其后，在 4 月份的上海车展期间，华为推出一款华为和东风联合打造的自动驾驶汽车 Sharing-Van，这是首款集成 LTE-V/5G 的自动驾驶汽车。

5 月 22 日，华为心声社区发布了任正非最新内部讲话文章。任正非认为车联网、人工智能和边缘计算是华为未来三大突破点。他分析指出，华为车联网可以成立商业组织，要加大面对智能汽车的联接、车载计算、自动驾驶等战略投入。

5 月 29 日，华为对外宣布成立智能汽车解决方案 BU 事业部，定位为智能汽车领域的端到端业务的责任主体，提供智能汽车 ICT 部件和解决方案。智能汽车解决方案 BU 负责智能汽车领域的产业洞察和客户需求分析，制定智能汽车行业解决方案的战略规划和商业规划，确保战略到执行闭环和中长期战略目标的达成，对智能汽车解决方案商业成功负责，负责管理智能汽车解决方案的业务计划执行，确保收入和盈利、现金流等经营目标的达成。

一直以来，落地、路测、立法，是围绕智能网联产业化的三大问题。按照全球各大整车企业的时间表，2020 年预计将实现一定规模的自动驾驶商业化。目前多家主流整车企业和自动驾驶公司面向高速公路驾驶场景的 L2 级自动驾驶已实现量产，纷纷加快开发测试 L3 以及 L4 级自动驾驶。

智能网联汽车是要产业化的，但在产业化过程中也会有一系列的问题，因为自动驾驶是一个复杂的系统，所以首先还是要场景驱动、需求驱动，从自动驾驶的级别，不同的场景迈向产业化落地。既要不断地进行智能网联的相关测试，也要不断完善相应的法律法规，只有这样才能真正地让自动驾驶能够快速、合理地产业化发展。

第 12 章 Chapter 12

智能网联汽车道路测试技术

12.1 智能网联汽车道路测试规范及规程简介

1. 编制背景

2018 年 4 月 12 日，工业和信息化部、公安部及交通运输部联合发布《智能网联汽车道路测试管理规范（试行）》（以下简称《管理规范》），对智能网联汽车道路测试的申请、审核、管理以及测试主体、测试驾驶人和测试车辆要求等进行规范。

按照《管理规范》，测试车辆应在封闭道路、场地等特定区域进行充分的实车测试，由国家或省市认可的从事汽车相关业务的第三方检测机构对其智能网联功能进行检测验证，确认其具备进行道路测试的条件，方可申请进行智能网联道路测试。《管理规范》还提出了 14 项智能网联汽车智能网联功能检测项目。

目前，国内已有十余个省市级地方政府依据《管理规范》制定实施了相关实施细则，部分地方开始发放测试牌照。但从整体来看，各地方对智能网联功能测试项目的场景设置、测试规程及功能要求等繁简、难易程度差别较大，给测试主体多地开展智能网联测试造成了一定障碍，迫切需要对应《管理规范》规定的智能网联功能制定出台统一的测试场景、测试规程及通过条件，用于指导第三方检测机构进行智能网联功能检测验证。

2. 编制过程

为配合和支撑《管理规范》所列智能网联功能检测项目的规范开展，中国智能网联汽车产业创新联盟、全国汽车标准化技术委员会智能网联汽车分技术委员会（以下简称“汽标委智能网联汽车分标委”）受工信部装备司委托，牵头组织中国汽车技术研究中心有限公司、中国汽车工程研究院有限公司、中国汽车工程学会、中国汽车工业协会及中国信息通信研究院等相关组织、机构和骨干企业成立《智能网联汽车智能网联功能测试规程》（以下简称《测试规程》）编制组，开展《测试规程》的研究与编写工作。

2018 年 3 月 15 日，《测试规程》编制组在北京成立并举行了第一次讨论会，就《测试规程》编制的原则、整体思路等内容等进行初步探讨和研究。

2018 年 4 月 12 日，《测试规程》编制组在天津召开第二次讨论会，研究确定了总体思路、重点内容、工作计划及分工。

2018 年 4 月 19 日和 20 日，《测试规程》编制组在天津召开第三次讨论会，对各单位提交的《测试规程》建议方案进行汇总，就各检测项目对应测试场景达成共识，协商形成了《测试规程》草案。

2018 年 4 月 25 日，《测试规程》编制组在天津召开扩大会议，邀请汽车、通信及电子等相关行业机构和骨干企业与会，介绍汇报《测试规程》草案，听取各方对各检测项目对应测试场景、测试条件和试验参数的意见和建议。

2018 年 4 月 27 日和 28 日，《测试规程》编制组在天津召开第四次讨论会，根据扩大会议各方所提意见，对《测试规程》做进一步修改、完善。

2018 年 5~7 月，中国智能网联汽车产业创新联盟、汽标委智能网联汽车分标委秘书处就《测试规程》主要内容与公安及交通等相关部门和行业研究进行了积极的沟通和交流，根据其意见和建议进行修改、完善，形成最终方案。

3. 主要思路与基本原则

作为支撑《管理规范》有关智能网联功能检测、保障智能网联测试安全的配套文件，《测试规程》坚持以保障智能网联道路测试安全为底线，兼顾不同技术路线、车辆类型，确保测试场景的典型性、代表性和操作规程的可行性、合理性，提出了各检测项目对应测试场景、测试规程及通过条件。

(1) 以保障智能网联测试的安全为底线　坚持安全底线原则，对智能网联功能各检测项目可能涉及的基本场景做出规定，降低智能网联公共道路测试过程的风险，保障测试车辆及其他道路使用者的安全。

(2) 兼顾智能化和网联化两条技术路线　坚持功能和性能导向原则，以整车智能网联功能评价为核心，提出适用于智能化和网联化的测试规程；要求测试主体事先声明所采用的技术路线，根据其技术路线开展测试验证。对采用网联技术实现或辅助实现智能网联功能的测试车辆，需额外进行联网通信测试项目验证。

(3) 考虑乘用车和商用车测试场景差别　综合考虑乘用车和商用车产品属性、用途、技术特征和测试场景的差别，根据不同车型智能网联功能应用场合及需求不同，分别设置合适的场景进行智能网联功能测试。

(4) 注重测试场景选取的典型性和代表性　各智能网联功能测试场景选择最基本道路类型、最常见交通标识以及最普遍车辆行驶状态等，暂不考虑特殊路段、特殊天气等因素。在具有较高相似度的场景中，选取最具代表性、实际道路中出现频率最高的场景。

(5) 注重测试规程操作的可行性和合理性　测试场景可搭建、易复现、适用于国内主要测试场；测试方法可操作，测试过程可控，测试结果可测量，测试过程可复现。

4. 主要内容

(1) 适用范围　《测试规程》适用于申请进行智能网联功能道路测试的智能网联汽车。

(2) 检测项目　智能网联汽车智能网联功能检测项目，包括必测项目 9 项和选测项目 5 项，见表 12-1。依据各项目特点，并遵循编制主要思路与基本原则，拟定必测场景 20 个，选测场景 14 个。其中，对选测项目及场景（表中标注 *），如企业声明其车辆具有相应功能或测试路段涉及相应场景的，也应进行相关项目的检测。

表 12-1　智能网联汽车智能网联功能检测项目及测试场景

序号	检测项目	测试场景
1	交通标志和标线的识别及响应	限速标志识别及响应
		停车让行标志标线识别及响应
		车道线识别及响应
		人行横道线识别及响应
2	交通信号灯识别及响应*	机动车信号灯识别及响应
		方向指示信号灯识别及响应
3	前方车辆行驶状态识别及响应	车辆驶入识别及响应
		对向车辆借道本车车道行驶识别及响应

（续）

序号	检 测 项 目	测 试 场 景
4	障碍物识别及响应	障碍物测试
		误作用测试
5	行人和非机动车识别及避让*	行人横穿马路
		行人沿道路行走
		两轮车横穿马路
		两轮车沿道路骑行
6	跟车行驶	稳定跟车行驶
		停-走功能
7	靠路边停车	靠路边应急停车
		最右车道内靠边停车
8	超车	超车
9	变道	邻近车道无车变道
		邻近车道有车变道
		前方车道减少
10	交叉路口通行*	直行车辆冲突通行
		右转车辆冲突通行
		左转车辆冲突通行
11	环形路口通行*	环形路口通行
12	自动紧急制动	前车静止
		前车制动
		行人横穿
13	人工操作接管	接管请求提醒功能
		接管功能
14	联网通信*	长直路段车车通信
		长直路段车路通信
		十字交叉口车车通信
		编队行驶

下面根据表 12-1 所列检测项目介绍相关测试规程。

1）交通标志和标线的识别及响应。

本检测项目旨在测试智能网联系统对交通标志和标线的识别及响应，评价测试车辆遵守交通法规的能力。

本检测项目应进行限速标志、停车让行标志标线、车道线以及人行横道线四类标志和标线场景的测试。

2）交通信号灯识别及响应*。

本检测项目旨在测试智能网联系统对交通信号灯的识别及响应，评价测试车辆遵守交通信号灯指示的能力。

本检测项目应进行机动车信号灯和方向指示信号灯（若测试路段包含）两项场景测试。

本检测项目属于选测项目，如企业声明其车辆具有相应功能或测试路段涉及该场景的，应进行检测。

3）前方车辆行驶状态识别及响应。

本检测项目旨在测试智能网联系统对前方车辆行驶状态的识别及响应，评价测试车辆对前方车辆的感知、行为预测和响应能力。

本检测项目应进行车辆驶入和对向车辆借道行驶两项场景测试。

4）障碍物识别及响应。

本检测项目旨在测试智能网联系统对障碍物的识别及响应，评价测试车辆对前方障碍物的感知、决策及执行能力。

本检测项目应进行障碍物和误作用两项场景测试。

5）行人和非机动车识别及避让*。

本检测项目旨在测试智能网联系统对行人和非机动车的识别及响应，评价测试车辆对前方行人和非机动车的感知、行为预测和响应能力。

本检测项目应进行行人横穿马路、行人沿道路行走、两轮车横穿马路和两轮车沿道路骑行四项场景测试。

本检测项目属于选测项目，如企业声明其车辆具有相应功能或测试路段涉及该场景的，应进行检测。

6）跟车行驶。

本测试项目旨在测试智能网联系统跟随前车行驶的能力。

本检测项目应进行稳定跟车行驶和停-走功能测试；如果测试车辆具备编队行驶功能，还需进行编队行驶测试。

7）靠路边停车。

本检测项目旨在测试智能网联系统在遇到驾驶风险时靠边停车的功能，评价测试车辆最小风险状态实现的能力。

本检测项目应进行靠路边应急停车和最右车道内靠边停车两项场景测试。项目场景不考虑跨车道行驶，车辆仅需完成一次变道操作。

8）超车。

本检测项目旨在测试智能网联系统的超车功能，评价测试车辆的感知、决策和执行能力。

本检测项目应进行并入相邻车道、超越目标车辆和安全返回原车道三项动作。

9）变道。

本检测项目旨在测试智能网联系统换道行驶的能力。

本检测项目应进行邻近车道无车变道、邻近车道有车变道和前方车道减少三项场景测试。

10）交叉路口通行*。

本检测项目旨在测试智能网联系统的交叉路口通行，评价测试车辆的路径规划和导航能力。

本检测项目应进行直行车辆冲突通行、右转车辆冲突通行以及左转车辆冲突通行三项场景测试。

本检测项目属于选测项目，如企业声明其车辆具有相应功能或测试路段涉及该场景的，应进行检测。

11）环形路口通行*。

本检测项目旨在测试智能网联系统进、出环形路口的通行行为，评价测试车辆路径规划和执行的能力。

本检测项目应进行环形路口通行场景测试。

本检测项目属于选测项目，如企业声明其车辆具有相应功能或测试路段涉及该场景的，应进行检测。

12）自动紧急制动。

本检测项目旨在测试在发生碰撞危险时测试车辆自动紧急制动的性能，评价其紧急避撞能力。

本检测项目应进行前车静止、前车制动和行人横穿三项场景测试。

本检测项目为基本安全功能，不属于智能网联范畴。

13）人工操作接管。

本检测项目旨在测试智能网联系统的人工操作接管功能，评价测试车辆智能网联和人工操作两种模式转换的人机共驾能力。

本检测项目应进行接管请求提醒功能和接管功能测试。

14）联网通信*。

本检测项目旨在测试智能网联系统的联网通信，评价测试车辆和外界信息交换的能力。

本检测项目应进行长直路段车车通信、长直路段车路通信、十字交叉口车车通信以及编队行驶四项场景测试。

本检测项目属于选测项目，如企业声明其车辆具有相应功能或测试路段涉及该场景的，应进行检测。其中，编队行驶场景仅适用于申请进行编队测试的车辆。

（3）附录说明 《测试规程》中的附录 A 为测试车辆参数表。此表涵盖车辆基本信息、车辆技术路线、任务输入方式及车辆传感器信息，应由测试主体根据测试车辆情况填写，可作为测试机构制定测试方案的重要依据。

《测试规程》中的附录 B 为测试场景组合测试推荐方案。为提高场地利用效率，缩短测试周期，按照单项评价、组合试验原则，在附录 B 中提出了测试场景组合测试推荐方案。测试机构可根据推荐方案，合并进行多个场景测试。

5. 其他

智能网联汽车具有更新迭代速度快的特点，《测试规程》应根据各地实施情况和技术发展动态更新与完善，以支撑智能网联汽车道路测试管理的安全开展。

12.2 中国重汽智能网联汽车道路测试

在 2018 年 10 月 12 日召开的济南市智能网联汽车道路测试工作联席会议上，中国重汽获得济南市智能网联汽车道路测试资质并取得测试牌照，这意味着中国重汽智能网联货车达到了在开放道路上进行实际测试的能力。中国重汽成为国内首批、山东省首家获得智能网联道路测试牌照的企业，这标志着中国重汽在智能网联汽车高级别智能网联技术上取得关键突破，在智能网联汽车产业化道路上取得重大进展。此次牌照的取得，不仅展示了中国重汽在智能网联技术领域的技术实力，更为重要的是，道路测试牌照的颁发意味着中国重汽智能网联货车已达到在开放道路上进行实际测试的能力，可以通过实际道路测试来积累智能网联关键数据和进行技术迭代升级，并为未来智能产品在实际场景的应用和产业化积累宝贵的经验。

12.3　ADAS 整车测试技术

ADAS，即先进驾驶辅助系统，由于其概念及组成、工作原理均已在第 7 章中介绍过，本部分内容主要介绍其测试评价相关工作。

1. ADAS 测试评价领域已开展的工作

对驾驶人给予有效辅助，进而提升车辆的道路安全性是 ADAS 的第一要务。中国汽车技术研究中心（CIDAS）用于采集中国道路典型交通事故的交通事故调查项目，其调查区域覆盖六个城市，涵盖的道路类型包括城市道路、郊区道路、乡村道路及高速公路等。事故类型涵盖车车事故、行人事故、单车事故及二轮/三轮车事故等，累计调查事故总数已超过 4000 起。图 12-1 所示为各种交通事故类型及比例，事故数据源于 2011～2015 年 CIADS 交通事故统计。

2. C-NCAP 主动安全研究

C-NCAP（China-New Car Assessment Program，即中国新车评价规程）是将从市场上购买的新车型按照比我国现有强制性标准更严格和更全面的要求进行碰撞安全性能测试，评价结果按星级划分并公开发布，旨在给予消费者系统、客观的车辆信息，促进企业按照更高的安全标准开发和生产，从而有效减少道路交通事故的伤害及损失。C-NCAP 要求对一种车型进行车辆速度 50km/h 与刚性固定壁障 100% 重叠率的正面碰撞、车辆速度 64km/h 对可变形壁障 40% 重叠率的正面偏置碰撞以及可变形移动壁障速度 50km/h 与车辆的侧面碰撞共三种碰撞试验，根据试验数据计算各项试验得分和总分，由总分多少确

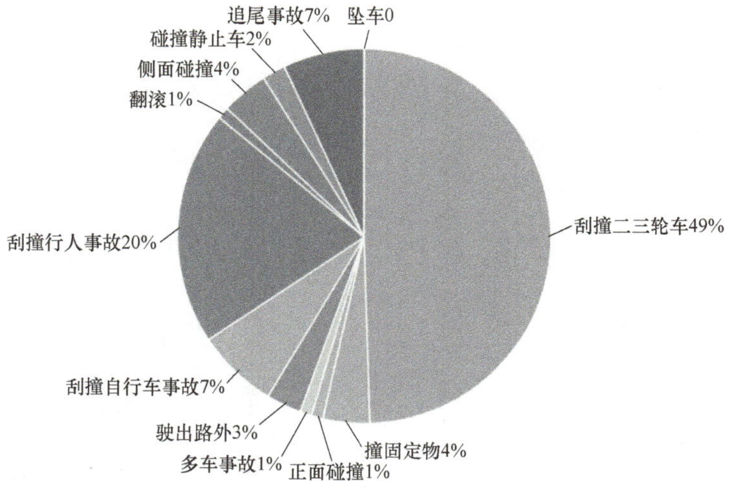

图 12-1　各种交通事故类型及比例

定星级。

与《C-NCAP 管理规则（2015 年版）》相比，《C-NCAP 管理规则（2018 年版）》的变化如下：

1）增加行人保护试验及评价；

2）增加车辆自动紧急制动（AEB）系统的试验及评价；

3）修改了侧面碰撞可变形壁障的参数；

4）修改了碰撞试验中后排假人的得分权重；

5）提高了鞭打试验速度；

6）修改了鞭打试验中假人各部分的得分权重；

7）增加了关于侧气帘加分的技术要求；

8）增加了对于后排安全带提醒装置的加分及要求；

9）增加了纯电动汽车/混合动力电动汽车的试验程序和评价方法；

10）构建了全新的评分体系等。

3. ADAS 测试评价领域的实践

（1）智能网联汽车标准体系建设方案已正式发布 2015 年年底，受工信部委托，汽标委启动智能网联汽车标准体系的建设工作。2017 年 6 月，正式公开征求社会意见，共收到意见 84 条，大部分意见被吸收采纳。2017 年 12 月，工信部和国家标准委联合发布智能网联汽车标准体系方案。

（2）现状和发展趋势 2016 年，为发挥天津汽车检测中心行业技术引领作用，响应行业爆发式增长的智能网联汽车试验需求，天津汽车检测中心启动了智能网联汽车试验中心建设项目，如图 12-2 所示。其中，智能网联汽车试验中心一期工程——ADAS 测试场地于 2016 年年底正式动工，2017 年 7 月正式投入使用。目前已形成国际一流的测试设备、国内领先的测试团队，是国内 ADAS 测试设备最全、台套最多的第三方机构，具备 GST、4AXB 等国际一流测试设备。在该测试场地，可以做到高精度、高复现、高复杂度的场景实现和精确的车辆状态控制等，如图 12-3～图 12-5 所示。

图 12-2 天津汽车检测中心智能网联汽车试验中心建设项目

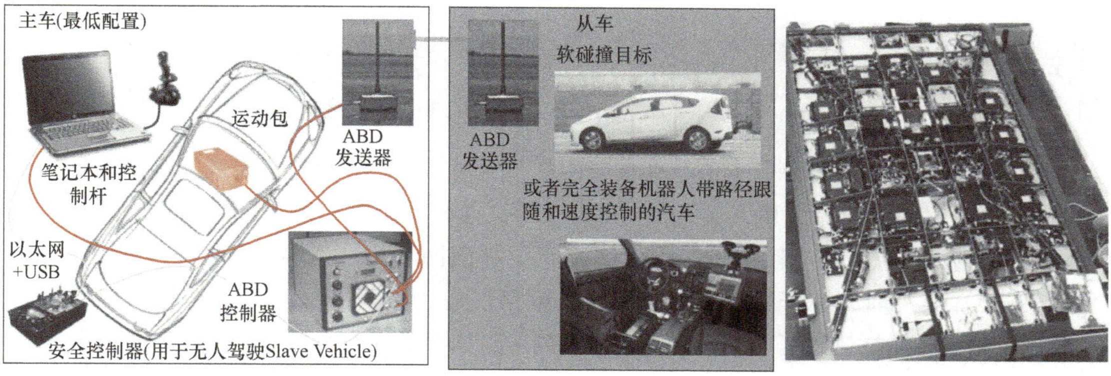

图 12-3　高精度 、高复现、高复杂度的场景实现（一）

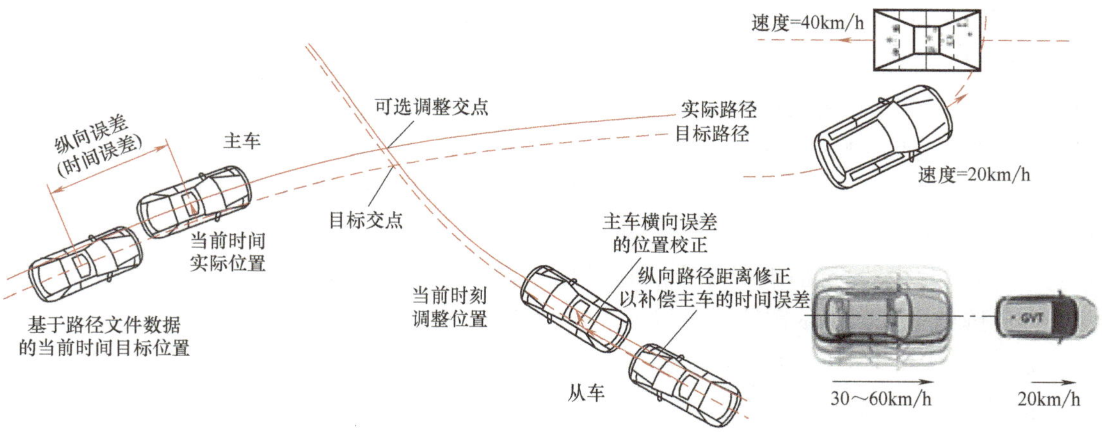

图 12-4　高精度 、高复现、高复杂度的场景实现（二）

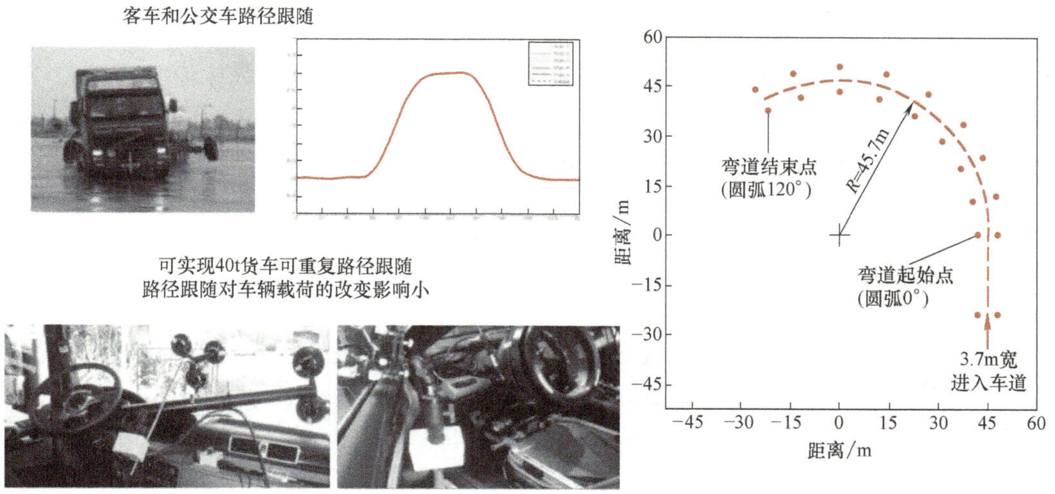

图 12-5　精确的车辆状态控制

12.4 北京市智能网联汽车道路测试

北京市作为全国科技创新中心，在智能网联车辆道路测试方面先行先试，市交通委员会(简称交通委）会同市经济和信息化局、市公安局交通管理局积极组织开展了智能网联车辆道路测试相关工作。2017年12月，北京市出台了智能网联车辆道路测试的政策指导文件，重点突破了有关智能网联车辆开展道路测试的政策法规、管理主体、测试场地、测试流程、事故保险赔偿及测试监管等问题。北京市一系列的破冰举措，有力推动了全国智能网联车辆道路测试工作，促进了北京市智能网联产业的蓬勃发展，加速了产业融合创新。

12.4.1 北京市智能网联汽车道路测试概况

北京市交通委员会、北京市公安局公安交通管理局与北京市经济和信息化局三部委联合发布了中国首份智能网联路测工作报告——《北京市自动驾驶车辆道路测试2018年度工作报告》。据了解，与美国智能网联路测报告不同，北京智能网联道路测试更重视安全，路测数据的披露是由监管机构创新中心负责而非企业自行上报，最大限度保证了数据可靠性。

与此同时，北京智能车联产业创新中心受北京市智能网联测试管理联席工作小组委托，作为智能网联路测第三方服务机构发布《北京市自动驾驶车辆道路测试报告（2018年)》。进一步从技术层面解析现阶段北京市智能网联道路测试政策制定、标准研制、路网开放、牌照申领、测试监管及应用示范等方面的问题。

截至2018年12月，北京市已为北京百度网讯科技有限公司、上海蔚来汽车有限公司、北京新能源汽车股份有限公司、北京小马智行科技有限公司、戴姆勒大中华区投资有限公司、腾讯大地通途科技有限公司、苏州滴滴旅行科技有限公司、奥迪（中国）企业管理有限公司8家企业的56辆智能网联车辆发放了道路临时测试牌照。北京市智能网联车辆道路测试已经安全行驶超过153565km，北京是智能网联车辆开放测试道路最长的城市，共有44条合计123km的道路，覆盖京津冀地区城市、乡村、高速等85%的交通场景。《北京市智能网联车辆道路测试2018年度工作报告》各企业的具体情况见表12-2。

表12-2 《北京市智能网联车辆道路测试2018年度工作报告》各企业的具体情况

测试主体名称	已发放测试车辆数/辆	现行有效测试车辆数/辆	总测试里程/km
北京百度网讯科技有限公司	45	45	139887.7
上海蔚来汽车有限公司	2	1	2415.3
北京新能源汽车有限公司	1	0	235.1
戴姆勒大中华区投资有限公司	2	2	476
北京小马智行科技有限公司	2	2	10132.9
腾讯大地通途(北京)科技有限公司	1	1	259
苏州滴滴旅行科技有限公司	2	2	78.1
奥迪(中国)企业管理有限公司	1	1	80.9
合计	56	54	153565

另外，建立了北京市智能网联测试管理联席工作小组的工作机制。2018 年市交通委、市公安局交通管理局与市经济和信息化局共同召开了 15 次联席小组会议，坚持“确保安全、创新引领，先试先行”原则，群策群力，从政策、标准、管理、牌照发放、道路开放及资金扶持等方面不断突破创新，全方位支持各创新企业在京的智能网联车辆道路测试工作。

1. 发布全国首套智能网联车辆道路测试政策配套的标准文件

2018 年 2 月，由市经济和信息化局、市交通委及市公安局交通管理局联合发布了《北京市自动驾驶车辆封闭测试场地技术要求（试行）》和《北京市自动驾驶车辆道路测试能力评估内容与方法（试行）》，该套标准在全球范围内首次提出了以交通场景复杂度来划分智能网联能力级别的思路。同时，建设了国家智能汽车与智慧交通（京冀）示范区海淀基地、东方时尚驾校大兴基地两个智能网联封闭训练测试场。

2. 发布全国首个开放道路选择要求，进行开放区域道路征集及筛选，发放道路测试临时牌照

2018 年 3 月，市交通委、市公安局交通管理局及市经济和信息化局联合发布了《北京市自动驾驶车辆测试路段道路要求（试行）》，首次提出与智能网联车辆能力评估分级对应的开放测试道路等级，形成系统的指标体系，解决智能网联车辆测试道路测评的量化问题，使开放智能网联车辆测试道路的设置有据可依。

3. 推出国内首个智能网联车辆事故责任保险

2018 年 4 月，由市交通委牵头与北京银保监局协调，北京 40 多家保险公司推出了针对智能网联车辆道路测试的第三方责任险，为开放道路测试保驾护航。

4. 推出“星火计划”，扶持中小型企业测试

2018 年 8 月，市经济和信息化局联合北京智能车联产业创新中心推出“星火计划”，提供 20 套智能网联能力评估免费服务，2500h 的特惠时段，扶持本市中小型智能网联测试主体发展。

5. 推出企业智能网联车辆的新车购置税解决办法

2018 年 8 月，市交通委、市经济和信息化局及市公安局交通管理局与北京市税务局协调，提出了企业购买智能网联测试新车购置税的解决方案，解除了企业进行智能网联车辆道路测试的后顾之忧。

6. 成功举办 2018 世界智能网联汽车大会

2018 年 10 月 18 日，北京市政府与工信部联合主办的“世界智能网联汽车大会”在北京国家会议中心召开。已获得智能网联车辆道路测试资格的百度、上海蔚来、北汽新能源、戴姆勒、小马智行、腾讯、滴滴旅行及奥迪 8 家企业的智能网联车辆亮相大会，向全球展示了北京市智能网联车辆道路测试成果。在世界智能网联汽车大会期间，市经济和信息化局发布了《北京市智能网联汽车产业白皮书（2018 年）》。

7. 首个智能网联汽车团体标准入围工信部百项团体标准应用示范项目

2018 年 12 月，由市经济和信息化局牵头，依托中关村智能交通联盟研究制定的《T/CMAX116-01—2018 自动驾驶车辆道路测试能力评估内容与方法》入选工信部百项团体标准应用示范项目，并将在全国推广应用。

8. 发布创新行动方案，开放国内首例高速公路（封闭路段）测试

2018年12月，市经济和信息化局发布了《北京市智能网联汽车创新发展行动方案（2019—2022年）》。同月，首发集团联合相关企业在延崇高速公路平原段开展了全国首例高速公路（封闭路段）基于C-V2X的车路协同及智能网联测试。

9. 推动智能网联产业的蓬勃发展，加速产业融合创新

北京市的一系列举措促进了智能网联产业的蓬勃发展。戴姆勒、奥迪等大批国际智能网联测试主体纷纷在北京设立研发测试中心，百度、上海蔚来、腾讯、滴滴旅行及小马智行等众多国内智能网联测试主体也将研发中心设立在北京。百度的智能网联阿波龙巴士实现量产，并已在海淀公园、百度大厦等地试点运行。

12.4.2 北京市智能网联汽车道路测试工作计划

1. 完善智能网联汽车测试评价体系

重点研究适应我国国情的，对具有障碍物感知、复杂场景定位、合理决策控制、交通行为预测及系统稳定控制等功能的智能网联汽车进行测试的评价架构，整车级和系统级测试评价方法，形成智能网联汽车测试评价体系；构建以京津冀地区道路环境和驾驶行为为主体的测试基础数据库与场景库；建设虚拟仿真软件测试环境，完善封闭测试场与智能网联开放测试道路的智能网联环境、监控测评环境，形成虚拟仿真—封闭场地—开放道路逐级联动的测试评价流程，构建智能网联汽车测试评价中心。

2. 逐步扩大智能网联测试区域和测试道路范围

《北京市智能网联汽车创新发展行动方案（2019—2022年）》提出，到2022年，本市智能网联车辆测试区域面积达到500km^2、开放道路里程达到2000km。为进一步规范管理测试道路，将研究并完善智能网联车辆测试道路管理办法，采取市区联动模式，根据智能网联产业发展需求，筛选适用的测试区域和测试道路，不断扩大智能网联测试道路范围，为智能网联企业提供更为丰富的技术试验环境，加速技术迭代和产业升级。

3. 研究推进智能网联载人测试工作

建立并完善智能网联封闭测试场测试场景规范，建立体感测试评价体系。研究测试企业信用评价机制，建立载人测试数据信息追溯、安全监管平台。研究设立智能网联综合示范区域，在安全、可控、可管理的前提下，推动技术成熟的智能网联车辆在固定时段、固定区域开展多种模式的载人测试工作。

12.4.3 北京市智能网联汽车研发与产业化过程

北京市智能网联汽车研发与产业化过程可分成以下五个阶段：

（1）实验室测试阶段 该阶段是指在软件仿真、硬件仿真及车辆仿真等实验室内的研发测试阶段。

（2）封闭测试场测试阶段 该阶段是指在具备多种交通场景与动静态模拟交通流下的受控场地内的研发测试阶段。重点要解决智能网联车辆进入到开放道路测试阶段前的智能网联能力评估问题，其评估结果是进入到开放道路测试及开放区域测试阶段的重要依据。

（3）开放道路测试阶段 该阶段是指在有社会车流、人流参与的受限（限制时间、

限制路段）实际道路上的研发测试阶段。重点要增强智能网联车辆实际道路下的场景适应性，提高其智能网联能力。其评估结果也是进入到开放区域测试阶段的重要依据。

（4）开放区域测试阶段　该阶段是指在有社会车流、人流参与的具备实际运行意义区域内的研发与运行测试阶段。重点解决智能网联车辆的产品形态与商业模式问题。

（5）规模部署阶段　该阶段是指规模化运营与销售。在此之前，需要按照相关测试评价标准完成检测认证。

实验室测试阶段与规模部署阶段，主要以测试主体为主。封闭测试场（场）、开放道路（路）及开放区域（区）三个测试阶段需要政策、标准和环境等方面的突破与支撑，是智能网联快速实现产业化落地的关键。建立这三个阶段的测试评价标准规范，可以提供三个阶段推进过程中的技术依据，以保障这一过程的“安全第一、有序创新”。

12.5　智能网联汽车道路测试项目

智能网联的应用能够提高行车安全性，但是目前对智能网联的安全性进行验证仍存在不少困难。美国兰德公司声称，在 95% 的置信度水平下，要证明智能网联车辆相比于人类驾驶能够减少 20% 的交通事故死亡率，需要进行约 50 亿 mile 的公共道路测试，采用由 100 辆车组成的车队全年全天候不间歇地以 25mile/h 的平均速度进行测试，大概需要 225 年。以对智能网联的安全性进行方法创新为目的，同济大学相关团队近年来开展了有关车辆智能网联的道路测试。

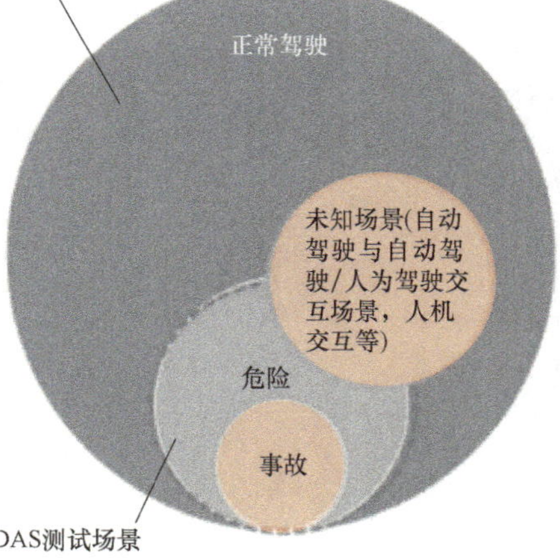

图 12-6　在 ADAS 测试场景基础上加入更多正常驾驶工况

该项目的智能网联测试场景是在 ADAS 测试场景的基础上，融入更多的正常驾驶（normal driving）工况，而未来则将进一步拓展由于智能网联的引入所带来的新场景，并逐步构建基于场景的智能网联汽车的测试方法和体系，如图 12-6 和图 12-7 所示。

FOT 项目是国际上著名的智能网联道路测试项目之一，欧洲的 Euro FOT 项目进行多年，该项目的概况如下：

1）2008 年 5 月到 2012 年 6 月，历时 4 年。

2）1200 余名驾驶人参与，驾驶里程约为 3500 万 km。

3）共计测试 34868722km，耗时 597722h。其中包含视频数据的为 16738722km，145464h。

而在国内，中国实车路试项目（China-FOT）旨在采集大量中国自然驾驶数据，包括道路交通环境数据、驾驶人行为以及车辆参数信息，进而研究中国道路交通环境、中国驾驶人的驾驶行为习惯，建立中国自然驾驶数据库，如图 12-8 所示。

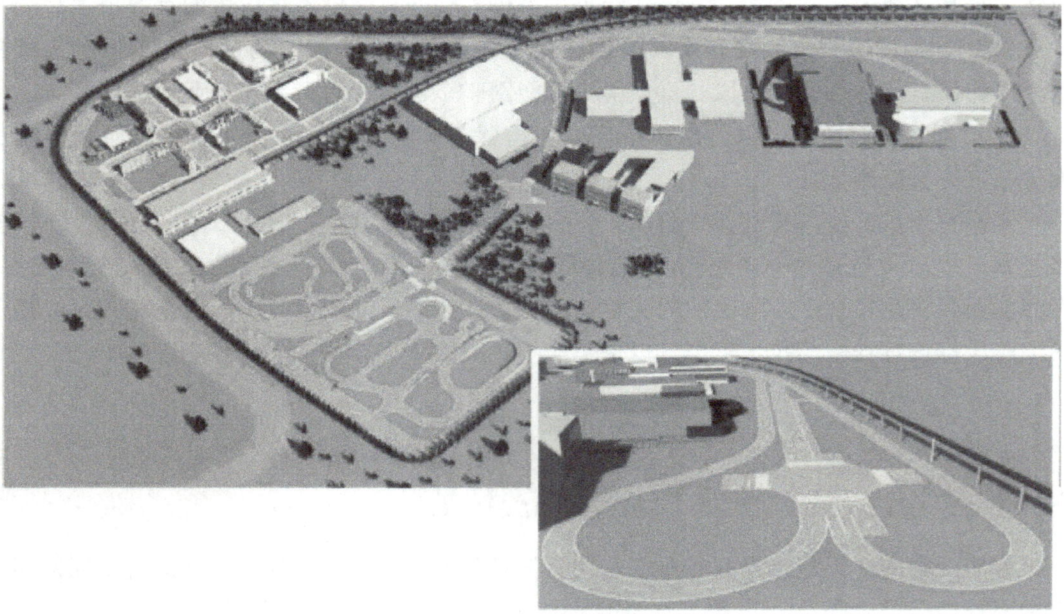

图 12-7 同济大学智能汽车测试试验场

图 12-8 中国实车路试项目（China-FOT）相关设定

China-FOT 项目获得的可用旅程为 7402 段，共计约 3559h，总行程为 129109km，该项目的主要数据采集方式如下：

① 4 个摄像头；

② CAN 总线数据；

③ GPS 数据；

④ 雷达数据（可选）；

⑤ 眼球追踪仪。

12.5.1　智能网联汽车测试相关数据采集

本次测试获取的信息是基于行车记录仪的自然行驶工况进行采集的，如图 12-9 所示。

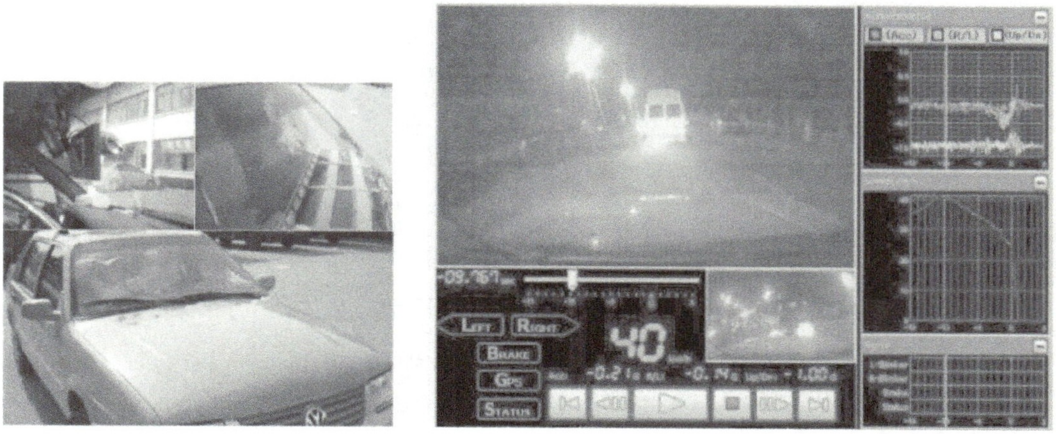

图 12-9　智能网联工况信息采集

12.5.2　智能网联汽车测试相关数据分析

数据分析涉及六方面的内容，包括自然行驶工况采集、危险工况筛选、危险工况分类、危险工况统计、关键参数提取和危险工况场景库构建，如图 12-10 所示。

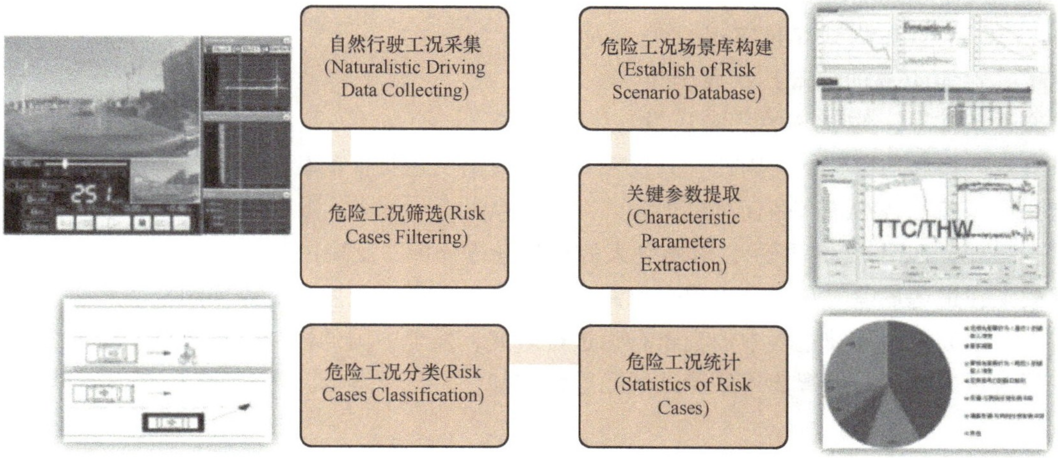

图 12-10　智能网联测试数据分析流程

12.5.3　智能网联汽车测试相关数据成果的处理与分析

参照 NHTSA 的 37 类预碰撞场景分类方法，对中国地区的危险工况进行统计和分类，如图 12-11 所示。其中本车无预先转向并靠近骑车人、本车靠近前车是最常见的危险工况，另外还会出现本车有预先转向并靠近骑车人、本车在有信号灯路口转向等危险工况。

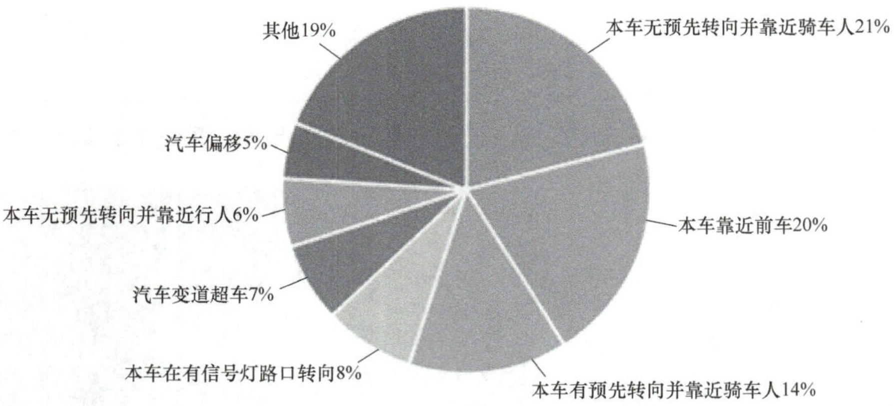

图 12-11　中国地区危险工况统计和分类

造成人员死亡的交通事故形态的分布如图 12-12 所示，具体如下：

① 汽车撞两轮车为 53%；

② 汽车撞行人为 17%；

③ 汽车撞汽车为 25%；

④ 汽车单车事故为 5%。

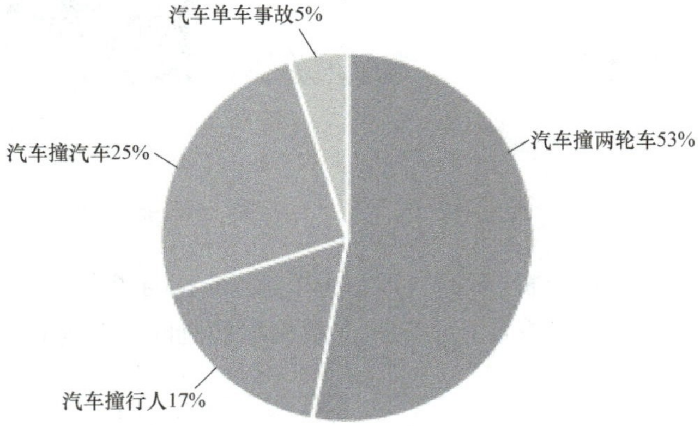

图 12-12　造成人员死亡的交通事故形态分布

需要指出的是，在全部的 China-FOT 项目自然驾驶数据里筛选出的 780 个危险中，行车过程中的危险有 778 个，泊车过程中的危险有 2 个。然而 Euro NCAP 和 C-NCAP 中 FCW 和 AEB 测试评价工况仅关注了其中约 46%的危险；在我国道路交通条件下，约 54%的危险还没有有效的措施加以控制。因此，开发针对中国道路交通特征的智能摄像头产品，以开发适合我国国情的 ADAS 产品任重道远。

另外，如图 12-13 所示，对驾驶人的行为进行分析，发现由于驾驶技能的缺陷，普通驾驶人在遭遇危险时往往会出现采取制动措施过迟、制动强度不足等问题。

对驾驶人在驾驶过程中的变道行为进行研究，发现中国驾驶人变道频繁，这无疑使得在正常道路上进行的智能网联测试的危险性增加。

12.5.4　Cut-in 试验

图 12-14 所示为切入危险出现时的本车车速与驾驶人初始制动时刻 THW 值的关系。由图分析可知，散点的分布呈现出近似三角形的形状，三角形的上顶点大约位于本车车速为 55km/h 的位置。在该位置之前，随着车速的增大，THW 值有增大趋势；在该位置之后，随着车速的继续增大，THW 值有减小的趋势。其主要原因很有可能是随着车速的提高，驾驶人通过转向避免切入碰撞危险的可能性增加。本试验中车速高于 80km/h 的工况均来自于封闭道路条件下，此时驾驶人的转向变道空间更为充裕，在具有转向避撞作为备

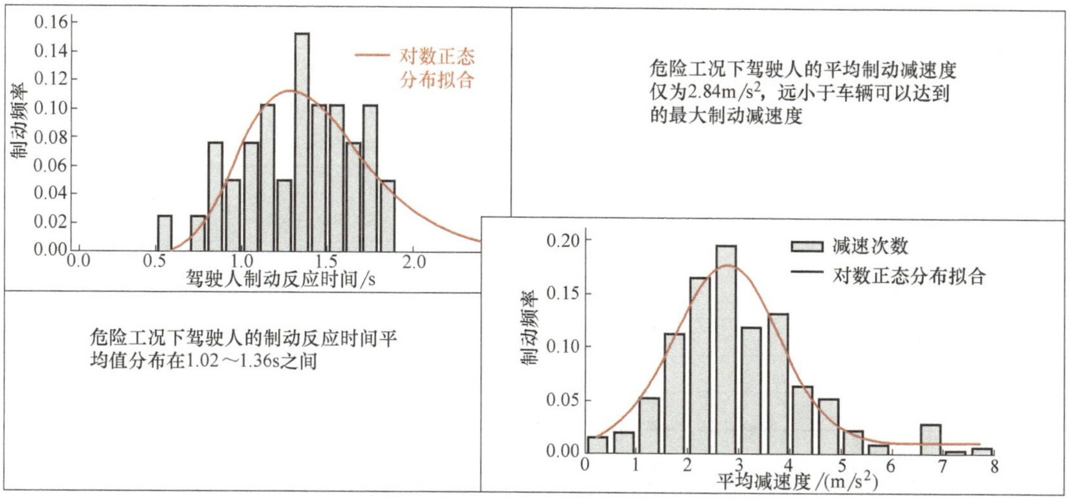

图 12-13　驾驶人行为分析

选操作的条件下，驾驶人面对切入危险的制动时机要偏晚一些。

对 Cut-in（切入）试验的场景与工况进行细分，如图 12-15 与表 12-3 所示。

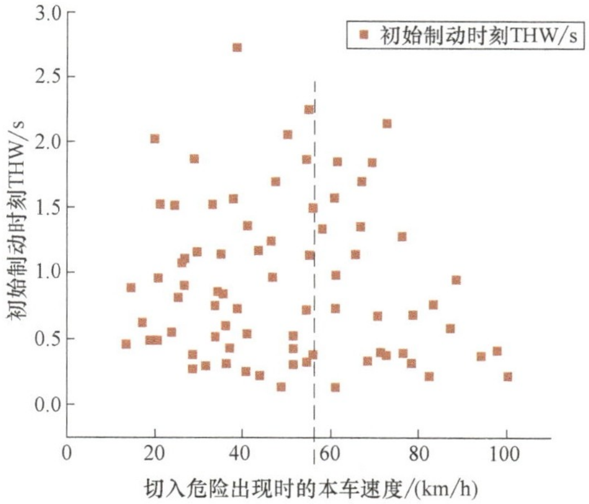

图 12-14　切入危险出现时的本车车速与驾驶人初始制动时刻 THW 值的关系

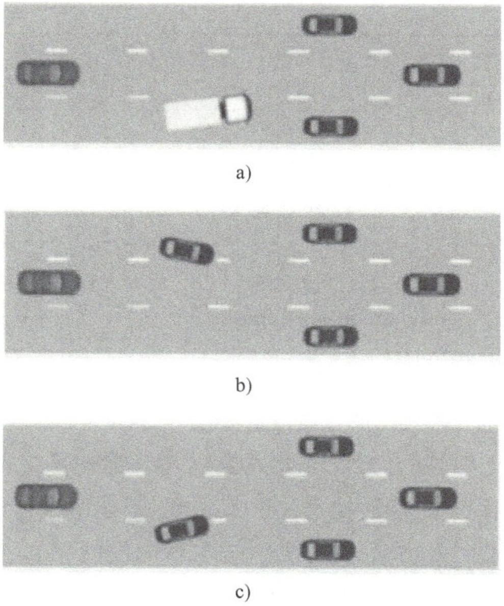

图 12-15　Cut-in 三种场景

表 12-3　Cut-in 试验的场景与工况

场景与工况	CV-R(1)	PV-L(2)	PV-R(3)
照明情况	好(昼)	好(昼)	好(昼)
第二目标车分布情况	2+1	2+1	2+1
目标车类型	商用车	乘用车	乘用车
目标车切入方向	右	左	右

（续）

场景与工况	CV-R(1)	PV-L(2)	PV-R(3)
本车车速/(km/h)	40/60/80 (20/step)	30/50/70 (20/step)	20/40/60 (20/step)
制动时 THW/s	1.5/2.0 (0.5/step)	0.7/1.2 (0.5/step)	1.3/1.8 (0.5/step)
制动时 Δv/(km/h)	0/20 (20/step)	0/10 (10/step)	0/10 (10/step)
路面湿滑情况	干燥	干燥	干燥
目标车是否被遮挡	否	否	否
目标车变道持续时间/s	5.5	5.5	5.5

Cut-in 危险场景下驾驶人与智能网联车辆的制动行为差异研究对于提升用户对车辆智能网联功能的接受度具有重要意义。下面将从 Cut-in 场景测试中选取 2 例 Cut-in 危险工况下的测试结果，通过将其与从自然驾驶数据库中选取的与之工况条件相类似的 Cut-in 工况各 3 例进行人车制动行为对比。具体对比内容见表 12-4。

表 12-4 Cut-in 场景驾驶人与智能网联制动行为对比

制动阶段 (Brake phase)	评价指标 (Evaluation index)	评价对象 (Evaluation object)
初始制动时刻 (Brake initiation)	横向相对位置 (Lateral relative position)	制动时机 (Timing of brake initiation)
制动响应过程 (Brake response process)	最大制动加速度 (Maximum brake jerk)	制动速度 (Brake speed)
	平均制动减速度 (Average deceleration)	制动效果 (Brake effect)
	最大制动减速度 (Maximum deceleration)	制动强度 (Brake strength)

为了比较驾驶人操纵与智能网联之间的差距，对由驾驶人驾驶的车辆、拥有智能网联系统的特斯拉车型和某品牌 A 车型进行危险切入场景下所获得的安全性能指标进行对比。图 12-16 反映了前车与本车的横向相对位置对驾驶人初始制动时刻 THW 值的影响。通过对进行测试的 77 例工况进行分析，发现驾驶人初始制动时刻前车的横向位置分为 y_0、y_1、y_2、y_3、y_4 的情况，分别对应 8、56、11、2、0 例工况。因此，在此仅选取前三种情况对不同的车辆进行单因素变量方差分析。

图 12-16 前车与本车的横向相对位置对驾驶人初始制动时刻 THW 值的影响

如图 12-17 和图 12-18 所示，试验结果显示：在进行制动动作时，驾驶人操纵的汽车是最早进行制动动作的一方（跨越车道线时开始制动），驾驶人操纵的汽车也具有三者中最大的制动减速度；特斯拉的智能网联车型略晚开始制动（进入本车道约 25%时开始制动）；而 A 车型的制动动作出现了明显的延迟（进入本车道 50%以上才开始制动），A 车型的制动减速度最小。

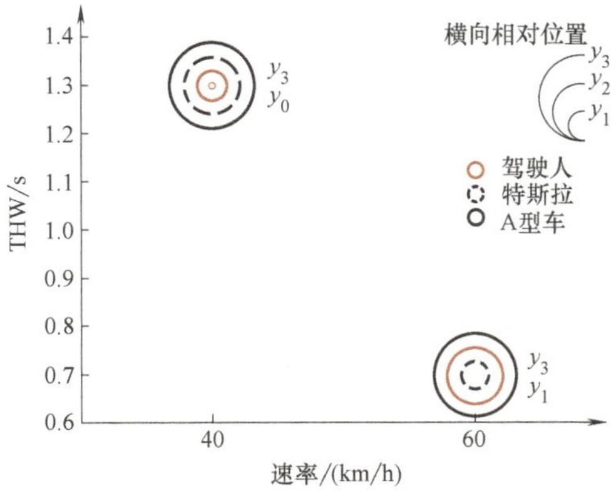

图 12-17　初始制动时刻本车与切入前车横向相对位置的对比

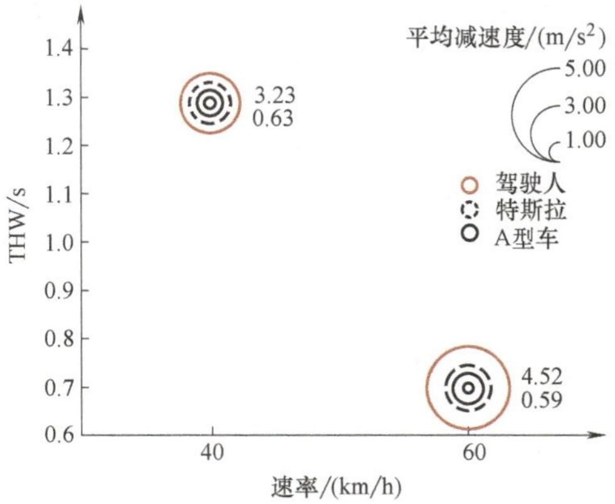

图 12-18　平均制动减速度对比

根据所得结果，最终得到以下结论：在切入危险场景下的安全性能指标的对比中，驾驶人操纵的汽车好于拥有智能网联系统的汽车。因而可以看出，对于智能网联汽车技术的研究与完善依旧任重道远。

参 考 文 献

[1] 马向东. 智能网联汽车存在的问题与风险 [N]. 中国保险报，2019-07-24 (5).

[2] 赵黎. 国内部分车企智能网联战略规划 [J]. 汽车纵横，2019 (6)：32.

[3] 谭晶宝. 李克强. 做好汽车发展顶层设计 [J]. 汽车观察，2019 (6)：39.

[4] 李立，徐志刚，赵祥模，等. 智能网联汽车运动规划方法研究综述 [J]. 中国公路学报，2019，32 (6)：20-33.

[5] 夏小禾. 工信部为2019年智能网联汽车标准化工作划重点 [N]. 机电商报，2019-05-20 (A01).

[6] 孙建. 智能网联汽车技术与标准发展探究 [J]. 汽车实用技术，2018 (20)：46-48.

[7] 王子正，程丽. 无人驾驶汽车简介 [J]. 时代汽车，2016 (8)：82-85.

[8] 潘鲁彬. 无人驾驶汽车的路径规划与跟随控制算法研究 [D]. 长沙：湖南大学，2016.

[9] 马向东. 智能网联汽车不断取得技术进展 [N]. 中国保险报，2019-06-26 (5).

[10] 王亮. 无人驾驶汽车的眼睛：激光雷达与机器视觉 [J]. 中小企业管理与科技 (下旬刊)，2019 (1)：140-141.

[11] 张辉，薛松. 激光雷达在无人驾驶汽车中的应用及专利分析 [J]. 中国发明与专利，2018，15 (S1)：35-44.

[12] 黄如林，梁华为，陈佳佳，等. 基于激光雷达的无人驾驶汽车动态障碍物检测、跟踪与识别方法 [J]. 机器人，2016，38 (4)：437-443.

[13] 任燕宏. 关于无人驾驶汽车障碍物信息识别与处理系统的研究 [D]. 兰州：兰州理工大学，2011.

[14] 唐春玲. UWB定位系统研究 [D]. 重庆：西南大学，2008.

[15] 王温. 全球卫星导航系统的现状与进展 [J]. 电子技术与软件工程，2019 (11)：17.

[16] 祁玉婷. 浅析北斗导航定位系统在智能交通中的应用 [J]. 山东工业技术，2019 (15)：152，154.

[17] 李阳，董涛. "北斗"卫星导航系统的概述与应用 [J]. 国防科技，2018，39 (3)：74-80.

[18] 张永丽，陈卫东，孟婷婷. 北斗导航系统应用前景初探 [J]. 价值工程，2018，37 (36)：203-205.

[19] 张志勇. 关于惯性导航技术分析 [J]. 电子测试，2019 (12)：132-133.

[20] 谭祖锋. 惯性导航技术的新进展及其发展趋势 [J]. 电子技术与软件工程，2019 (5)：76.

[21] 周勇，刘尚魁. 构建基于Appollo的高精度地图解决方案 [J]. 电子技术与软件工程，2018 (21)：139.

[22] 石雨峰. 自动驾驶临近 高精地图上演"抢滩战" [J]. 商学院，2018 (9)：68-70.

[23] 王涛，陈艳丽，贾双成. 简述高精地图的特点 [J]. 软件，2018，39 (9)：183-187.

[24] 杨玉荣，李峰. 基于激光点云扫描的高精导航地图关键技术研究 [J]. 现代计算机 (专业版)，2018 (9)：23-26.

[25] 贺文. 高精地图：自动驾驶商业化的"水电煤" [J]. IT经理世界，2017 (14)：36-37.

[26] 李陆浩. 面向无人驾驶汽车的车道级导航研究 [D]. 长春：吉林大学，2014.

[27] 郭蓬，吴学易，戎辉，等. 基于代价函数的无人驾驶汽车局部路径规划算法 [J]. 中国公路学报，2019，32 (6)：79-85.

[28] 袁师召，李军. 无人驾驶汽车路径规划研究综述 [J]. 汽车工程师，2019 (5)：11-13，25.

[29] 任超. 基于遗传算法的无人驾驶汽车路径规划技术研究 [D]. 天津：天津大学，2015.

[30] 刘红星. 基于视觉的无人驾驶车辆运动控制的研究 [D]. 成都：西南交通大学，2018.

[31] 田涛涛. 无模型自适应控制在无人驾驶汽车中的应用 [D]. 北京：北京交通大学，2017.
[32] 袁澳麟. 浅析无人驾驶及其环境感知技术 [J]. 数字通信世界，2017 (11)：75-76.
[33] 商车. 金龙阿波龙自动驾驶运营助阵第二届数字中国建设峰会 [J]. 商用汽车新闻，2019 (Z4)：4.
[34] 张静. 百度智取阿波龙 [J]. 汽车观察，2019 (1)：47.
[35] 曾贵苓，王苹，马书香. 基于线控转向的汽车容错控制策略研究 [J]. 重庆工商大学学报（自然科学版），2019，36 (4)：49-54.
[36] 王岁红. 浅谈基于线控转向系统的无人驾驶技术发展 [J]. 科技经济导刊，2019 (19)：21.
[37] 彭斐. 自动驾驶时代下完全取消机械连接的线控技术 [J]. 汽车与配件，2018 (29)：36-37.
[38] 于蕾艳，吴宝贵，伊剑波. 汽车线控转向系统转向控制研究 [J]. 江苏大学学报（自然科学版），2014，35 (3)：267-273.
[39] 谷霄月. 线控转向系统路感规划及稳定性控制研究 [D]. 南京：南京航空航天大学，2016.
[40] 刘果. 无人驾驶汽车转向控制方法及研究 [D]. 重庆：重庆交通大学，2017.
[41] 周路菡. 先进驾驶辅助系统开始普及 [J]. 新经济导刊，2016 (8)：17-21.
[42] 陈思宇，乌伟民，童杰，等. 从 ADAS 系统产业发展看未来无人驾驶汽车技术前景 [J]. 黑龙江交通科技，2015，38 (11)：176.
[43] 王楠，刘卫国，张君媛，等. 基于视觉传感器的 ADAS 纵向行驶工况识别方法研究 [J]. 交通信息与安全，2015，33 (1)：41-46.
[44] 王莹，叶雷. ADAS 和 V2X 技术市场走势 [J]. 电子产品世界，2015，22 (8)：10-14，17.
[45] 张翔. 2014 年汽车 ADAS 技术的最新进展 [J]. 汽车电器，2014 (8)：4-7.
[46] 汤一良，许少杰，章魏. 三种先进驾驶辅助系统 ADAS 方案 [J]. 集成电路应用，2017，34 (12)：72-74.
[47] 张志强. ADAS 的发展历程及趋势 [J]. 内燃机与配件，2019 (1)：80-82.
[48] ANONYMOUS. WHAT DOES ADAS MEAN FOR REPAIR SHOPS? [J]. Automotive Body Repair Network，2019，58 (2).
[49] PALMEN N. 5G connecting vehicles from inception to end of life [J]. Automotive Industries，2018，197 (4).
[50] 王亮. 5G 能为车联网按下快进键吗? [N]. 国际商报，2019-07-26 (9).
[51] 李宇佳，丁非白，张建华. 5G 时代，新能源汽车将有哪些改变? [N]. 江苏经济报，2019-07-23 (A04).
[52] 陈麟. 迎接 5G 时代，我们准备好了吗? [N]. 贵州民族报，2019-07-19 (A02).
[53] 钮海明，许楚国. 5G 建设工程技术报告 [R]. 北京：中国通信学会，2018.
[54] 张真齐. 中国汽车业站上 5G 风口 [N]. 江苏经济报，2019-07-23 (A04).
[55] 陈山枝，胡金玲，时岩，等. LTE-V2X 车联网技术、标准与应用 [J]. 电信科学，2018，34 (4)：1-11.
[56] 卓义斌，缪照浜，高月红，等. V2X 技术发展历程及应用研究 [J]. 电信工程技术与标准化，2016，29 (2)：20-24.
[57] 王建昱. V2X 车联网及其关键技术 [J]. 信息技术与信息化，2013 (5)：60-64.
[58] 葛雨明. C-V2X 白皮书 [R]. 北京：IMT-2020 (5G) 推进组，2018.
[59] 罗璎珞. V2X 通信的安全问题及有效的解决方案 [R]. 北京：国汽（北京）智能网联汽车研究院有限公司，2018.
[60] 刘宗巍，匡旭，赵福全. V2X 关键技术应用与发展综述 [J]. 电讯技术，2019，59 (1)：117-124.

[61] 胡钊政. V2X与智能位置感知［R］. 武汉：武汉理工大学，2019.
[62] 魏垚，王庆扬. C-V2X蜂窝车联网标准分析与发展现状［J］. 移动通信，2018，42（10）：9-12.
[63] 刘爽，吴韶波. V2X车联网关键技术及应用［J］. 物联网技术，2018，8（10）：39-40，43.
[64] 陈漩，蔡子华. 面向下一代车联网的V2X关键技术研究［J］. 广东通信技术，2018，38（4）：22-25.
[65] 刘振宇，普林，朱孔林，等. V2X车辆与行人安全通信系统的设计与评价［J］. 北京：邮电大学学报，2005，22（6）：18-26.
[66] JOSÉMLD，TOMÁS J M S. Review on V2X，I2X，and P2X Communications and Their Applications：A Comprehensive Analysis over Time. ［J］. Sensors（Basel，Switzerland），2019，19（12）.
[67] 张清昶. 主动安全智能防控系统平台建设与探索［R］. 福州：福建星冠智通信息系统有限公司，2018.
[68] 陈帅. 无人驾驶汽车安全行驶的三大系统［J］. 中小企业管理与科技（上旬刊），2018（4）：172-173.
[69] 宋健，王伟玮，李亮，等. 汽车安全技术的研究现状和展望［J］. 汽车安全与节能学报，2010，1（2）：98-106.
[70] 赵福全，吴成明，潘之杰，等. 中国汽车安全技术的现状与展望［J］. 汽车安全与节能学报，2011，2（2）：111-121.
[71] 奚碧清. 汽车安全综合评价模型研究［D］. 成都：西南交通大学，2014.
[72] 王毅. 汽车主动安全技术现状与发展［J］. 赤峰学院学报（自然科学版），2016，32（1）：68-70.
[73] 张琨. 智能汽车自主循迹控制策略研究［D］. 哈尔滨：哈尔滨工业大学，2013.
[74] 脱晨. 汽车被动安全系统评价模式研究［D］. 沈阳：沈阳航空航天大学，2013.
[75] 乔维高. 汽车被动安全研究现状与发展［J］. 汽车科技，2008（4）：1-4.
[76] 张静. 阿波龙的跨海首秀［J］. 汽车观察，2018（3）：120.
[77] 朱耘. Waymo来了，无人驾驶在路上［J］. 商学院，2017（9）：59-60.
[78] 章江. Waymo开启无人驾驶商业化时代［J］. 轻型汽车技术，2019（3）：50-54.
[79] 陈耕艺. Uber和无人驾驶汽车［J］. 中国信息化，2015（9）：20-23.
[80] 贾平，魏慧楠. 无人驾驶汽车的相关法律问题及其对策［J］. 长安大学学报（社会科学版），2018，20（4）：36-45.
[81] 彭斐. 加快无人驾驶、自动驾驶法规建设［J］. 汽车与配件，2016（11）：6.
[82] 邹译达. 无人驾驶汽车技术的制约因素与发展前景［J］. 科技展望，2016，26（23）：330.
[83] 刘瑜，刘苏. 浅析人工智能背景下无人驾驶的发展［J］. 内江科技，2018，39（6）：15，97-98.
[84] 王浩鹏. 无人驾驶汽车的发展和展望［J］. 科技风，2018（3）：185.
[85] 吕沁阳. 无人驾驶技术与传统汽车行业的合作发展前景浅析［J］. 时代汽车，2017（20）：24-25.
[86] 马硕. 无人驾驶汽车应用与发展现状分析［J］. 汽车与驾驶维修（维修版），2017（4）：142-143.
[87] 冯学强，张良旭，刘志宗. 无人驾驶汽车的发展综述［J］. 山东工业技术，2015（5）：51.
[88] 杨帆. 无人驾驶汽车的发展现状和展望［J］. 上海汽车，2014（3）：35-40.
[89] 赵新江. 政策给力，智能驾驶路测亮剑［J］. 理财，2018（5）：30-31.
[90] 胡蓉. 无人驾驶产业迎来路测“及时雨”［N］. 深圳商报，2018-04-13（A01）.
[91] 吴海飞，宋雪松，曹寅. 自动驾驶汽车测试评价方法体系研究［J］. 质量与标准化，2018（5）：50-52.